U0004271

長期打敗大盤的贏家系統，
從葛拉漢到巴菲特都推崇的選股策略

這才是
價值投資

VALUE INVESTING
Tools and Techniques for Intelligent Investment

James Montier

詹姆斯・蒙蒂爾——著

劉道捷——譯

Contents

PART 3　價值型投資哲學

PART 4　實證證據

PART 5　價值型投資的黑暗面：放空

自序

獲利的王道——
擁有明智的投資程序

第一篇：你在商學院學的一切完全錯誤，
為什麼？

　　憑心而論，本篇應該取名「為什麼你在商學院學的一切完全錯誤（除非你念哥倫比亞大學）」，或是也可以取名「六人不可能的事情」。

　　古典財務學理論極為優美，但價值型投資卻要求我們摒棄現代投資組合理論（Modern Portfolio Theory，MPT），以及幾乎所有的相關工具與技巧。如果投資人不把現代投資組合理論的結論實際用在投資上，照理說這種理論不會讓我如此困擾，可惜事與願違。不幸的是，現代投資組合理論總是妨礙投資人，背棄真正應該注意的事情。

　　米爾頓・傅利曼（Milton Friedman）主張判斷模型時，不應該以假設為依據，而是以預測是否精確為準則。我打算在第一篇說明現代投資組合理論的基本規定在實證上有缺陷，現代投資組合理論對資本資產定價模型（Capital Asset Pricing

Model，CAPM）熱愛之至，導致投資人努力切割代表超額報酬的 α 值，以及代表風險係數的 β 值，而不是致力追求投資的真正目標——最高稅後實質總報酬率。風險可以藉由價格波動來衡量的觀念，導致投資人緊盯追蹤誤差和過度分散投資，而不重視本金的永久性損失風險。貼現現金流量（Discounted Cash Flow, DCF）模型的盛行使用，以致於投資人粗心大意，走在假性精確的路上，根本不知道所用的模型極為敏感。第三大道管理公司（Third Avenue Management）說得好：「貼現現金流量就像哈伯望遠鏡，失之毫釐，差之千萬里，稍有變動你研究的就是另一條銀河。」因此，奉行現代投資組合理論其實對投資人有害無益。

第二篇：價值型投資的行為學派基礎

現代投資組合理論認為，所有報酬率一定是所伴隨風險的函數，因此支持這種理論的信徒認為價值股長期績效突出，一定是本身固有風險的函數。我一直認為這是套套思考（tautological thinking）的經典範例。在第二篇我試圖說明另一種觀點——價值型投資績效會這麼突出，是行為和機構性偏誤害很多投資人無法理智行動的結果。

我們會探討投資人所犯最危險、也最常見的錯誤——為成長展望（也可以說是為資本化的希望）付出過高的代價。我也會在第二篇設法提供一些工具，讓你開始用不同的方式思考投資方法。價值型投資法把風險管理視為核心重點；但是你必須重新思考風險觀念，學習把風險視為本金的永久性損失，而非

價格的隨機性波動；你也必須學著了解風險的三大起因是評價、盈餘和資產負債表。

第二篇也會介紹克服情緒干擾的方法，以免情緒危害你採用價值型投資法。就像葛拉漢說的一樣：「投資者最大的問題——甚至最可怕的敵人，可能是自己。」

第三篇：價值型投資哲學

本篇要說明價值投資法的核心法則，第 15 章會列出我所用價值投資法的十大法則，並詳細闡述遵循價值投資法時必須展現的重要特性：

- 法則一：價值、價值、價值——價值最重要
- 法則二：反向投資
- 法則三：要有耐心
- 法則四：保持靈活
- 法則五：不要預測
- 法則六：注重循環
- 法則七：注重歷史
- 法則八：抱持疑心
- 法則九：要由上而下，也要由下而上
- 法則十：對待客戶時要推己及人

其餘章節將更深入探討必須有耐心、必須獨立思考之類的問題。第三篇最重要的一章會針對程序的角色和成果的對應關

係討論，因為我們只能控制程序、無法控制結果，要得到優異成果，最好的方法是擁有明智的投資程序，以便盡量提高成功的機會。葛拉漢說得好：「我記得……關鍵在於橋牌專家看重的是一手牌的正確打法，而不是重視成功的打法。如果你的打法正確，久而久之，你一定會賺錢，如果你的打法錯誤，你一定會輸錢。」

第四篇：實證證據

納西姆·塔雷伯（Nassim Taleb）主張要保持實證主義式的懷疑，實際上，這是提醒投資人要用心拿著證據比對，檢視你的信念。第四篇將利用其中兩章，大略檢視價值型投資的證據，第 21 章檢視沒有限制的全球價值型投資方式可以創造報酬率的主張；第 22 章研究葛拉漢熱愛的深度超值技巧，並顯示這種技巧今日仍然適用（直接答覆那些主張葛拉漢的方法過時或過氣的人）。我本來可以在第四篇裡納入額外的章節，但如果讀者有興趣，你們很輕易就能找到許多支持價值型投資的完美研究報告。你們會發現，價值投資法的終極證據是世界上所有最成功的投資大師，幾乎全都採用價值投資法，就像巴菲特說的一樣：

我希望你們想像一場全國性的拋擲硬幣大賽。假設明天早上，我們找來美國人口中的 2 億 2500 萬人，要求他們每個人都下 1 美元的賭注，在旭日東升時，走到外面，每個人都必須預測拋擲硬幣的結果，預測正確的人會從預測錯誤的人手中贏

得 1 美元。每天的輸家遭到淘汰後，隔天賭金都會增加，因為前一天贏的錢將全數投入賭局。到第十天早上，拋擲硬幣大賽進行 10 回後，全美國大約會剩下 22 萬人連續 10 天預測正確，每個人贏到的賭金已經略微超過 1000 美元。

這群人現在很可能會對這件事有點得意揚揚，人性就是這樣，他們可能會裝出謙虛的樣子，但是在雞尾酒會上，他們偶爾會對俊美的異性承認他們技巧高明，在拋硬幣遊戲上眼光神準。

假設贏家從輸家手中得到適當的報酬，再過個 10 天，應該會有 215 人連續 20 次正確預測到拋硬幣的結果，這些人已經成功把 1 美元的賭注變成 100 多萬美元，整場比賽輸掉和贏到的錢皆為 2 億 2500 萬美元。

這時，這一小撮人一定已經贏昏了頭，他們很可能會寫書探討《我如何靠著每天早上工作 30 秒，在 20 天內把 1 美元變成 100 萬美元》。更糟的是，他們很可能會開始搭機巡迴全國，參加有效拋硬幣方法的研討會，槓上抱著懷疑態度的專家並發下狂言：「如果無法預測，我們這 215 個人是怎麼來的？」

這時，有些商學院教授很可能會非常鹵莽地提出論點：如果找來 2 億 2500 萬隻猩猩從事類似的活動，結果應該非常近似，大約會有 215 隻自負的猩猩，連續 20 次預測到正確的投幣結果。

然而，我主張我要提出的例子有些重要的差別，例如，（一）如果 2 億 2500 萬隻猩猩的分布大致和美國人口類似，（二）如果 20 天後，剩下 215 隻贏家，（三）如果你發現其中 40 隻出自奧瑪哈的某一座動物園，你一定會相當確信自己

找到了什麼重大發現。因此，你很可能跑去找奧瑪哈的動物園長，問他餵猩猩吃什麼東西、猩猩是否做過什麼特別的運動、看了哪些書，也會向他提出所有你所能想到的問題。換句話說，如果你發現預測正確的猩猩分布確實特別集中，你大概會想找出不尋常特性十分集中的可能原因。

科學探索也自然地遵循這種型態，如果你試著分析一種罕見癌症的可能原因，例如某種癌症每年在美國有 1500 個病例，而你發現其中 400 個病例出現在蒙大拿州的某個礦業小鎮，你一定會對那裡的水很感興趣，或是對病人的職業和其他變數很感到好奇。你知道一個小地方有 400 個病例不是隨機現象，你不見得知道致病原因，卻懂得要從那裡尋找致病因子。

我要說的是，除了地理位置以外，還有很多方法可以界定起源。而其中可能還有我說的知識因素，我認為你將會發現，在投資世界裡，預測正確、投資成功的人當中，出身某個小小知識天地的人數數量多到不成比例，這個小地方可以稱為葛拉漢—陶德村。贏家如此集中的現象已無法用機率解釋，卻能追溯到這個特殊的小村鎮。

第五篇：價值型投資的黑暗面——放空

最近的金融海嘯導致大家對空頭的舊有反感油然而生，這種型態似乎古已有之，就像《紐約時報》記者珍妮·安德森（Jenny Anderson）2008 年 4 月 30 日的報導：

在橫帆大帆船往返東方的香料航路之際，荷蘭人就已經查禁那些可能掠奪他們獲得新財富的造反派分子。

這些麻煩製造者既不是北非巴巴里海盜，也不是西班牙間諜，而是阿姆斯特丹股票交易所的某些交易者，他們的罪行是放空荷蘭東印度公司（Dutch East India Company）股票，這家公司據說是世界第一家發行股票的企業。

從此以後，透過放空股票之類的資產以冀股價下跌的空頭，就一直遭到痛罵。十八、十九世紀大部分期間裡，英國都禁止空頭操作；拿破崙認為空頭是國家的敵人；德國最後一位皇帝甚至徵召空頭，攻擊美國市場（也可能是有些美國人擔心他們會這樣做）。

然而，空頭根本不是星際大戰中的西斯領主，我認識的空頭是我所見過最注重基本面的分析師，幾乎都是嚴肅看待自己的分析（他們也應該如此，因為他們的下檔風險實際上毫無限制）。因此，大家認為空頭造謠生非、詭計多端的反感看法，真的讓我大惑不解，大搖其頭。我只能假設，只有那些迎合遭到放空標的企業的決策官員、或是本身遭到放空的公司才會這樣說。根據我的經驗，大家不該把空頭看成市場中的邪惡勢力，應該視為最接近負起責任、執行美國證券交易委員會（Securities & Exchange Commission, SEC）曾經視為分內工作的會計警察。

2003 年，歐文・拉蒙特（Owen Lamont）在芝加哥大學任教時，寫了一篇很深入的研究報告證實上述觀點。他在報告中評估 1977 年到 2002 年間，美國空頭和遭到放空公司之間的戰

爭，重點放在遭到放空企業力辯自己無辜，卻成為空頭打壓或陰謀中傷目標，以及公司宣稱空頭說謊的狀況。他也探討公司要求主管機關調查空頭、敦促股東不要借券出去、甚至推出股票買回計畫（大概意圖軋空）等種種情況。如果要我對此表示意見，我要借用莎士比亞不朽的名言形容這些公司的作法——「我覺得那女子宣誓得過重。」（譯注：意指此地無銀三百兩。）

雷曼兄弟就提供了典型的例子。《華爾街日報》指出：

他們有什麼打算？雷曼兄弟星期一發布的文件顯示，這家投資銀行 6 月跟韓國發展銀行談判，試圖募集 50 億美元資金時，雷曼資深經理人大衛·高德法（David Goldfarb）發了一封電子郵件給雷曼執行長理察·傅爾德（Richard Fuld），建議公司應該「大力」介入股市，動用所獲得資金中的 20 億美元買回股票，從而「痛擊艾恩洪」！他提到的人是批評雷曼的避險基金大空頭大衛·艾恩洪（David Einhorn）。星期一前往國會作證的傅爾德回信表示同意。結果雷曼沒有拿到資金，反而聲請破產保護。

艾恩洪對這種事的反應十分高明，他表示：「我不是因為放空才批評雷曼，是因為批評雷曼，才放空他們。」

拉蒙特的研究顯示空頭扮演的角色很有用。圖 1 顯示遭到放空股票的平均累積報酬率。在空頭戰爭開始十二個月後，遭到放空股票的平均績效比大盤差 24%，戰爭開始三年後，這種股票的累積績效落後大盤 42%！換言之，空頭正確無誤，公司說謊和陰謀詐騙投資人的情形太常見了，這才是真正的情

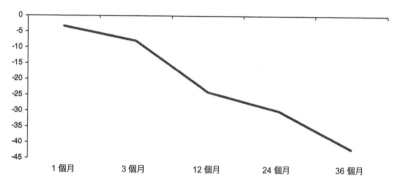

圖1　拉蒙特放空研究中經過市場調整的累積報酬率
（單位：%）

況！

　　第五篇將探討尋找潛在放空機會的方法，如果你根本不想放空，或許第五篇可以提供你一些想法，讓你了解你不想投資的股票有什麼特性。

第六篇：即時價值型投資

　　事實總是勝於雄辯，第六篇針對投資史上最混亂時期（金融海嘯期間）的市場行為，提供即時分析。本篇是價值投資法力量的個案研究。如果在這種市場中奉行價值導向的方法都能行得通，那麼將來這種價值型投資策略也應該能創造優質的報酬。本篇探討的主題包括如何思考價值陷阱的風險、如何從深度超值觀點思考金融股、如何找到便宜的保險、為什麼你必須在股價低落時採取行動，而不是陷入情緒性麻痺中動彈不得，以及為什麼不該投資政府公債等等。

我希望本書提供你關於投資方法的思考架構，同時證明：思考和行動與眾不同的投資人，可以從這種方法中獲利多多。不過，最後只有你才能判定我是否達成了寫這本書的目標，因此，請你不吝批評指教，我的電子郵件地址是 james.montier@gmail.com。

價值型投資人往往少得可憐，卻很富有

大家會購買和閱讀蒙蒂爾大作之類的投資書籍，是因為這種書會為讀者帶來致富的希望。有時候這種希望顯而易見，就像喬伊・葛林布雷（Joel Greenblatt）的傑作《你也可以成為股市天才》（*You Too Can Be a Stock Market Genius*）一樣，但大部分投資書籍帶來的希望經常都隱而不彰，總之，這種希望必須符合跟投資有關最重要、最根本的事實。只有在明尼蘇達州的烏比岡湖[1]，所有投資人的投資績效都會超越大盤。從數學的角度來看，扣除管理費用和交易成本之前，所有投資人的平均報酬率一定相同。這句話並不是主張效率市場理論中的學術性假設，即市場具有效率。除非有人運氣特別好，否則不可能勝過體現行情的所有其他投資人的集體智慧。——這種假設原本主宰市場，後來卻逐漸遭到普遍的鄙棄。有些個別投資人——其中最出名的是巴菲特——多年來，一直賺到遠高於大盤的平均報酬率，但在市場上無可避免的是，某些投資人高於

1　Lake Wobegon，美國幽默作家加里森・凱勒（Garrison Keillor）創造的仙境城市裡，所有小孩都在水準以上。

平均水準的報酬率，總是一定會被其他人低於平均水準的報酬率抵銷。

任何「優勢」都必須經得起考驗

換句話說，本書讀者每次買進一種資產，認為這種資產將來會產生比較高的報酬率時，就會有另一位投資人認為這種資產將來的報酬率會比較低，才會賣掉這項資產，其中總是有一個人錯了。因此所有健全投資程序都必須先回答一個問題：為什麼利用這種程序，才算做對了？這是大家大致公認的重要投資問題。例如，多年來哈佛商學院的投資管理課程一直是以「我有什麼優勢」作為建構課程的基礎，不幸的是，從這種角度處理事情太輕鬆了，每一個人都偏向認定自己擁有優勢。在蒙蒂爾的學生中，超過 80% 的人預期自己會拿到中上的成績，然而其中一定有三成的人無法達成預期。順帶一提的是，他的學生相當謙虛。我在自己的課堂上進行這項調查時，通常有90% 以上的學生預期自己能拿到中上的成績（不過話說回來，我打分數的標準無疑比蒙蒂爾寬鬆）。超過 95% 的受訪者通常認為，自己的幽默感高人一等。從定義來看，擁有優厚待遇、自我意識較強烈的投資經理人，幾乎一定會認為自己擁有某些優勢。連獨立操作的散戶都認為，自己耗費了時間和精力，一定能獲得高於被動市場指數型投資的績效。任何「優勢」都必須經得起嚴格的檢驗，但是至少有一半的優勢經不起考驗。

然而，換個角度來看，「我有什麼優勢」這問題的要求過於苛刻，投資人只要小心遵照至少這七十五年來證據充分、大

家普遍承認的投資方法，就可以創造遠高於平均水準的長期績效，這種方法通稱價值型投資法，也是蒙蒂爾這本傑作的主題。

這些事實需要用小說和具有娛樂性的方法重新包裝，原因是只有少數投資人有系統的奉行這種方法，長久以來，這類人占所有投資人的比率頂多只有些微成長。而且要有效運用價值型投資原則，必須持續培養紀律，才能加強了解相關因素並學會以比較妥善的方式來實際運用這些方法，就這兩點來說，本書卓有貢獻。

洞悉投資人的三種心理偏誤

價值型投資人能夠持續一貫，創造出比大盤高出 3% 以上的報酬率，是因為他們掌握了起源於個人投資行為心理的根本「優勢」。其中有三個因素至為重要，第一，很多投資人總是有不顧平均成本、追求超高報酬率的傾向。在我們所知的任何社會中，樂透是很成功卻總是差勁的投資，而成長股就是和樂透相等的投資標的——像微軟、英特爾、思科，和那些在網際網路時代比較不成功的其他股票，能帶給大家瞬間致富希望的成長股。蒙蒂爾再度說明，這種投資組合無論是在美國和其他已開發國家，還是最近在新興股市中，投資績效均不如大盤。追求成長股和熱門股，結果就是低估無趣、低成長、不知名和迄今為止令人失望的投資標的。

第二個因素是損失規避（loss aversion），這個因素會加強上述偏誤，投資人會像平常一樣不理性，規避帶有威脅、可能造成損失，卻也可能帶來超大獲利的惡劣狀況。受測者在心

理學研究中，面對替代確定利得、但具有風險的替代方案時，會擁抱確定性的利得；面對替代確定損失（從較高的起點開始）卻有風險的方案時，卻會擁抱風險，這樣做是因為受到損失展望的影響。在投資領域中，這樣表示投資人在賣出屬於受威脅產業或環境、表現又惡劣的醜陋股票時，完全不顧這種股票是否有補償性的上檔潛能。因此，這種股票常常遭到超賣，而且如同蒙蒂爾再度指出的論點，整體而言從長期來看，這種投資組合在所有國家的表現績效都勝過大盤。

人類的第三個基本傾向強化了前面兩個傾向，投資人像所有人類一樣，不善於應付不確定性，因此應付的方式很差。投資人在最簡單的層面上，無論是實驗或真實的市場（即使不確定性小得微不足道），都會接受報酬率低到不合理的某種結果。造成更大損害的是，投資人會用各種方法抑制不確定性，憑藉沒有根據的信心推斷過去的趨勢。處理有吸引力的股票時，通常會把這種股票當成確實有吸引力的股票，處理沒有吸引力的股票時，就把這種股票視為一定會完蛋的股票。實際情況比蒙蒂爾證明的還糟糕，表現傑出的股票紛紛墜落，瀕臨死亡的股票陸續起死回生，結果強化了熱門股高估、問題股低估的現象。如果價值型投資人要避開前者、擁抱後者，必須克服所有深植人心的心理傾向，難怪價值型投資人少得可憐，卻很富有。

投資機構的力量會強化這些基本人性，留在群眾中總是比孤立在外舒服。跟散戶一樣，投資機構往往也傾向專注同樣高估的股票，且這種偏誤會因為制度性的激勵而加強。如果投資公司基於投資人的慣性，創造的投資績效符合或接近同行水準，通常也不會因此喪失大量管理資產，即使他們的長期績效

差勁，結果也是這樣。但如果基金經理人的表現十分差勁，後果卻嚴重多了，因此他們會純粹基於降低風險，努力建立反映競爭對手的投資組合。投資機構也必須自我行銷，最有效的行銷方法是在敘述投資故事時，隱藏潛在的風險，強調轟動一時的贏家股票，證明自己規避了潛在的不利狀況（這種作法叫做裝點門面）。當投資機構這樣做時，無疑是在模仿和強化散戶的偏誤。

此外，投資機構偏愛推銷令人安心、相當複雜、實用價值卻很可疑的數學工具，針對未來的變數，投資機構會發展出複雜的「點預測」，證明自己在統計、經濟和本業上的專業學能。他們經常會利用已經過時的正統學術理論，如資本資產定價模型之類的說法，建構複雜的量化模型，樹立自己善於掌握風險管理與最新投資科技的權威。他們也會利用極為深奧的數學工具，提供複雜的衍生性金融商品策略，卻忽視信譽卓著的歷史規律、基本的質化經濟原則，和不確定性無法降低的現實。蒙蒂爾特別了解這些方法的缺點，也特別清楚善用這些方法能為其他投資人帶來的機會。

正確的降低風險與創造績效

高於平均水準的報酬率不是衡量投資績效的唯一標準，風險也很重要，書中探討降低風險的篇章可能是本書最有價值的地方。經濟體產生的整體風險水準跟整體平均報酬率一樣，必須由整體投資大眾承擔。但是差勁的投資策略跟平均報酬率正好相反，反而可能創造風險，賭博就是明顯的例子。不論是在

賭場或是在衍生性金融商品市場上賭博，都一樣如此，後者更是會為私人持股增添不確定性和下檔風險，但是若能憑藉正確投資行為，就可以消除這些不利因素。可惜大多數投資人的行為通常是提高風險，而不是降低風險。

在投資實務上，第二重要的事實或許是，一般而言，投資基金的平均報酬率比依據基金規模加權的基金報酬率，要高出600個基點（加權報酬率指資產規模20億美元時，年度報酬率所占權數是資產10億美元時的兩倍）。這點一方面代表基金規模較大時，會對靈活程度和選擇產生不利影響，卻也表示投資人正好在錯誤的時機買賣基金，這種行動會提高風險。如同蒙蒂爾所強調的概念，行為有紀律、不隨俗浮沉，是所有善於降低風險策略的核心重點。

分散投資同樣重要，不論風險的定義是資本的起伏變化、還是永久性減損，多元化投資組合的下檔風險都會低於集中的投資組合。造成投資的獲利能力永久性減損的大部分事件，都跟特定公司、產業或國家相關，例如，藥物害死病人、新聞事業變成夕陽產業、或馬克思主義政府掌控委內瑞拉。若投資組合是由低於5檔股票構成將會因此嚴重虧損，但如果投資組合由50檔以上的股票構成，特定因素的影響就會微不足道。

這樣不表示我們必須全面分散投資，因為全面分散投資代表購買整個大盤，放棄價值型策略的好處。但是投資人必須充分分散投資，至少持有15檔散布在不同產業和國家中的證券，得到盡量降低風險的好處。除了紀律和分散投資之外，如果投資人能避免為當時流行的熱門股付出太高的價格，那麼就只有在出現永久性的不利總體經濟發展時，才會碰到永久性損失。

蒙蒂爾指出，這種情形很少見，即使是在 1990 年代的日本，利用有紀律的價值投資法建構的分散投資投資組合，依舊能創造整體正報酬率。像大蕭條這類不利總體經濟發展的情況，的確會造成幾近永久性損失，但是這些事件都無法準確預測，事件發生時機尤其如此，而且在事件爆發前，通常會經歷一段很長的發展期間，以致於大部分投資人都忘記風險的存在。在這種情況下，可以利用一些建構投資組合的策略，保護投資人避開大部分的下檔虧損，例如，建立由防禦性股票、短期政府票券、現金和黃金構成的投資組合，並且購買具有寶貴財產保險的資產──通常指投資人認為在幾乎沒有總體風險時，價格便宜卻最有價值的衍生性金融商品。蒙蒂爾極為注重風險，十分善於辨認這種策略。

因此，整體而言，本書為所有投資人總結四大要點：第一，本書以有系統又令人信服的方式，闡述精明投資實務的原則。第二，本書列舉大量相關歷史與實驗資料，支持這些方策。第三，本書清楚說明如何應用這些對策，應付當前的投資挑戰。最後，本書在深具娛樂性外，還經常重複敘述，這一點似乎不太值得推薦，但事實上，這一點堪稱書中最重要的地方，因為我發現，除非我重複說四次，否則大部分學生都會錯過重點。不論原因是，對大部分投資人而言，價值投資法的核心太不符合思維習性，還是因為他們集中注意力的時間十分有限，我不知道。但是不管原因是什麼，重複都是有效傳達價值學派論證的方法，而蒙蒂爾是我所見過最善於運用這種方法的人。

布魯斯・葛林華德（Bruce Greenwald）

PART 1

你在商學院學的一切
完全錯誤，為什麼？

第 1 章

六大不可能的事情——

效率市場假說如何重創投資行業 [1]

在財務學中，效率市場假說（Efficient-market hypothesis，
EMH）如同英國巨蟒劇團（Monty Python）的《死鸚鵡》
喜劇，不論你如何力陳鸚鵡已經死亡，信徒都會回答：「鸚
鵡只是在休息而已！」我其實不在乎效率市場假說是否只
是學術陳跡，但就像凱因斯（John Maynard Keynes）說的：
「務實的人通常是一些過世經濟學家的奴隸。」效率市場
假說留給我們一堆陳腔濫調的差勁理念，包括資本資產定
價模型、基準化分析法、風險管理和股東價值等等，這種
假說最糟糕的遺澤是，針對如何戰勝眾人，提出可怕的建
議——基本上好比建議你如何做出勝過所有人的預測。現
在，大家真的該把效率市場假說和衍生論證，丟進歷史的
垃圾桶了。

　　下文是一段要在英國財務分析師協會所舉辦「效率市場假
說的問題」研討會上發表的講詞，以此紀念彼得・伯恩斯坦
（Peter Bernstein）。投資圈的人會難過地衷心懷念伯恩斯坦，
雖然他和我在這種辯論中經常意見相左，但他卻是真正的紳

1　本文刊於 2009 年 6 月 17 日出版的《心理很重要》（*Mind Matters*）雜誌，其中討論的材料在
　　出版時確實正確無誤。

士，跟他討論觀念總是令人欣喜愉悅，我敢說伯恩斯坦一定不同意我一大部分以至全部的講詞，但是我同樣確定他絕對會喜愛這種討論。

財務學中的死鸚鵡

鑒於這是英國財務分析師舉辦的研討會，我敢說在座各位都很熟悉巨蟒劇團的《死鸚鵡》喜劇。在財務學的天地，效率市場假說等於《死鸚鵡》（請見圖1.1），我覺得像極了約翰·克里斯（John Cleese）的角色（飾演最近買了一隻鸚鵡而極為惱火的顧客），他回到寵物店責罵老闆：

> 伊走了！這隻鸚鵡不在了！牠已經過世了！伊已經離開，去見造物主了！伊已經翹了！沒有生命了，伊安息了！你要是沒有把伊釘在棲木上，伊應該會上西天了！伊的新陳代謝程序已經結束了！伊突然離開了！伊翹辮子了！伊已經一走了之，已經謝幕，已經魂歸極樂了！這隻鸚鵡已經變成過去式了!!

寵物店老闆（你可以把他想成尤金·法馬〔Eugene Fama〕）一直堅持這隻鸚鵡只是在休息。順便一提，你要是回想一下史蒂芬·羅斯（Stephen Ross）所說的，「要把鸚鵡變成學識淵博的財務經濟學家，只要學套利這個詞就夠了」，死鸚鵡更是別具意義了。

效率市場假說的支持者非常像十七世紀時的耶穌會天文學家，拼命希望維護太陽繞著地球運行的假設。而他們如此懇切

想保護這種既定假設的原因很簡單，如果太陽不是繞著地球運行，那麼《聖經》中約書亞要求上帝讓太陽停在天上的故事，就是謊言，哪怕就只是一個謊言，《聖經》便不可成為絕無錯誤的信仰基礎！

圖 1.1　財務學中的死鸚鵡

　　效率市場假說對我們這一行造成大量的破壞，但是在我探討其中的錯誤，並研究這種假說造成的重大破壞前，我希望針對效率市場假說居然存在的原因，說上幾句話。

　　眾所周知，學術理論受到路徑依賴（path dependence）（你也可以說是滯後作用〔hysteresis〕）左右，大家一旦採用某種理論，就得耗費洪荒之力才能把這種理論消除乾淨，就像普朗克（Max Planck）說的：「每舉行一次葬禮，科學就會進步一些。」

　　從中世紀以來，效率市場假說就已經以某種形式存在。我找到的最早例證是聖多瑪斯・阿奎那（St.Thomas Aquinas）與其他教士的辯論，針對玉米該算多少錢才是「公正」價格。阿奎那主張市場價格就是公正價格。試著想像我們全都在平行宇

宙成長會發生什麼事，大衛‧赫舒拉發（David Hirschleifer）
就做了這樣的假設：歡迎進入他所主張市場效率不足假說
（Deficient Markets Hypothesis）的世界。

市場效率不足假說是芝加哥大學某一派社會學家提出的，
意思是價格無法精確反映所有資訊。史丹佛大學天才心理學家
比爾‧布侖特(Bill Blunte) 發明了狂亂預期認知模型（Deranged
Anticipation and Perception Model，DAPM），他用市場錯誤估
價的替代值，預測證券的報酬率。假設研究人員發現，錯誤訂
價的替代值（如淨值市價比、益本比、過去的報酬率）和情緒
指標（例如陽光照射量），變成預測未來報酬率十分有力的指
標，你可以想像研究人員會多麼欣喜如狂。這時市場效率不足
假說似乎是獲得最堅定證實的社會科學理論。

不錯，不滿意的業者會抱怨，要靠著這種理論賺錢，其實
比象牙塔中理論家所說的難多了。你甚至可以想像學術界將出
現一些異端分子，在事件研究中證明一旦新聞有絲毫動靜股市
就會產生短期的快速反應，並主張證券報酬率可以預測的原因
是源於承擔風險的理性溢價。保守派會輕易投降嗎？只要他們
能夠利用跨期版的狂亂預期認知模型，指出錯誤訂價的修正不
過是極為緩慢，他們就不會投降。在這種情況下，「短期事件
視窗」研究無法證明市場對新聞資訊的反應效率不足。比較常
見的是，因為市場效率不足具有理論的強力支持，反派人士勢
必會有一場艱苦奮鬥。

長久以來，我們似乎都深愛簡明的財務學理論，我們的思

辨能力也似乎一直受制於數學完美的吸引力。很久以前，我開始學習經濟學時，還是個很容易受影響的年輕小夥子，效率市場假說和理性預期論證迷人而優美的魅力（類似《星際大戰》中的黑暗面）讓我沉迷其中。然而，在實務上我們應該時刻記住，追求優美根本毫無道理！

我念大三時，開始對效率市場假說及其基礎學理的極端理性經濟人（Homo Economicus）說法感到幻滅。那時我以學生代表的身分參加學位課程監督委員會，我注意到，在我就讀的大學裡，如果你修習完一套規定的課程，就可以選擇以商業經濟學專長的學位畢業，要拿到這種學位的課程分布在兩個學年中，而你不可能在一年內修完，因此學生必須安排交錯選課。但是我在大三開學時驚訝地發現，同學紛紛向我抱怨他們不知道這件事！這些年輕經濟學子竟然無法解決我想像中最簡單的兩期最佳化問題！這個世界還有什麼希望呢？我大概就是個活生生的證據，證明了財務學好比抽菸，戒了菸的菸槍似乎總是最激烈反對抽菸的人，或許財務學領域也是如此！

紅心女王的荒唐信念

我相當確定紅心女王會變成非常出色的效率市場假說經濟學家。

愛麗絲笑著說：「不用試了，人不可能相信荒唐的事情。」
女王回答：「我敢說你練習的次數不夠多。我年輕的時候，每天總是這樣做半小時。噢！有時候我能在早餐前相信六件不

可能的事情。」──路易斯‧卡羅（Lewis Carroll）《愛麗絲夢遊仙境》

　　前面我說過，財務學領域中極度缺少批判性思考，其實並非財務學特別缺少「邏輯」思維，我們人類也普遍有信念偏誤的問題。人類評估論證正確與否時有一種傾向，就是常常根據自己是否同意結論而做出決定，而非根據結論是否從前提合理推衍而來。請思索下述四個三段論：

一、警犬都不兇。
　　有些訓練有素的狗很兇。
　　因此有些訓練有素的狗不是警犬。
二、有營養的東西都不便宜。
　　有些維他命丸相當便宜。
　　因此有些維他命丸沒有營養。
三、致癮性的東西都不便宜。
　　有些香菸相當便宜。
　　因此有些致癮性的東西不是香菸。
四、百萬富翁都不辛苦工作。
　　有些富人辛苦工作。
　　因此有些百萬富翁不是有錢人。

　　這四個三段論提供有效性和可信度交雜在一起的論證，表1.1 根據兩個層面，把這些問題區隔開來，讓我們能夠評估大家用什麼標準做出決定。

表 1.1　合理性與可信度

		可信度	
		可信	**不可信**
合理性	**合理**	狗（合理又可信）	維他命（合理但不可信）
	不合理	香菸（不合理但可信）	百萬富翁（不合理又不可信）

　　圖 1.2 顯示，推動我們行為背後的動力似乎是觀念的可信度，而非合理性。當合理性和可信度相符時，90% 的受測者會得出正確結論。然而，論證不合理卻可信時，大約 66% 的受測者仍然認為結論正確無誤。論證合理卻不可信時，大約只有60% 受測者，認為結論正確。由此可見，我們通常是根據可信度判斷事情、而非合理性，這點清楚證明當人的信念強烈時，人們會把合理性拋在腦後。

　　上述與信念有關的討論使得效率市場假說聽起來像是宗教，的確如此，當信念似乎是以信心為基礎、而非以證據為基

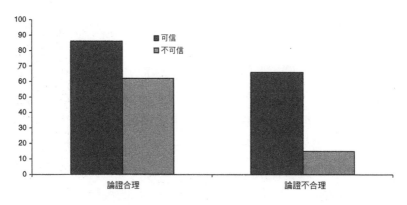

圖 1.2　認為結論正確的百分比

礎時，信念和宗教確實有一些重疊的地方，和這種主題有關的辯論也可能引發宗教般的狂熱。羅伯·郝根（Robert Haugen）（財務學界很多人認為他是異端）在大作《新財務——打破效率市場的迷思》（*The New Finance: The Case Against Efficient Markets*）書中，回憶自己在某次研討會中演講，他舉出多項市場無效率的地方，在座的法馬一度忍不住大叫道：「你是罪犯……上帝知道市場確實有效率。」

過世經濟學家的奴隸

老實說，我其實不在乎效率市場假說是否只是學術陳跡，但卻無法忽視效率市場假說造成的真正傷害，如同凱因斯很久以前所說：「務實的人……通常是一些過世經濟學家的奴隸。」

因此，我們來看看效率市場假說怎麼拖累大家的投資。我首先要說的是資本資產定價模型，我已經在別處批評過資本資產定價模型（請參閱第 2 章），因此不會在這裡討論這種假說的缺陷，我只需要表明我一直認為資本資產定價模型是廢話，而且是完全多餘的。

資本資產定價模型妨礙投資程序的部分，是我們在這裡需要略為討論的東西——其中最明顯的地方是對績效衡量的沉迷。把 α 值與 β 值（超額報酬與風險係數）切割開來，從最好的情況來看，這是毫不相關的作法。然而最差的情況是，這樣會使投資人從投資的真正本質上分心。從坦伯頓爵士（Sir John Templeton）所說「投資的目標是最高的稅後實質總報酬率」，最能說明其中的真義。然而，我們不但不注重這個目標，

反而孕育出只會把投資人分類的行業。

已故的大師鮑伯‧柯比（Bob Kirby）說過：「績效衡量本身是很好的理念，不知道為什麼會變成徹底失控的觀念。實際上，太常利用績效衡量技術，反而會妨礙這種理念應當達成的目的。」

沉迷於基準化分析法、汲汲營營於對應指數，也成為我們這一行的最大偏誤「職涯風險」起因，對於必須對應指數的投資專家來說，衡量風險的指標是追蹤誤差，這種衡量方式會促使大家變成綿羊人（Homo Ovinus）（請參閱圖 1.3）──只關心自己在群體中相對地位的人。這類人鮮明體現了凱因斯的斷言：「隨俗起舞而失敗，勝過特立獨行而成功。」後文會再深入探討這種人。

談到操作績效和對應指數比較的問題，我們不得不指出，效率市場假說和資本資產定價模型也是對應指數作法的起源。

圖 1.3　綿羊人

只有在效率市場中，市值加權的指數才是「最好的」指標，如果市場沒有效率，市值加權就會造成我們加碼最昂貴的股票、減碼最便宜的股票！

離開風險的主題之前，我們也應該注意，效率市場假說的粉絲是用什麼方法保護自己，使其對抗價值與動能等異常存在的證據。他們以絕佳的套套邏輯方式主張：在效率市場中只有風險因素可以創造報酬率，因此，這些因素顯然一定是風險因素！

我們行為學派的人主張：行為與制度上的偏誤是異常事件產生優異績效的根本原因。過去我也寫了很多篇報告說明，不管效率市場假說的信徒根據什麼定義，價值股的風險都不會高於成長股（請參閱第 6 章）。

例如，如果我們以效率市場假說信徒所用風險的最簡單定義（即報酬率標準差）為例，那麼圖 1.4 會顯示效率市場假說的一個迫切問題：價值股的報酬率高於成長股，所謂的「風險」卻低於成長股，這點完全牴觸效率市場假說的觀點。

這種明顯重視風險的作法，再度造就了另一項我認為幾乎毫無必要的行業興起——風險管理。風險管理的工具和技巧具有嚴重缺陷，所採用的風險值（Value at Risk, VaR）之類的衡量標準造成了安全的幻象，太常利用落後的輸入因素去計算短期現象，忘記自己輸入的資料其實具有內生性質。相關性與波動性之類的「風險」因素是市場的函數，以比喻來形容，作用更像梭哈，而不是輪盤，意即其他玩家的行為很重要。

風險不應該被定義為標準差（或波動性），我從來沒有見過死多頭理會過上檔波動性。風險這個主題複雜多了，我一直

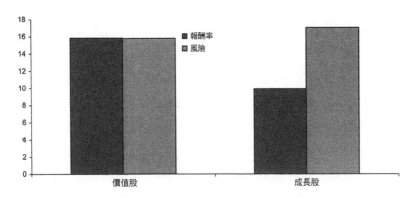

圖 1.4　1950 年至 2008 年間，美國價值股和成長股的報酬與風險
（單位：%）

認為三大風險才是投資人應該注意的所有事情，這三大風險分別是：評價風險、營運／獲利風險、資產負債表風險。要了解三大風險，請參閱第 11 章。

在資本資產定價模型中，正確的風險指標當然是 β 值，然而，葛拉漢指出 β 值是衡量價格的變化，不是衡量風險。β 值很可能是分析師計算資金成本時最常用的指標，財務長做類似計算時也最常用這個指標。然而即使在這種地方，β 值也沒有用。報酬與風險根本沒有理論中坡狀上升的關係，證據顯示兩者之間沒有關係〔包括法馬和傅蘭奇（French）收集的證據〕，可想而知，其中甚至有著跟模型所預測正好相反的關係。

這樣當然忽視了實際計算 β 值的難度和變化莫測，你要用每天、每週或每月的資料？還是用某種期間的資料？答案對分析師的計算結果影響非同小可。費南德斯（Fernandez）和柏美和（Bermejo）在最近的研究報告中說明，最好的作法可

說是乾脆假設所有股票的 β 值都等於 1。（再度提醒我們，在這個世界上，追求優美毫無道理！）

效率市場假說也為我們帶來莫迪利安尼－米勒理論（Modigliani–Miller theorem，簡稱 MM 定理），提倡股息不相干和資本結構不相干的觀念。這些觀念遭到無恥之徒利用，以便增進自己的利益。例如，主張買回股票勝過發放股利的人、甚至是主張保留盈餘勝過分配盈餘的人，其實都是靠著莫迪利安尼－米勒理論，忽視企業常常浪費保留盈餘的難堪證據，也忽視股票買回的本質十分無常，性質遠不如發放股利那麼恆常不變，還宣稱股東對獲得報酬率的方式應該漠不關心。

同樣的，莫迪利安尼與米勒所提的資本結構不相干理論，鼓勵公司和財務人員增加舉債，畢竟根據兩位大師的理論，投資人應該不需要關心投資資金來自保留盈餘、還是發行新股或債券。

效率市場假說也促使我們分心他顧，導致錯誤地不顧股東價值。諷刺的是，這原先是起源於力求不再注重短期盈餘運動。根據效率市場假說，公司的價格當然只是未來所有現金流量的淨現值，因此專注盡量提高股價與促成未來獲利能力最大化，正好完全相同。不幸的是，在這個短視近利的世界，這一切都會瓦解，最後變成追求短期獲利的最大化！

但效率市場假說最陰險詭詐的地方是：會影響積極型經理人追求附加價值時的行為，這一點聽起來怪怪的，但請容許我設法解釋這個乍看有些矛盾的說法。

只有最死忠的效率市場假說信徒會承認積極管理確實有點作用，然而，誰才能夠保持市場的效率呢？這是葛羅斯曼

（Grossman）和史提格里茲（Stigliz）在他們的經典研究報告《資訊效率市場不可能存在》（*The impossibility of the informational efficient market*），首次指出來的要點。極端死忠的信徒甚至很可能無法容忍這種說法，但是他們的論證經不起歸謬法的考驗，也就是說，如果市場確實有效率，價格當然都完全正確，因此成交量應該等於 0。

效率市場假說的理論很清楚，積極型投資經理人可以靠兩種方法增加價值，一是靠內線消息，但由於內線消息在絕大部分市場都是違法的，我們現在就不理會這種方法。其次，如果經理人能夠比別人更準確地看穿未來，就會創造高人一等的績效。

效率市場假說也教導我們，當機會出現，一定會有人設法套利，然後機會會消失。這一點當然類似經濟學家和朋友在街上散步的老笑話，朋友指出人行道上有一張 100 元鈔票，經濟學家卻說：「地上其實沒有鈔票，因為要是有鈔票的話，別人應該已經撿走了。」

可悲的是，這種簡單論點不是笑話，反而很可能是效率市場假說中造成最大傷害的地方，因此效率市場假說敦促投資人設法預測未來。我認為這樣做是最浪費時間的事情，但在我們這一行裡卻極為普遍（請參閱圖 1.5）。我所知道的投資程序中，大約有 80% ～ 90% 以預測為中心，但卻找不到絲毫證據可以證明我們能夠看穿未來（請參閱圖 1.6、1.7）。

效率市場假說堅稱機會稍縱即逝，這點和困擾綿羊人的職涯風險結合在一起，促使大家公然注重短期。從圖 1.8 所示紐約證券交易所的平均持股時間，就已具體代表了這一點。目前

圖 1.5　經濟學家的預測毫無用處
（美國 GDP 成長率，單位：%，四季移動平均值）

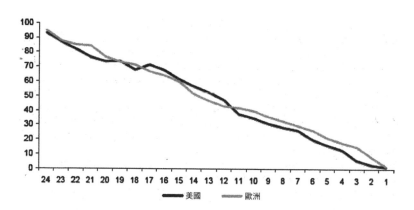

圖 1.6　2001 年至 2006 年間，美歐市場長期預測錯誤比率
（單位：%）

平均持股時間只有 6 個月！

　　不當的注重對應指數和相對績效，也促使綿羊人忙於參與
凱因斯所說的選美，凱因斯寫道：

　　　　專業投資或許可以比擬為報紙舉辦的選美競賽，參賽者必

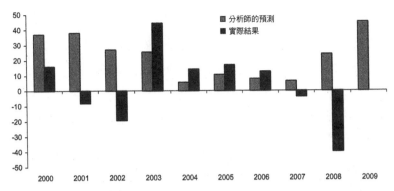

圖 1.7　分析師預測的美股報酬率（以目標價格為準）**與實際報酬率**
（單位：%）

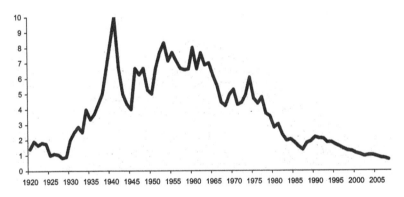

圖 1.8　紐約證券交易所平均持股時間
（年度）

須從 100 張相片中，挑出 6 張最美麗的臉孔。選中最接近整體
競爭者平均偏好臉孔的人，會贏得獎品，因此每位參賽者不該
挑選自己認為最漂亮的臉孔，而是挑出自己認為最能吸引其他
競爭者的臉孔，同時其他競爭者也全都根據相同的觀點，看待
這個問題。這樣不是選擇自己判斷中真正最漂亮的臉孔，甚至

不是大家普遍認為真正最漂亮的臉孔。我們把智力用在預期大家所預測的普遍意見時，就是到達了第三級思考。而且我認為，有些人還會從事第四級、第五級和更高級的思考。

這種遊戲可以輕易複製，方法是要求大家從0到100之間，挑選一個數字，同時告訴他們，所選數字最接近全部選擇數字平均值三分之二的人將成為贏家。圖1.9所示，是我所參加過規模最大的遊戲結果，事實上，這也是歷來所舉辦過規模第三大的遊戲，同時也是唯一一個完全由專業投資人參加的遊戲。

可能正確的最大數字是67，要選中67，你必須相信所有其他人正好都選擇100，我們收到的答案中，有一大堆人選擇比67大的答案，我們對這種情形不只是有點擔心而已。

你可以看出代表不同思考層級的幾個高峰：出現在50的

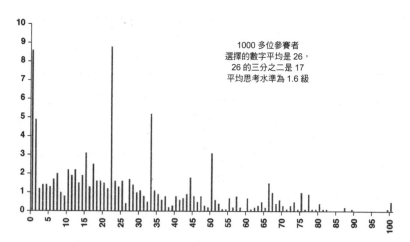

1000 多位參賽者
選擇的數字平均是 26，
26 的三分之二是 17
平均思考水準為 1.6 級

圖 1.9　數字選美競賽中的選擇頻率
（單位：%）

高峰，是我們稱為零級思考的人（雖然這麼說有點無禮），他們在投資上的思考等於荷馬·辛普森（Homer Simpson）看著0跟100，呔！想都不想就挑選50這個數字！沒有花多少認知力量在上面！

33的數字也是高峰——選擇這個數字的人認為，其他人都是辛普森。然後，22的數字又出現高峰，再度顯示選擇這個數字的人認為，所有其他人都會選擇33。你可以看出來，0這個數字上也出現了高峰，選擇0的人全都是經濟學家、賽局理論家和數學家，只有他們學過怎麼用倒退的方式解決問題。實際上，唯一的納許均衡是0（0的三分之二仍然是0）。然而，只有其他人全都選擇0時，正確答案才是0。

最後一個明顯的高峰為1，選擇1的人是（錯誤地）獲邀參加一場晚宴的經濟學家（經濟學家歷來只獲邀過這麼一次）。他們走進現實世界，發現別人的思考方式都跟他們不同，因此設法估計不理性的程度。然而，最後他們落入知識的詛咒中（一旦你知道真正答案，你通常會錨定在答案上）。在這個相當典型的遊戲中，大家選擇的數字平均是26，26的三分之二是17，在一千多個參與者中只有三個人選擇17。

我玩這個遊戲，目的是要說明光是想超越大家一步——領先別人進場，也領先別人出場——其實非常困難。雖然如此，卻有一大堆投資人似乎正是把時間花在這上面。

反駁效率市場假說的證據——永遠都在吹大的泡沫

現在，我們來談談反駁效率市場假說證據確鑿的事證。奇怪的是，這種證據並沒有吸引到學界太多的注意。拉利·桑默斯（Larry Summers）巧妙地諷刺財務經濟學家時說過：「傳統財務學比較關心的是，查證兩瓶 8 盎司蕃茄醬的價格是否接近一瓶 16 盎司的蕃茄醬，卻沒那麼在意 16 盎司蕃茄醬的價格。」

第一個股票交易所成立於 1602 年，第一個股市泡沫南海泡沫在一百零八年後發生，此後，泡沫發生的頻率十分規律。在 GMO 資產管理公司任職的敝友把泡沫定義為：（實質）價格運動偏離趨勢至少兩個標準差。兩個標準差的事件大約是每四十四年發生一次，但是 GMO 資產管理公司發現，1925 年以來出現的泡沫高達三十多個，等於每三年多一點的時間，就會出現一個泡沫！

我也曾研究泡沫通常依循的型態，透過歷史發生過的若干重大泡沫案例（包括南海泡沫、1840 年代的美國鐵路泡沫、1980 年代末期的日本泡沫，以及那斯達克股市泡沫[2]），找出下列基本型態（請參閱圖 1.10）。大約要經過三年時間，泡沫才會吹大，接近巔峰時會出現幾乎像拋物線般的爆炸，然後毫無例外地全數消氣。而消氣的時間通常比膨脹的速度更快一些，大約只需要花兩年時間。

---

[2] 有兩位經濟學家寫了一篇論文，主張那斯達克泡沫可能根本不泡沫——只有缺少現實世界經驗的學者才可能主張這種事情。

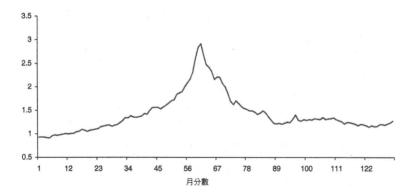

圖 1.10　我們的泡沫指數
（單位：%）

　　雖然每次事件的細節和技術特性不同，基本動力卻非常類
似。馬克‧吐溫（Mark Twain）說得好，「歷史不會重複，但
它會押韻。」的確如此，我所能找到最早的泡沫基本型態分析
詳盡記錄，是密勒氏（J.S. Mills）在 1867 年寫的研究報告，
他列出的架構非常接近我多年用來了解泡沫膨脹和破滅型態的
明斯基─金德柏格模型（Minsky/Kindleberger model）。這點
讓人難以了解，為什麼這麼多知識階級會傾向相信，沒有人能
夠在泡沫破滅前預先看出泡沫。我認為，從泡沫的存在和事前
分析就可以看出，這無疑是代表市場無效率的最有力證據。

效率市場假說核彈

　　身為行為學者，我經常告訴大家，要注意驗證性偏誤
（confirmatory bias）──習於尋找支持自己的資訊。因此，為

了避免別人指責我容許自己犯這種錯誤（我以前犯過），我現在要把精神放在效率市場假說信徒自認最堅強的辯護證據上，也就是積極管理的績效無法超越大盤的簡單事實。馬克·魯賓斯坦（Mark Rubinstein）把這種情形形容為效率市場假說的核彈，他還表示我們行為學派沒有能跟這種武器匹敵的論證，我們提出的無效率和不理性證據好比無力的步槍。

然而，我要主張這種觀點在理論和實務上都有缺陷，其中邏輯性的錯誤是比較簡單的錯誤，就是把缺乏證據和證據缺乏混為一談。換言之，如果效率市場假說造成積極型投資人把重點放在錯誤的績效來源（即預測），那麼積極管理無法創造傑出績效，就一點也不奇怪了。

實證來看，上述「核彈」論述也值得懷疑，因此我想提出兩項證據，凸顯效率市場假說值得懷疑的性質。第一點是達特茅斯大學（Dartmouth College）喬納森·盧埃林（Jonathan Lewellen）的研究。

盧埃林在最近的一篇研究報告中，探討美國投資機構從1980年到2007年間的整體持股，發現機構投資人持有的投資組合大致上等於持有大盤，這一點大概不足為奇，因為投資法人的持股比率穩定上升，從1980年的30%上下，到2007年底升到將近70%（請見圖1.11）。這點證實積極管理的性質是零和遊戲（扣除成本後，甚至是負和遊戲），也證實凱因斯的說法正確無誤——「市場是專業投資人競相超越別人。」

盧埃林也指出，整體而言，投資機構並不會努力創造勝過別人的績效！他根據不同特性，把股票分為五等分，然後拿投資機構投資組合投資在每一等分的比率（占投資機構全部投資

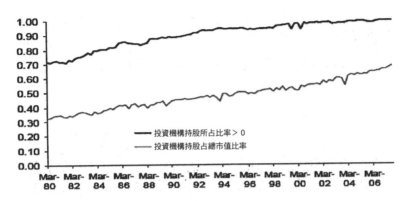

圖 1.11　1980 年至 2007 年間美國投資機構持有美股的比率
（單位：%）

的比率），跟這個五等分占大盤投資組合的權數比較（這個五
等分的市值占全部投資總市值的比率），也就是把投資機構投
資在一種特性上的比重，與這種特性占大盤的比重，拿來兩相
比較。

　　圖 1.12 所示是盧埃林所用特性樣本的結果，除了規模之
外，機構投資人的整體投資組合跟市場權數幾乎沒有背離，因

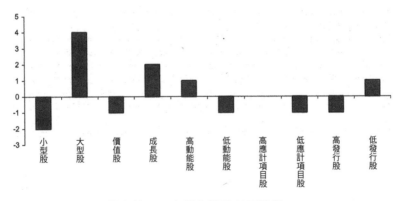

圖 1.12　投資機構與美國股市所占權數差異比較

此投資機構其實根本沒有嘗試調整投資組合，也沒有致力朝往我們所知長期會創造高人一等績效的方向走。

因此盧埃林斷定：

情形很簡單，整體投資機構除了持有大盤投資組合外，似乎毫無其他作為，至少從他們扣除成本和費用前的角度來看是這樣，他們的整體投資組合幾乎完全模仿市場的價值加權指數，市場 β 值為 1.01，加上經過精確估計、在經濟上規模很小的 0.08% 資本資產定價模型 α 值。基本上，整體投資機構絕對不賭攸關預測報酬率的最重要特性，例如他們不會賭淨值市價比、動能或應計項目等特性。其中的含意是：從機構背離大盤投資組合的程度來看，投資機構賭注的重點似乎是獨特的報酬——卻賭得不太成功。另一個含意是：整體機構投資人似乎沒有理性地為旗下投資組合追求最高的（扣除成本前）相對或絕對報酬與風險抵換（mean variance trade-off）。

從我們的角度來看，投資法人比較擔心職涯風險（失業）或營運風險（喪失管理資產），而沒那麼擔心作法是否正確！

要請你注意的第二項證據是藍迪·柯恩（Randy Cohen）、克里斯多福·薄克（Christopher Polk）和伯恩哈特·席里（Bernhard Silli）所寫的論文，他們三位針對 1991 年至 2005 年間美國基金經理人的「最佳構想」進行檢視。所謂「最佳構想」的衡量標準，就是經理人持股和指數權數之間的最大差異。

最佳構想的表現十分驚人，柯恩等人專注研究業績排名前

25%的積極型投資經理人的最佳構想，發現平均年度報酬率超過19%，高於大盤12%的平均年度報酬率。也就是說，經理人最有信心的股票表現大幅超越大盤。

然而，他們持有的其他股票卻拖累他們的績效。因此看來注重相對績效、擔心表現不如武斷性的對應指數，是績效不佳的主因。

我發現某大型基金一位價值型經理人被迫操作「完整投資組合」的故事後，心情一直無法完全平復，完整投資組合是婉轉的說法，表示在經理人的選股之外，還必須增持一些能夠讓基金表現大致與指數非常相似的持股！

柯恩等人斷定，「過去共同基金經理人整體績效差勁，原因並不是他們缺少選股能力，而是鼓勵他們過度分散投資的制度性因素造成的。」難怪坦伯頓會說：「除非你的作法跟大多數人不同，否則不可能創造優異績效。」

基本情況是：效率市場假說核彈更像彩紙拉炮，而不像大規模毀滅性武器。效率市場假說應該會害福爾摩斯十分絕望，因為福爾摩斯說過，「在擁有資料前就做出結論是重大錯誤，你會在不知不覺中，開始扭曲事實去配合理論，而不是拿理論去配合事實。」

席勒（Shiller）說過，效率市場假說是「經濟思想史上最明顯的錯誤之一」。效率市場假說應該丟到歷史的垃圾堆裡，我們必須停止教導這種理論，不再向天真的人洗腦。羅伯·阿諾特（Rob Arnott）曾經提及他在兩百位財務學教授前演講的有趣故事，他問他們有多少人教過學生效率市場假說，幾乎每一個人都舉起手。接著，他再問多少人相信這種理論，只剩兩

隻手還舉著！

　　最近英國財務分析師調查報告似乎也顯現類似的情緒，這項調查顯示，67%的受訪者認為市場的行為不理性。有位記者問我對這項調查結果做何感想？我只說：「大概也是時候了。」然而，76%的財務分析師說，行為財務學（Behavioural Finance）還不夠有力，不足以取代現代投資組合理論，成為基本的投資思想。這樣說當然毫無意義，早在效率市場假說和現代投資組合理論出現前，成功的投資人就存在了。的確如此，絕大多數成功的長期投資人，都是排斥效率市場假說和現代投資組合理論的價值型投資人。

　　我們最後能不能徹底消除效率市場假說呢？我不免非常悲觀。就像有人問傑瑞米·格蘭桑（Jeremy Grantham），投資人從這次金融海嘯中會學到什麼，他的回答是：「短期內，我們會學到很多，中期內會學到一點點，長期而言，絕對什麼也學不到，這些東西會變成歷史前例。」或者如同高伯瑞（JK Galbraith）所說，市場的特徵就是「與金融有關的記憶極為短暫……放眼人類歷史，沒有多少領域像金融界那樣，歷史所占的份量如此之低。」

重點摘錄

→ 學術理論的路徑依賴很高，一旦大家接受某種理論，要徹底清除似乎是件千難萬難之事，誠如梅克斯・普朗克所說：「每舉行一次葬禮，科學就會進步一些。」和效率市場假說有關的辯論幾乎經常帶有宗教色彩，尤金・法馬在某一次研討會上曾經嘶喊：「上帝知道市場確實有效率！」我覺得這樣似乎是信仰偏誤（根據信仰而非根據證據做判斷的傾向）的典型例子。

→ 效率市場假說雖然是不相關的學術觀念，卻不會讓我太困擾。比較讓我煩心的是，這種假說妨礙了理智投資。效率市場假說帶來一堆影響我們這一行的不良觀念，例如，資本資產定價模型導致 α 值和 β 值（超額報酬與風險係數）一分為二，最後像坦伯頓爵士說的一樣，導致大家的注意力沒有集中在投資的真正目標──「最高的稅後實質總報酬率」。

→ 這種方法也引發大家沉迷在基準化分析法，催生出新人類「綿羊人」，只知道斤斤計較自己在群體地位的相對高下，鮮明體現凱因斯所說「隨俗起舞而失敗，勝過特立獨行而成功」的斷言。

→ 風險管理、期權定價理論、莫迪利安尼與米勒的股利與資本結構不相干法則、股東價值等觀念的核心基礎也是效率市場假說，這些所有論證都對投資人

造成嚴重傷害。然而，效率市場假說最陰險狡詐的地方，是提出靠什麼途徑創造優異績效的建議。第一個途徑是本來就違法的內線消息，第二個途徑是必須比別人更善於預測未來，這一點造成投資業幾十年來一直追求愚蠢、虛幻的事情。

→ 泡沫是對效率市場假說表面上不利的確鑿證據。根據投資業者 GMO 資產管理公司的定義，泡沫是至少背離（真正）趨勢兩個標準差的事件，依據效率市場假說，兩個標準差的事件大約每四十四年才發生一次。然而，GMO 資產管理公司發現，從 1925年以來出現過三十多個泡沫，等於每略超過三年就會出現一個泡沫！

→ 效率市場假說的支持者求助於他們稱為「核彈」的東西，就是積極管理無法戰勝指數的事實。然而，這樣是把缺乏證據跟證據缺乏混為一談。此外，最近的研究顯示，盡量降低職涯風險是機構投資明確的特徵，投資機構甚至不曾設法戰勝大盤！

第 2 章

資本資產定價模型
完全是多餘的 [1]

> 資本資產定價模型十分陰險狡詐，它會竄入所有的財務學
> 討論中，每次你提到 α 值與 β 值，都會引用資本資產定
> 價模型，但是這個模型在實證上是虛假的，不論以任何方
> 式、形狀，或形式應用，都行不通。別再沉迷於 α 值、β
> 值和追蹤誤差，現在正是時候專注追求在可接受風險水準
> 的情況下、創造總報酬率。

　　資本資產定價模型十分陰險狡詐，幾乎會潛入每一場財務
學討論。例如，每次你提到 α 值與 β 值，就會不由自主地引
用資本資產定價模型，因為把 α 值與 β 值切割開來，正是起
源於資本資產定價模型。

資本資產定價模型的時間簡史

　　首先，我們回顧一下資本資產定價模型起源的簡短歷史，
一切要從 1950 年代馬克維茲（Markowitz）著手博士論文開始

1　本文刊於 2007 年 1 月 16 日德國商銀旗下券商企業德利佳華公司（Dresdner Kleinwort）出版
　　的雜誌《全球股票策略》（*Global Equity Strategy*）。其中討論的材料在出版時確實正確無誤。

談起。當時他創造了一個奇妙的工具，讓投資人根據特定預期報酬率、預期風險和相關性，計算出賦予每檔股票的權數，以便在一定的風險水準上，創造出報酬率最高的投資組合。實際上，投資人利用馬克維茲的方法後，會建立具有平均數—變異數效率的投資組合。也就是說，在一定的預期報酬率下，會盡量降低投資組合報酬率的變化；在一定的變化下，會盡量提高預期報酬率。

馬克維茲為全球計量派信徒帶來超級值得喜愛的有力工具，然而，從這時起，財務學者開始走向下坡路。莫迪利安尼與米勒大約在 1950 年代中期，也就是效率市場假設出現前，他們就假設市場是效率市場，創出股息與資本結構不相干的理論，而且主張投資人根本不關心公司是把盈餘保留下來，還是把盈餘以收益的方式配發出去（這點到後來會變得很重要）。

到了 1960 年代初期，效率市場的最後兩部分問世，第一部分是夏普（Sharpe）、林特納（Litner）和崔諾（Treynor）提出的資本資產定價模型。在資本資產定價模型的美妙世界裡，所有投資人都利用馬克維茲最適化模型（Markowitz Optimization）的方法，隨之而來的發現是，單一因素就能區別股票的好壞，而這個涵蓋一切的因素當然是 β 值。

第二部分是所有觀念的總結，即法馬在他的博士論文中創造了效率市場假說。我不想討論市場效率，因為我對這個主題的立場已經廣為人知。

資本資產定價模型的實踐

　　我們這一行通常有一個壞習慣，就是會把理論當成鐵則全然接受。我是秉持經驗主義懷疑論的人，我的興趣在於了解資本資產定價模型是否有用，但是反證卻多得驚人。透過一項又一項的研究發現，β 值不是衡量風險的好方法。

　　圖 2.1 取自法馬和傅蘭奇 2004 年檢討資本資產定價模型的論文：他們利用二到五年間的年均報酬率，對 1923 年到 2003 年紐約證券交易所、美國證券交易所、那斯達克的所有股票，估計每一檔股票當年 12 月時的 β 值，然後根據 β 值，建立十個投資組合，再追蹤未來 12 個月的報酬率。

　　圖 2.1 畫出根據每一個十分位平均 β 值算出的平均報酬率，直線所示是資本資產定價模型的報酬率預測值，這張圖顯示這個模型的預測顯然背離實際狀況，不僅嚴重低估低 β 值股票的報酬率，也大幅高估高 β 值股票的報酬率。長期來看，

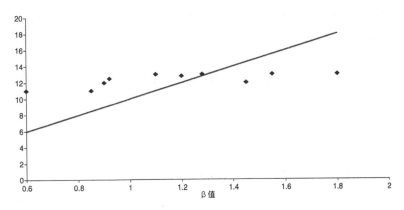

圖 2.1　1923 年至 2003 年間，根據 β 值所建立十分位投資組合的報酬率

β 值和報酬率之間大致上毫無關係。

這點當然顯示，投資人最好考慮調整策略，向低 β 值靠攏，離開高 β 值──1993 年費雪‧布雷克（Fisher Black）率先提出這項建議。

這種說法不只是取代價值理論的論證而已，表 2.1 從 2006 年圖歐摩‧沃迪納奧（Tuomo Vuolteenaho）所做研究中取材，顯示 β 值套利策略全面適用於根據淨值股價比（B/P）分類的股票類別。例如，在低淨值股價比的成長股天地中，作多低 β 值股票、放空高 β 值股票，平均會產生 5% 的差價利益。

表 2.1　用詹森阿爾法指數對 1927 年至 2004 年間 α 值、β 值、淨值股價比類別交叉比較的年度超額報酬率（單位：%）

	高本益比	2	3	4	低本益比
高 β 值	−6.0	−3.0	−3.0	−3.0	−0.5
4	−3.0	−3.4	0.5	1.0	3.4
3	0.5	−0.2	−0.5	2.0	3.8
2	1.0	1.0	2.0	3.0	5.0
低 β 值	−1.0	1.0	2.0	5.0	7.8

在高淨值股價比的價值股天地裡，作多低 β 值股票、放空高 β 值股票，平均會在樣本股票中創造 8.3% 的年度報酬率。因此不論是成長型投資人還是價值型投資人，都可以利用背離 β 值的策略。

2006 年，GMO 資產管理公司的高手格蘭桑發表了一篇研究報告，揭露美國六百檔大型股的資訊，指出 β 值最低的股票報酬率最高，β 值最高的股票報酬率最低，與資本資產定

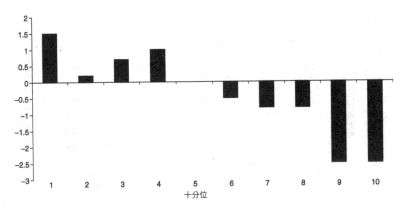

圖 2.2　1963 年至 2006 年間，根據 β 值分類的十分位美國投資組
合相對報酬率

價模型的預測完全相反，進一步證明資本資產定價模型的錯誤
（請參閱圖 2.2）。

　　不只美國才有這個問題，我們團隊中的計量專家魯伊·安
敦恩斯（Rui Antunes）曾經協助我測試 β 值在歐洲的表現。
圖 2.3 顯示，低 β 值股票的平均績效勝過高 β 值股票！這是
資本資產定價模型錯誤的另一個直接反證。

　　資本資產定價模型的另一個預測表示，市值加權的市場指
數（從平均數－變異數的角度來看）確實有效率，在大家都同
意報酬率的分布、以及所有投資人看到相同機會的情況下，結
果大家一定都擁有結構相同的價值加權投資組合。

　　大量證據顯示，資本資產定價模型在這方面也錯了。例
如，克拉克（Clarke）等人 2006 年發表在最新《投資組合管
理學報》（*Journal of Portfolio Management*）的報告顯示，最
低變異數的投資組合會創造比較高的報酬率，風險卻比大盤指

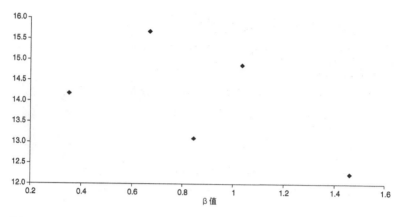

圖 2.3 1986 年至 2006 年間，根據 β 值建立的十分位歐洲投資組合報酬率

數還低。

阿諾特和他在銳聯資產管理公司（Research Affiliates）的同事指出，與根據市值加權的指數相比，根據基本面因素加權的指標（例如根據盈餘與股息加權），更善於創造比較高的報酬率、承受比較低的風險[2]。請記住，基本面加權指標依然是被動指數（只要指數具有一套透明規則，又以公式化的方式發布即可）。

圖 2.4 所示，是各國基本面指標與摩根士丹利資本國際公司指數（MSCI）對應指數相比，得到的每單位風險報酬率。圖中清楚顯示，市值加權指數不具平均數－變異數效率，一般而言，基本面指數在 1984 年至 2004 年間，平均年度報酬率勝過市值加權指數 278 個基點，而且在創造這麼傑出的績效時，

2　請參閱 Hsu 與 Campollo2006 年大作。

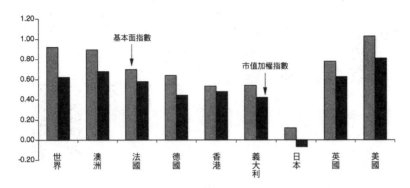

圖2.4　經過風險調整後的各國基本面指數與報酬率比較

承擔的風險比 MSCI 指數低，波動性平均也比 MSCI 的基本面
指數低 53 個基點。由此可見，資本資產定價模型真是大錯特
錯。

　　當然，那些資本資產定價模型的信徒（從證據來看，完全
是盲目的信仰）要不是辯稱這種模型無法真正落實測試（感謝
主張這種真正無用理論的人），就是主張支持比較進步、能夠
站得住腳的跨期資本資產定價模型（ICAPM）。不幸的是，
跨期資本資產定價模型的因素至今仍沒有定義，還是個空洞的
理論。對實際操作的人來說，為這兩種資本資產定價模型辯護
的說法都沒有多大用處。

　　葛拉漢曾經主張；

　　　就股票過去的價格波動來說，β 值是多少有些用處的指
標。讓我困擾的是，權威人士現在把 β 值的概念拿來跟風險
觀念相提並論，容許價格變化，卻不容許風險變化。衡量真正

的投資風險時，不是根據一段期間內股價和大盤相比的可能跌幅來計算，而是要根據企業經歷經濟變化或經營惡化時，喪失良好素質和獲利能力的危險來計算。

為什麼資本資產定價模型行不通？

證據很清楚顯示：資本資產定價模型行不通。這點現在迴避了為什麼它會失敗的問題。剛開始學資本資產定價模型時，我跟所有優秀的經濟學子一樣，學到要用實證上的成功，而不是根據模型的假設，去判斷資本資產定價模型。然而從上述證據來看，或許值得我們略為檢視這個模型的諸多假設：

一、沒有交易成本（沒有手續費、沒有內外盤價差）。
二、投資人可以隨心所欲，建立任何規模的股票（多空）部位，卻絕對不會影響股價。
三、沒有稅賦（因此投資人漠視股利與資本利得）。
四、投資人會規避風險。
五、投資人擁有共同的時間架構。
六、投資人只根據平均數—變異數空間（mean-variance space）看待股票（因此他們全是利用馬克維茲最適化模型）。
七、投資人利用分散投資來控制風險。
八、包括人力資本在內的所有資產，都可以在市場上自由買賣。
九、投資人可以用無風險利率，自由借貸。

大部分假設顯然都很荒謬，第二和第六個假設是關鍵假設，不管交易多少股票都不會在市場上留下痕跡的想法，是大型機構的春夢，但是，也僅止於春夢了無痕而已。

人人都採用馬克維茲最適化模型的想法也離譜得可以。當有人問創造這個模型的馬克維茲[3]怎麼配置資產，連他都說：「我希望盡量降低未來的懊惱，因此我把自己的提撥金額分成兩半，分別放在債券和股票上。」另一位諾貝爾獎得主喬治‧艾克羅夫（George Akerlof）說，他把大部分財產放在貨幣市場基金中，他的誠實辯護令人耳目一新：「我知道這樣愚蠢之至。」因此，連天才中的天才似乎也不遵守資本資產定價模型的規定。

單靠少數「理性的」市場參與者，不可能把市場推向資本資產定價模型的方向移動，必須絕對正確符合假設的唯一情況是：我們所有人都採用馬克維茲最適化模型。

此外，投資機構資金管理人看待風險時，不是從變異數的角度來看，我還沒有見過長線的投資人關心上檔標準差，他們在意的是報酬率才是。

我們這一行沉迷於把追蹤誤差當成衡量風險的指標，而不是考慮報酬率變異數。這兩種東西大不相同。追蹤誤差衡量的是，基金經理人投資組合報酬率與股價指數報酬率之間的差異變化。根據追蹤誤差挑選投資組合時，低 β 值股票與高 β 值股票不會有任何意義。

3　值得注意的是，馬克維茲最近（2005 年）在《財務分析學報》發表論文，指出如果你打破資本資產定價模型中借款沒有限制的假設，那麼這個模型的結論會劇烈變化，市值加權市場就不再是最適合的投資組合，β 值和報酬率之間也不再會有線性關係。

對沉迷於追蹤誤差的投資人而言，無風險資產不是利率，而是市場指數。如果你買進大盤，保證你不會有追蹤誤差。（請參閱圖 2.5，或許這是共同基金現金水準似乎出現結構性下降的原因之一。）

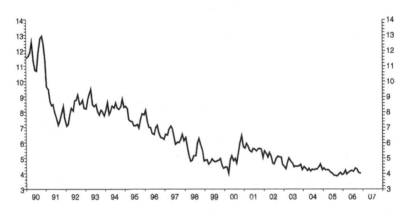

圖 2.5　美國共同基金現金水準
（單位：占總資產的百分比）

資本資產定價模型的現況及意義

多數大學仍然把資本資產定價模型當成核心資產定價模型在教（可能同時也教套利定價理論），法馬和傅蘭奇 2004 年時寫道：

資本資產定價模型的魅力是針對如何衡量風險、以及衡量預期報酬率與風險之間關係的問題，提供有力、可喜的直覺預測。不幸的是，這個模型的實證記錄很差，差到足以證明這個

模型拿來實際應用一定會出問題。

　　請記住，這些話是效率市場宗師說的。

　　分析師經常計算 β 值，當成資金成本分析中的輸入因素，但是證據顯示，β 值其實真的是很差勁的風險指標，難怪分析師預測股價時，會碰到這麼多困難！

　　然而，整個行業似乎已經出現沉迷 α 值與 β 值的情況，如果為特定主題舉辦的研討會場次可以當成參考標準，那麼可轉移 α 值（portable alpha）就是熱門主題之一。實際上，圖 2.6 顯示了過去幾年裡，可轉移 α 值在論文中提到的次數。就算大略看一下，也會發現與這個主題相關的討論巨幅成長。

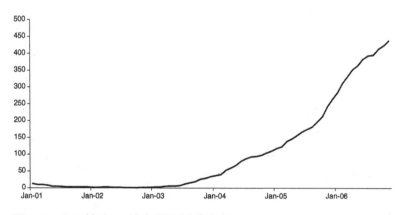

圖 2.6　和可轉移 α 值有關的討論次數
（年度總次數）

　　然而，每次你提到 α 值或 β 值時，請記住，這兩樣東西都出自資本資產定價模型，如果沒有資本資產定價模型，α

值與 β 值會毫無意義。你當然可以隨意選擇武斷的資本加權指數，作為比較績效的標準，但這樣做和投資業務完全無關。

前面提到的阿諾特大作清楚顯示，這些觀念之間的界限很模糊，以基本面為準的指標勝過消極管理的資本加權指數，這點就顯示了要切割 α 值與 β 值到底有多難。

可轉移 α 值策略信徒試圖說服我們認同這種策略很有道理，實際上可能並非那麼值得信賴。例如，假設投資經理人希望把操作羅素 1000 指數（Russell 1000 index）成分股的 α 值，轉接到標準普爾 500 指數（S&P 500）成分股的 β 值上面，鑒於兩種指數都是美國大型股，重複的股票可能非常多，最後經理人可能同時作多和放空同一檔股票，形成十分無效的結果，因為放空的成本完全浪費掉了。

現在，倡導可轉移 α 值的人會改口稱道，這種策略最有效的時候，顯然是 α 值與 β 值互不相關時。例如，把操作日本股票經理人的 α 值，接到操作美國 S&P 500 指數的 β 值上面。然而，如果這位經理人的整個投資組合中，已經作多日本股票，其中可能含有日本的 β 值，因此最後還是會碰到上述同時作多和放空相同股票的問題。只有在 α 值跟現有投資組合中的所有因素不相關時，可轉移 α 值策略才有道理。

我同事塞巴斯蒂安‧藍瑟替（Sebastian Lancetti）曾向我分享另一個例子：大家經常說，避險基金是創造 α 值（超額報酬）的機器。然而，所謂的對沖則顯示，他們大致上是在賭 β 值（風險係數）。如果他們的績效像對沖基金的人所說，可以用六因素的模型複製出來，那麼其中也不會有太多的超額報酬。

α 值大致也是為時短暫的觀念，基金的 α 值會隨著比較績效的對應指數，而出現重大變化。俄亥俄州立大學陳家強教授等人在 2006 年的一項研究中，發現多檔大型成長股基金創造的 α 值，介於 0.28%～4.03% 之間，高低要看對應指數而定；如果是大型價值股基金，報酬率介於 -0.64%～1.09% 之間。

　α 值與 β 值兩個名詞或許可以讓投資人非常方便地當成簡稱，以此言明基金經理人所創造的附加價值和市場波動性，但實際上卻可能妨礙創造總報酬率的投資真正目的。

　所有經理人都應該問下述簡單的問題：「如果這些錢是我自己的，我會這樣做嗎？」如果答案是否定的，那麼就不應該拿客戶的錢這樣做。你關心自己的投資組合追蹤誤差嗎？我猜答案應該是不關心。在沒有資本資產定價模型的天地裡，經過 β 值調整報酬率的觀念不會存在，因為 β 值是相當標準的風險調整指標，並不衡量什麼東西，卻可能嚴重扭曲我們的績效觀念。

　大家會沉迷於 α 值與 β 值，原因可能是我們希望衡量一切，這種沉迷在績效指數的現象並不新鮮，我研究（探討凱因斯和葛拉漢）另一篇論文時，看到柯比 1976 年所寫的論文。在 1970 年代時，柯比是資本集團（Capital Group）的主要基金經理人，負責操作資本保衛基金（Capital Guardian Fund），他指出：

　績效衡量大致是好主意，卻已經完全失控。大家極為頻繁地密集利用績效衡量技巧，實際上反而妨礙應有的投資目的——創造令人滿意的資本報酬率。過去十年來，績效衡量運

動真正不利的副作用包括：

一、促成兩、三年內就可以評估資金管理成效的觀念興起。然
　　而，實際上要適當評估資金管理績效，至少需經過五年，
　　甚至很可能要十年的時間。
二、試圖把少數可以量化評估、又需要大量主觀評斷，才能得
　　到有意義結論的功能，利用無所不能的電腦可以接受的方
　　式，進行量化與公式化。

　　幸好柯比的良好觀念和資本資產定價模型之類的差勁觀念
一樣，往後也應該能長久留傳。柯比也清楚績效的壓力，1973
年時，他拒絕買進流行一時、快速成長的高評價股票，一位退
休基金經理人說，資本保衛基金「像從事動力俯衝的飛行員一
樣，雙手緊握操縱桿，錢進該去的地方」，柯比要是「錢進該
去的地方」，客戶一定已經機毀錢亡。
　　注重相對績效也讓葛拉漢覺得困擾，一位資金管理人在某
次研討會上宣稱：「我只關心相對績效，如果市場崩盤，而我
的基金崩跌幅度比較少，我就會感到滿意。因為我已經善盡責
任了。」對此，葛拉漢如此回答：

　　我會擔心這種事，你不會嗎？……我在這場研討會上聽到
的東西讓我震驚，我不能理解資金管理怎麼會從健全投資的基
準墮落下來，變成追求短期最高報酬率的瘋狂競爭。我覺得這
些人受制於自己的操作，而不是主控自己的操作……他們承諾
了實際上無法達成的上檔和下檔績效。

因此，在沒有市場指數作為對應指數的地方，我們應該怎麼辦？我認為，答案是注重（淨）總報酬率和可以接受的風險。凱因斯說過：

理想的策略……是從什麼地方能為這些資金，賺到可觀的利率，同時保證盡量降低資金價值嚴重貶損的風險。

坦伯頓爵士最重要的格言是：「所有長期投資人只有一個目標，就是最高的稅後實質總報酬率。」客戶監督基金經理人的績效時，比較的標準應該是明白規定的淨報酬率、以及客戶樂於接受的淨報酬率變化水準。

重點摘錄

→ 壓倒性的證據證明資本資產定價模型根本行不通，β 值不是說明風險的良好指標，難怪分析師把 β 值當成主要輸入因素時，這麼難以預測股價。

→ 資本資產定價模型極度低估低 β 值股票的報酬率，嚴重高估高 β 值股票的報酬率。可悲的是，我們這一行似乎有一個壞習慣，會把理論當成事實一樣接受，而違反了科學喜愛的方式，讓理論模型接受實證考驗。

→ 資本資產定價模型行不通，是因為所有假設顯然違反現實，其中兩個重要假設尤其如此。第一，所有的人可以隨心所欲，建立任何規模的股票（多空）部位，卻絕對不會影響股價；第二，每個人都用馬克維茲最適化模型，分配投資組合，但是連馬克維茲都不用自己創造的模型！事實上，資本資產定價模型確實是完全多餘的資產定價模型。

→ 專業基金經理人似乎越來越沉迷在追蹤誤差中，對注重追蹤誤差的投資人來說，無風險資產不是（像資本資產定價模型中的）利率，市場本身就是無風險資產，難怪共同基金的現金水準似乎持續經歷結構性的下降，因為積極型管理變成了要對應 β 值。

→ 整個投資業似乎形成注重可轉移 α 值的現象，但是如果資本資產定價模型不對，那麼在最好的情況下，

切割 α 值與 β 值只會讓人分心，在最差的情況下，一定會妨礙投資人創造報酬率的真正任務。我們會沉迷於 α 值與 β 值，似乎是因為我們希望用不斷縮短的時間尺度，來衡量一切。我們不該屈服於投資的這種黑暗面，應該重新聚焦在根據可以接受的風險水準，為投資人創造（淨）總報酬率。

第3章

偽科學與財務學：
數字暴力與安全感謬誤 [1]

在現代財務學的天地裡，對數字的熱愛取代了批判性思考的意願，只要什麼東西裡含有數字，大家就把它視為絕對真理。研究顯示，大家經常受到偽科學的愚弄，只要把事情弄得複雜化，大家更加深信不疑！風險管理人、分析師和顧問全都犯了利用偽科學，提升眾人心中安全感幻覺的罪名。我們都需要警惕自己，要對抗那些被人為添加毫無意義數字的陷阱，而批判性思考和懷疑主義是世界上最沒有人推薦、又最稀少的工具。

　　在現代財務學的天地裡，眾人對數字的熱愛取代了批判性思考的意願。這種趨勢令人十分遺憾。別誤會我的意思，我非常喜歡用實證證據，釐清很多在我們這一行中流傳的狂言妄語。我把這檢驗過程稱為證據導向的投資法（Evidence Based Investing）。然而，我們似乎經常把偽科學當成絕對真理，把含有數字的東西當成事實。

1　本文刊於 2008 年 4 月 29 日出版的《心理很重要》雜誌，其中討論的材料在出版時確實正確無誤。

偽科學令人盲目

魏斯柏格（Weisberg）等人在 2008 年的研究透露一些有趣的發現，指出偽科學可能害我們的判斷變成盲目，以及我們又多麼容易受到偽科學解釋的欺騙。

他們在 2008 年所做的實驗中，分別提供三組受測者（普通的學生、念神經科學的學生，與神經科學心理專家）一套心理學現象說明，但以不同的兩種層面解釋切入，第一個不同的地方是解釋的素質，第二個不同是利用神經科學。

表 3.1 所示，是討論知識詛咒的樣本。在所有實驗情境中，「適當的」解釋是研究人員提出的真正說明，「差勁的」解釋只是大家口耳相傳的相關重複敘述，絲毫不具解釋效果。

在使用神經科學解釋的實驗情境，解釋內容會插入與討論一般現象有關的腦部區域資訊，而且資訊都是受測者已知的事情，因此受測者對解釋的正確性認知，應該不會受到影響。

表 3.1　知識的詛咒

	適當解釋	差勁解釋
不含神經科學資訊	研究人員宣稱，會出現這種詛咒，是因為受測者難以轉換觀點，去考慮他人可能知道的想法，因此錯誤地把自己的知識，投射到別人身上。	研究人員宣稱，這種詛咒會出現，是因為受測者必須判斷別人的知識時，會犯下比較多錯誤。人們更擅長判斷自己已經知道的事情。
含神經科學資訊	腦部掃描顯示，這種詛咒會出現，是因為涉及自我認知的額葉腦部迴路。受測者難以改變自己的觀點，去考慮別人可能知道的事情，錯誤地把自己的知識，投射在別人身上。	腦部掃描顯示，這種詛咒會出現，是因為涉及自我認知的額葉腦部迴路。當受測者必須判斷別人的知識時，會犯下比較多的錯誤。人們更擅長判斷自己已經知道的事情。

實驗受測者必須評估和這種現象有關的數種解釋，而且事前得知自己會在若干情況中，看到錯誤的解釋，他們必須在從負3分（非常不滿意的解釋）到正3分（非常滿意的解釋）的7分量表中，評估所有接收到的解釋。

　　圖 3.1 至圖 3.3 是三組受測者的測試結果。普通組受測者（沒有心理學或神經科學訓練的人），在分辨不含神經科學資訊的適當解釋和差勁解釋上，表現相當好（圖 3.1）。然而，

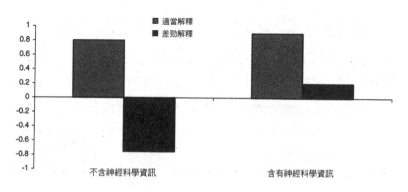

圖 3.1　普通組受測者對解釋素質的評分

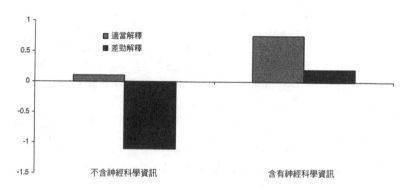

圖 3.2　神經科學學生組對解釋素質的評分

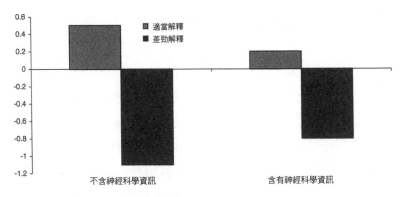

圖 3.3　專家對解釋素質的評分

只要描述中加入神經科學資訊，他們分辨適當解釋和差勁解釋的能力就會明顯受損。特別的是，含有神經科學資訊的差勁解釋的得分，會遠高於沒有用神經科學說明的差勁解釋。

第二組受測者是上過中級認知神經科學課程的學生，應該對基本邏輯和認知神經科學實驗的結構有基礎認識。然而，圖3.2 卻顯示他們的回答跟普通組受測者相去不遠，他們似乎很注重神經科學資訊，輕視不含神經科學資訊的適當解釋！差勁解釋再度因為含有神經科學資訊而得到較高的評分。這些學生似乎只對他們學過的東西感興趣。

由「專家」組成的第三組，他們都是獲得高級認知神經科學或認知心理學學位的人，他們的行為表現和前兩組大不相同。圖 3.3 顯示，他們在沒有神經科學資訊的情況下，他們善於區分適當與差勁的解釋，而碰到沒有必要的神經科學資訊時，似乎也會壓低適當解釋的評分，懲罰利用沒有意義資訊的解釋，這項發現也證實神經科學資訊本身沒有價值。

看電視會增進你的數學能力？

看看麥開柏（McCabe）和凱斯特爾（Castel）2008 年的研究，揭露偽科學令人盲目的另一個例子。他們要求受測者閱讀三篇短文，每篇短文皆摘述虛構的腦部造影研究結果，短文內的主張不見得具有資料的支持，目的是要讓受測者評定這些主張健全與否時，能夠抱持若干懷疑之心。

其中，有一篇文章宣稱「看電視跟數學能力有關」，主張看電視和解算術問題都會啟動顳葉，因此看電視會增進數學能力。這種類似的主張會分三組方式呈現，搭配柱狀圖或腦部影像描述，或只用文字解釋，每篇文章大約文長三百字，全部呈現在一張紙上，並在文中配置圖像。

受測者看完每篇文章後，主持人會要求他們評定文章中的科學推理是否有道理，接著在 4 分量表上作答。答案的選項包括「強烈不同意」、「不同意」、「同意」和「強烈同意」（分別訂為 1、2、3、4 分）。

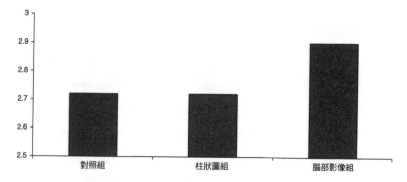

圖 3.4　對科學推理的合理性評分
（1 分代表低分，4 分代表高分）

圖 3.4 顯示，評分高低是受測者所看影像的函數，但是受測者再度受到腦部影像的欺騙，結果顯示他們認為有腦部圖像的說明更具科學性質，也健全多了！

誘人的細節

　　一般說來，這些實驗的發現與含有「誘人細節」的大量研究符合。魯斯・賈納（Ruth Garner）和同事在 1989 年撰寫的報告首次指出，人們經常因為「有意思」的「非資訊」雜音而分心。他們在研究中提供受測者三段文字閱讀：

　　有些昆蟲過著獨居生活，有些昆蟲過著群聚生活，獨自過活的黃蜂叫孤蜂。紅足沙泥蜂是一種孤蜂。叩頭蟲過著獨居生活，叩頭蟲仰躺著時，會急速彈到空中，再用右側在上的方式落地，同時製造出喀嚓聲。螞蟻過著群居生活。

　　顯而易見，重要資訊在第一句。跟叩頭蟲有關的故事很有意思，卻不重要。有些受測者拿到只談重要資訊的文字，有些受測者拿到跟上述段落相同的文字。
　　主持人要求受測者看完文字後，回憶方才閱讀段落的重要資訊。結果發現，文字敘述是否包含誘人細節，會嚴重影響回憶重要資訊的能力。只看到包含重要資訊文字的受測者們，有 93% 的人記得重要推論，而看過包含「誘人細節」段落的受測者，卻只有 43% 的人能回想起重要資訊！

財務學中的偽科學應用

風險管理

　　多年來，我一直厲聲批評風險管理（請參閱《行為投資法》（*Behavioural Investing*）第 36 章）。風險管理是數字令人盲目的顯例，一旦有人向你提報代表風險值的數字，你就會覺得安心，但這種數字幾乎毫無意義。這種安全感的幻覺，是被「數字絕對不會出錯」的錯誤信念介入所創造出來的。

　　風險值的本質有缺陷，畢竟這是從我們最有興趣的尾部切割下來的。好比你購買汽車附有安全氣囊，保證發生撞車事故時會發揮作用。風險值也忽視了風險來自很多金融應用方式本身、而非外來的事實（請再參閱《行為投資法》第 36 章，尋找更多相關資訊和風險值方法所含錯誤的完整分析）。整個風險管理業的存在，正是偽科學的最佳例子：大家都在假裝衡量和量化根本不能衡量或量化的東西。

　　近來我最愛的風險值無用論分析，出自艾恩洪 2008 年的一場演講：

　　風險值藉著忽視尾端，創造了誘因，鼓勵大家承受過高卻極不可能發生的風險。試者思考看看，你參加拋擲硬幣比賽形式的投資。如果賭輸贏的金額相同，賭 100 美元硬幣會出現背面，那麼你在門檻值 99% 的情況下，風險值為 100 美元，因為你輸掉 100 美元的機率為 50%，顯然在門檻值之內，在這個例子中，風險值會等於最高的損失金額。再以上例與另一項比

賽比較，賠率 217 比 1、以 100 美元賭正面不會連續出現 7 次的打賭，你贏錢的機率高於 99.2%，超出 99% 的門檻值。因此，即使你暴露在可能損失 2 萬 1700 美元的風險中，但有 99% 機率的風險值為 0。換句話說，投資銀行絕不會拿出半點資金來和你賭這一把。

根據這種分析來檢視瑞士銀行（UBS）最近公布自家銀行所犯下的一堆錯誤，包括運用風險值的大錯，也就不足為奇了。該行在對股東發布的資產減損報告中指出：

依賴時間序列：用來產生壓力風險值的歷史時間序列是以五年的資料為基準，作為數據來源的這幾年成長相當有力。這段期間裡，本行把正常研究重點放在確認現有情境符合總體經濟發展和歷史事件上。後見之明顯示，本銀行集團與投資銀行經營階層收到更新的資料時，新資料並沒有把適當的權數賦予在大幅成長的美國房市，尤其是次級房貸市場。因此，市場風險部門沒有根據美國房市比較基本面的特性，發展出各種情境。

缺少房市風險因素損失限制：同理，本行似乎並未設法發展風險因素損失結構，掌握與美國整體房市相關的更重要特性，例如：違約狀況、貸款房屋價值比率，或在統計上足以撼動現有投資組合的其他特性。

過度依賴風險壓力值：雖然美國房貸市場的違約率上升、房貸發放標準下降，本行的市場風險部門仍然依賴風險壓力值數字，在次貸資產大增卻只有部分避險的期間裡，市場風險部

門繼續這樣做。在呈報給本集團高級治理階層的報告中，沒有適當反映本行旗下多家企業持有的次貸部位本質，也沒有警告集團資深經營階層，指明報告中的數字有其局限性、需要檢視較大範圍的情勢，或必須持續質疑報告中的發現。

厚尾、內生性相關和落後輸入因素的風險，已經出現多年了。雖然如此，大家還是繼續使用這些方法，總認為有東西可用勝於毫無工具可依賴。然而，我們必須考慮的是，有藥可吃是否真的勝過什麼藥都沒有，尤其是不對的藥可能害死你時，更應該這樣考慮。在此，對偽科學的誤信再度造成高昂的代價。

分析師對數字上癮

然而，不只有風險管理經理人才會利用偽科學，分析師也同是罪魁禍首。他們是誘人細節的製造者，構想預測未來五年盈餘到小數二位，還認為這樣的想法很有價值，實在很可笑。請留意，華爾街大約僱用兩千位分析師，看看他們最近的預測到底有多麼令人震驚。

2007 年第三季開始時，分析師估測美國企業獲利平均會成長 5.7%。到了季末，分析師的預測不只腰斬，還降到 2.7%。最後，企業實際申報的獲利負成長 2.5%，分析師預測的誤差高達 8.2 個百分點！

對第四季的預測錯得更離譜，分析師起初預測會成長 10.9%，然後修正為衰退 7.9%，結果標準普爾 500 大企業申報的獲利實際衰退 22.6%。分析師高估獲利達 33.5 個百分點，創下歷來最高的估計錯誤（請參閱圖 3.5）。

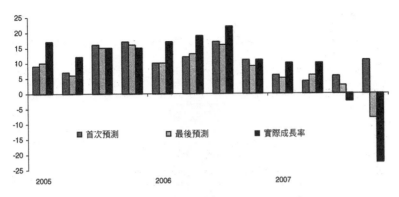

圖 3.5　誰需要分析師？（最近美國企業獲利成長率預測的對錯）

　　分析師當然會說：「不必擔心，到了下半年一切都會恢復正常。」他們預測 2008 年第一季和第二季裡，盈餘會分別衰退 11.3% 和 3.5%，然後會恢復正常，第三季獲利將成長 13.9%，第四季會暴增 54.5%！

　　客戶真的重視這種沒有用的雜音嗎？當然不重視。但是，每次有人問分析師，他們為什麼不斷製造這種垃圾訊息時，他們的回答千篇一律——客戶有需要。這代表客戶深受偽科學和誘人的細節吸引嗎？

　　然而，我跟客戶的談話通常顯示並非如此。跟我交談過的基金經理人，往往不理會這種提出毫無意義預測雜音的分析師，反而是留意那些作法與眾不同的分析師。不過，或許我的樣本有些偏頗！

　　的確如此，本書即將付印前，我看到艾希頓夥伴公司（Ashton Partners）的布萊恩·阿姆斯壯（Bryan Armstrong）寫的研究報告，報告中試圖探討賣方的估測對買方投資機構的重要性，接受訪調的 30 位投資組合經理人中，每個人都表示

共識估計值（請參閱圖 3.6）對他們的決策過程很重要！現在，我真的感到憂心忡忡了。

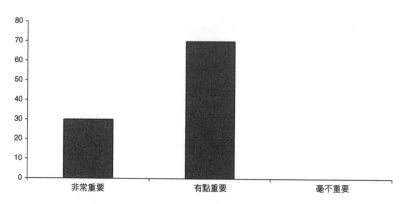

圖 3.6　投資組合經理人說明共識估計在他們決策過程中重要性比率

績效衡量是偽科學

績效衡量是我希望在本章談論的最後一種偽科學應用，這是過度信任一個數字（頂多是幾個數字）的另一個例子。α 值、β 值與追蹤誤差是這個領域用來推廣偽科學的含糊字眼（請參閱第 2 章中抨擊資本資產定價模型的論點）。

對積極型投資經理人而言，利用追蹤誤差之類的衡量指標，好比派拳擊手下場，同時指示他要與對手隨時維持在一、兩分之內的差距，而不是要打贏對手。

我最近看到約翰・米納亨（John Minahan）那篇趣味橫生討論「投資信念」的新論文時，才了解績效衡量的另一層偽科學本質，他描述了下面的狀況：

我是業界新手……（某一位）經理人引起了我的注意，因為她在以持股為基準的投資風格分析，顯現出從價值型投資轉變為成長型投資，這引發了跟「風格紀律」有關的警訊。這位經理人的績效非常優異，而且是在成長股績效勝過價值股的期間，創造這種績效，由於這位經理人的報酬率來自成長股，因此從表面上看來，她似乎打破了自己的價值型投資紀律。

更深入檢視後，卻發現她的投資組合在這段期間裡，周轉率非常低落，而且現在列為成長型的股票，在她買進時屬於價值股，而且真相是她對其中很多股票的預測正確無誤，因此這些股票的獲利增加，股價更是大漲，開始被人列為成長股。我詢問任何股票時，她都可以說明當初投資的道理，她仍然持有的股票證明她的道理仍然完好如初。因此，我開始懷疑我用的風格劃分表不夠精細，不能精確掌握這位經理人的投資型態。而且在這段期間裡，她的風格始終持續一貫，沒有改變。

當我跟上級資深顧問討論這個問題時，他駁斥我的解釋，宣稱風格分析很客觀，這位經理人的解釋是「編造的故事」，他告訴我，等我經驗稍微增加後，就會學到如何對有魅力的經理人更加懷疑的道理。

這位資深顧問盲目相信偽科學的問題特別嚴重，我們不能因為什麼東西可以量化，就認為這樣東西絕對正確可靠，我們仍然需要批判性思考。米納亨的分析極有可能正確無誤，事實上，法馬和傅蘭奇曾經指出，價值溢酬大部分來自實際上跨越「風格」界限的股票（請參閱表3.2）。

表 3.2　1927 年至 2006 年間美國投資風格之間的轉變

	投資組合	負值	相同	正值	變化幅度
平均超額報酬					
大型成長股	−0.9	−12.0	0.8	15.6	−37.4
大型中性股	1.2	−11.5	0.4	16.6	−31.1
大型價值股	4.8	−36.3	3.2	16.9	−31.7
平均轉變機率					
大型成長股		10.9	87.5	0.7	0.9
大型中性股		8.6	75.1	15	1.2
大型價值股		0.1	75.2	22.5	2.2
對投資組合超額報酬的貢獻					
大型成長股		−1.2	0.6	0.1	−0.4
大型中性股		−0.9	0.3	2.2	−0.4
大型價值股		0	2.3	3.3	−0.7

結論

　　作為擁護財務學實證方法的跟隨者，當我碰到財務學中的偽科學時，總會為此難過。然而，偽科學太常見了，盲目相信帶有數字的東西是我們這一行的詛咒，碰到財務領域中偽科學方法的誘人細節時，如果我們要避免遭到絆倒，就必須設法發展更具批判性／懷疑性的心態。

　　數字不等於安全感，當風險管理人告訴你風險值是多少時，根本毫無意義。分析師說某公司的股價是 2010 年獲利的若干倍，或投資顧問說某一位基金經理人的 α 值為 3％，同樣毫無意義。這一切都需要放在一定的結構中去理解。在批判性的評估下，這一切都可能被列為偽科學，人為運用沒有意義的數字，創造安全感的幻覺，正是我們必須謹慎防範的事情。

重點摘錄

→ 魏斯柏格等人最近的研究顯示，帶有模糊科學意味的東西多麼容易欺騙大部分的人。他們把神經科學的語言放在各種偏誤的標準心理學解釋上，有些解釋是真正適當的解釋，有些是「差勁的」解釋（偏誤本身的循環性重複陳述），不論是適當或不當的解釋，只要其中包含毫無意義的神經科學資訊，都會得到比較好的評價。

→ 賈納等人證明，「誘人的細節」很容易讓人分心，只要看了幾段包含「有趣」的不相關資訊後，你根本不會記得真正重要的訊息！突然間，我似乎更了解分析師的世界了！

→ 財務學中充滿偽科學和誘人的細節，例如，風險管理顯然是最高層次的偽科學。風險值之類的數字可以創造安全感，實際上卻只是創造了安全感的幻覺。厚尾、內生相關性、利用落後輸入因素風險等名詞加在一起，使風險值變成毫無力量，難怪瑞士銀行自承：過度依賴風險值的大錯是他們的核心問題。

→ 分析師也有利用偽科學的罪嫌，他們會努力提供誘人的細節。閱讀多數分析師的報告，會發現其中充滿「有趣」的不相關資訊，他們預測未來五年盈餘到小數二位的作法實在可笑，又沒有價值。更可笑的是，他們在金融海嘯期間發表的季度預測報告，

其預測的獲利成長率是有史以來高估最嚴重的一次！

→ 績效衡量是偽科學統治財務學的另一個例子，故意利用 α 值、β 值和追蹤誤差等含糊其詞的字眼，意在提升這個天地混淆人心的性質。利用投資風格偏移、持股風格分析、報酬風格分析等名詞，目的都是要讓這一行的存在聽起來似乎很重要，但是一談到數字背後的意義時，這一切都有著嚴重的缺陷。

→ 純粹因為某些東西可以量化，不表示量化就有道理。沒有什麼東西可以取代嚴格的批判性或懷疑性思考，為數字而盲目相信數字是走向毀滅的道路。

第4章

邪惡的分散投資和績效競賽 [1]

> 如果說宗教是大部分戰爭的起因,那麼「分散投資」可以
> 說是諸多金融慘劇的主因。投資人思考分散投資時,太常
> 採用過度狹隘的觀點,似乎忘了風險像梭哈一樣,是內生
> 性質,而不是像輪盤賭,是外生性質。在股票天地裡,分
> 散投資也經常發揮到極致。美國共同基金平均竟持有 100
> 到 160 檔股票!檔數這麼多,唯一的解釋是沉迷於(追蹤
> 誤差至為重要的)相對績效競賽中,無法自拔。這是績效
> 不佳的重要原因之一。

論「狹隘」分散投資的危險

在財務天地裡,發生過許多損害都來自分散投資,大家常
說分散投資是投資人的免費午餐。但分散投資經常遭到濫用。
例如,長期資本管理公司(LTCM)碰到的問題之一,是公司
的所有交易其實都是「收斂式趨於一同」的交易,雖然他們的
部位「分散」在不同的地區和市場,卻具有趨於一同的共同特
徵。因此當市場經歷一段背離期間時,長期資本管理公司發現
自己小心安排的「分散投資」成了一場幻夢。

1　本文刊於2009年4月7日出版的《心理很重要》雜誌,其中討論的材料在出版時確實正確無誤。

過去我經常批評風險值在結構中植入相同的錯誤，可惜的是，它採用的低度落後相關性（即「分散投資」的高度可能性）都過於虛無飄渺。如同俗話所說，空頭市場中只有相關性會上升。雖然缺陷這麼明顯，權威名人卻稱讚這種「現代風險管理方法」是重大突破。2006 年出任美國聯邦準備理事會（The Federal Reserve System，簡稱聯準會）主席的柏南克（Bernanke）還說過：「大家對市場風險與信用風險的處理越來越高明⋯⋯二十年來，大小銀行衡量與管理風險的能力都有長足進步。」

在 2008 年的全球金融危機中，分散投資再度發揮作用。誠如布魯斯・賈可布（Bruce Jacobs）在《財務分析師期刊》（*Financial Analysts Journal*）中說的一樣：「雖然這些機構注重房貸組合中借款人的多元化，卻沒留意房貸介紹人和證券化機構的多元化。2007 年 7 月，住宅用不動產抵押貸款證券（Residential Mortgage Backed Securities，簡稱 RMBS）遭到降評，其實都只集中在四家發行公司上」。

談到公司債和資產擔保證券（Asset Backed Security，簡稱 ABS）評等相同、違約率卻大不相同的問題時，也會開始出現「狹窄框架」（narrow-framing）效應（不以資訊客觀的呈現方式認識事情本質的習慣）。表 4.1 顯示，在高於 Baa 級的投資級資產中，資產擔保證券的違約率是同等級公司債的 10 倍，而且這是截至 2006 年為止的資料，你可以想像一下現在的情況有多糟糕！

此外，似乎沒有人考慮過美國出現全國性房市衰退之類的潛藏風險可能性。葛林斯班（Greenspan）指出，房地產「特

表 4.1 違約率五年移動平均線

評級	公司債 （1982-2006）	資產擔保證券 （1993-2006）	資產擔保證券與 公司債違約率比值
AAA	0.1	0.9	9
AA	0.2	6	30
A	0.5	5	10
Baa	2.1	20.8	10
Ba	11.3	48	4
B	27.7	58	2
Caa	50.9	82.8	2

別不適於發展成泡沫」——他顯然忽視了日本 1980 年代末期
的經驗，也忽略了英國一再出現不動產泡沫的問題，反而表示
美國房市的特點就是「有一點泡沫」！

　　誤解相關性的內生性質，也有助於說明，為什麼投資人在
2003 年至 2007 年間會愛上商品投資熱潮。前面我說過，這是
外生風險的迷思。投資人似乎一犯再犯一種幾近致命的錯誤，
就是假設市場風險跟玩輪盤賭一樣，玩輪盤賭時，機率是固定
的，其他玩家的行動跟你的決定無關。可惜我們的世界更像梭
哈的遊戲模式，你的決定當然會受到你所看到的周遭行為影
響。

　　因此，商品和其他資產類別之間的低度落後相關性，變成
大家證明「分散投資」確實有理的證據。然而，參與者忘了自
己的行動會影響相關性的性質。事實上，利用期貨執行商品策
略的人，也忘了自己的行動會影響市場結構，促使很多商品產
生正價差，確保轉倉收益變為負值。

　　在金融市場慘劇中，分散投資定義過度狹隘的危險一再發

揮作用，投資人對於多樣化分散投資在自己投資組合中扮演的
角色，必須三思而後行。

股票投資組合是另一個極端

和上述討論相反的是，很多股票投資人似乎沉迷於分散投
資。美國共同基金的持股竟然介於 100 到 160 檔之間！對積極
型投資經理人來說，這種持股檔數實在是太龐大了。

巴菲特說得好：「只有不知道自己在做什麼的投資人，才
需要分散投資。」需要分散投資 160 檔股票的想法，實在相當
可笑。圖 4.1 顯示，靠著持股 30 ~ 40 檔的投資組合，大致就
可以獲得分散投資的好處。換句話說，你可以靠著持有大約
30 到 40 檔股票，建構和整體股市波動率大致相同的報酬率表
現。為此，我們利用過去二十年的美國資料，並且假設相等的
權數，畫出圖 4.1 的分散投資效益。

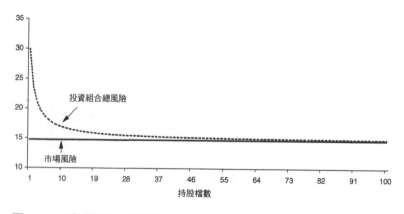

圖 4.1　分散投資：投資組合總風險是持股檔數的函數

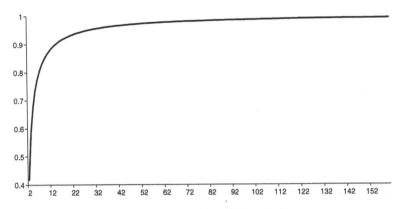

圖 4.2　非市場風險的消除比率是持股檔數的函數

　　隨著投資組合持股檔數增加而減少的非市場風險比率，可以顯示出另一個角度。圖 4.2 所示，就是這種觀點：持有兩檔股票，可以使只持有 1 檔股票的風險大約降低 42%，持有 4 檔股票可以降低 68% 的風險，持有 8 檔股票可以降低 83%，持有 16 檔股票可以降低 91%，持有 32 檔股票可以降低 96%。

　　噢，這一切都不是火箭科學。那為什麼美國共同基金為了分散投資，必須持有將近 4 倍的股票檔數呢？

相對績效競賽是績效差勁的起因

　　答案當然是一般基金經理人關心的不是總風險，而是關心與績效對應指數比較的風險。而今天基金經理人產生這種爭取優異績效的結果，塞斯・柯拉曼（Seth Klarman）以極為傳神的說法，把這種競爭稱為「短期相對績效競賽」。

　　柯拉曼形容大多數機構投資人「像狗追逐自己的尾巴一

樣」，還提道：「可想而知，面對短期績效差勁的懲罰時，要維持長期觀點很難，長期觀點很可能是來自排隊的失業經理人口。」雖然如此，他還是相信基金經理人、投資顧問和終端客戶之間，有「充分分攤責任的空間」。

柯拉曼寫道：

這場短期相對績效競賽裡沒有贏家，短期內想勝過大盤，根本就是徒勞無功……只會讓基金經理人分心，而無法發現健全的長期機會，據以行動……因此，客戶得到平庸的績效……只有經紀商可以從高水準的交易活動中獲利。

大多數專業投資人不擔心絕對報酬率，而是忙於斤斤計較相對績效。對這種經理人來說，投資組合總風險不重要，追蹤誤差才重要。對他們而言，股票的特定或特殊風險是最重要的事情。

根據柯恩等人 2009 年的研究，沉迷相對績效是積極型投資經理人績效普遍不佳的主因之一。他們檢視 1991 年到 2005 年間美國經理人的「最佳構想」。在這裡，「最佳構想」表示為衡量經理人持股部位和指數權數之間最大的差異。

有趣的是，經理人最佳構想之間重複的比率不大，柯恩等人發現 70% 的最佳構想在經理人之間完全不重複，不到 19% 的最佳構想有兩位經理人分享，只有 8% 的最佳構想有三位經理人共享（請參閱圖 4.3）。

這些最佳構想股的表現驚人，柯恩等人專注研究表現最好前 25% 積極型投資經理人的最佳構想股，發現平均年度報酬

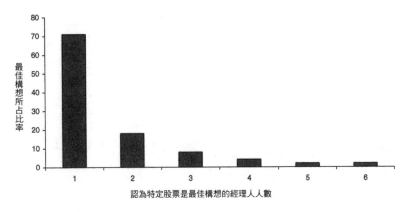

圖 4.3　最佳構想中的重複比率

率超過 19%，遠高於大盤 12% 的年度報酬率！換句話說，在經理人展現最大自信的股票，其績效大幅超越大盤。據此可以推斷，其他持股拉低了他們的績效。因此看來注重相對績效、擔心敗給武斷的對應指數，是績效差勁的主因。

　　柯恩等人斷定：「過去共同基金的整體差勁績效，起因並不是缺少選股能力，而是鼓勵經理人過度分散投資的制度性因素。」或者如同坦伯頓爵士所說：「除非你的作法跟大多數人不同，否則不可能創造優異績效。」

（超級短）分散投資實用指引

　　分散投資很像風險，不能簡化為一個數字，應該持有的股票沒有所謂「最適合」的檔數，凱因斯說得好：

假設安全第一的意思是：在我沒有資訊、不能據以做出良

好判斷的情況下，持有大量不同公司股票，小賭一番，以及在擁有適當的公司資訊的情況下，持有大量股權，豪賭一番。我覺得這種情況是歪曲投資政策。

他也指出，投資人的目標應該是建構「平衡的部位，也就是雖然個別持股部位很大，卻涵蓋各種風險，包括也可能涵蓋相對風險。」

傑羅德・羅布（Gerald Loeb）在高瞻遠矚的大作《投資人的生存戰役》（*The Battle for Investment Survival*）中寫道：

我認為大部分客戶的失策完全是錯誤的分散投資太多，正確的分散投資不夠。在我看來，分配多少百分比在石油股上、多少在汽車股上、多少在鐵路股上等等，根本毫無道理……資本多到難以靈活操作，或是可能沒有明智的監督時，或許有必要這樣做。否則，這樣做等於是投資人承認不知道該怎麼辦，希望力求平均分配。

羅布建議「分散投資處在景氣循環不同階段的各種公司，或分散投資處在市場價格循環不同階段的股票。」

而柯拉曼的說法經常切中核心，他在葛拉漢和陶德的經典傑作《證券分析》（*Security Analysis*）第六版發刊詞表示：

我認為，大家經常在分散投資的兩端犯錯，新經理人經驗沒有那麼豐富的話，偶爾會在一個投資組合中，有一樣、甚至

兩樣部位的比率占到投資組合的 20%，這兩樣部位甚至可能具
有相關性、屬於相同產業。——也就是說，是以兩種不同的名
義，賭相同的東西。

不用說也知道，這樣代表投資集中程度高得可怕。不過，
如果你具有充分的信心，而且是操作自己的資金，或許就不算
過度集中。然而，如果你是代客操作，這樣做就不是好主意。

另一方面，我認為 1% 的部位太小，通常無法充分利用為
數不多的錯誤估價良機。一旦你發現這種機會時，就必須強力
介入，好好利用。

重點摘錄

→ 在財務天地中，分散投資曾造成很多損害，例如，長期資本管理公司認為自己「已經分散投資」，但其實該公司所有部位都是「收斂」交易。現代風險管理的結構中，似乎也埋下了同樣缺陷，採用短期歷史追蹤資料，得到的經常是虛幻的安全感。

→ 2008 年金融海嘯再度顯示，幼稚無知的分散投資跡象處處可見，似乎沒有人想到，美國可能爆發全國性房市衰退之類的潛藏風險。葛林斯班表示房地產「特別不適於發展成泡沫」，公然忽視日本和英國提供的證據。

→ 在奇妙的股票天地裡，大家也將分散投資發揮到極致，美國共同基金平均竟然持有 100 到 160 檔股票，簡直是瘋了。持有大約 30 ～ 40 檔股票，就可以提供分散投資的重大效益，超出的檔數只是反映大家在相對績效競賽中，一心只顧追蹤誤差和職涯風險。

→ 柯恩等人的新研究顯示，「最佳構想」（定義為經理人持有的部位跟指數權數差異最大）實際上產生的報酬率很高（1991 年至 2005 年間，每年報酬率超過 19％），相形之下，大盤年度報酬率只有12％，這點顯示積極型投資經理人的績效普遍不好，正是注重相對績效的結果。

→ 財務學上的物理嫉妒很常見，把一切簡化為一個數

字的需求困擾著我們這一行。分散投資跟風險一樣，根本不能縮減成一個數字，持股檔數根本沒有「最適宜」的數字，投資人最好放棄最優化的想法，改為建構凱因斯所說的「平衡部位，也就是雖然個別持股部位很大，卻涵蓋各種風險，包括也可能涵蓋相對風險的部位」。

第 5 章
貼現現金流量的危險 [1]

理論上，貼現現金流量（Discounted Cash Flow, DCF）是評估資產價值的正確方法。然而，就像美國棒球好手尤基·貝拉（Yogi Berra）說的一樣，「理論上，理論和實務之間沒有不同。但實務上，兩者卻有所不同。」貼現現金流量的應用問題眾多，首先，我們無法預測整個作法中會出現哪種障礙，即使我們決定不理會這種讓人為難的真相，折現率的問題仍然會使整個貼現現金流量的想法淪為笑柄，難怪貼現現金流量的名聲這麼糟糕。幸好還有好幾個替代方案可用，下面就要探討完全避開預測的三種方法！

　　自從約翰·威廉斯（John Burr Williams）出版大作《投資價值理論》（*The Theory of Investment Value*）後，我們就知道要評估資產價值，正確方法是利用貼現現金流量的現值。也就是說，資產價值只是資產所能創造的現金流量之和（貼現顯然是為了反映時間的影響）。這種作法理論上當然更正確，但是，就像貝拉說的，「理論上，理論和實務之間沒有不同。但實務上，兩者卻有所不同。」

　　貼現現金流量法付諸實際應用時問題諸多，貼現現金流量的代數簡單而整齊，真正實際應用時，卻成了問題層出不窮的地雷陣。

1　本文刊於2008年9月9日出版的《心理很重要》雜誌，其中討論的材料在出版時確實正確無誤。

我認為以貼現現金流量為準的估價法可以分為兩大類的問題：一是估計現金流量的問題，二是估計貼現率的問題。下文我們將依序探討。

估計現金流量的問題

　　常看我文章的讀者都知道，我相信預測是浪費時間（詳情請參閱《行為投資法》第9章）。從貼現現金流量的角度來看，預測卻是頭等大事，大部分貼現現金流量是以未來多年的相關現金流量為基礎。然而，並沒有證據可以證明分析師能夠正確預測短期或長期成長率。

　　去年，我們計量團隊中的學者型專家安敦恩斯，曾經研究過分析師短期預測錯誤的幅度。這回，他不是取整體股價水準來研究，而是取個股股價水準研究。

　　圖5.1所示，是分析師在不同期間預測錯誤的平均幅度，分析師從實際報告時間之前兩年開始預測，隨著公布時間逐漸

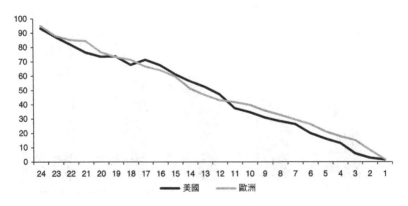

圖 5.1　2001 年至 2006 年間，歐美市場不同期間的預測錯誤

接近,追蹤預測的變化。

2000 年至 2006 年間,美國分析師 24 個月預測錯誤的平均比率大約是 93%,12 個月預測錯誤的平均比率為 47%。也許你會認為這只是 2000 年代初期經濟衰退造成的結果。然而,實際並非如此,剔除衰退年度後,預測情形大致毫無差別。

歐洲的數據同樣令人不安,分析師 24 個月的預測錯誤平均比率為 95%,12 個月的預測錯誤的平均比率為 43%。坦白說,預測錯成這樣,根本毫無價值可言。

而長期預測的結果也沒有比較好,我說過很多次,分析師不知道怎麼預測長期成長。圖 5.2 和圖 5.3 顯示,無力精確預測成長的問題,在最重要的成長股上特別嚴重。

在安敦恩斯的研究中,美國分析師預測:由股價淨值比最低的股票所構成的投資組合(圖 5.2 中標示為「價值股」)盈餘可望每年成長約 10%,高於過去五年只有 7% 的實際成長率;以實際創造的成長率來說,平均成長率只略超過 9%,和分析師的預測相當接近。

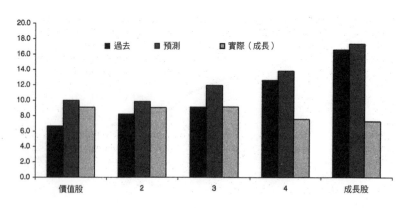

圖 5.2　1985 年至 2007 年間,美國市場的過去、預測與實際成長率

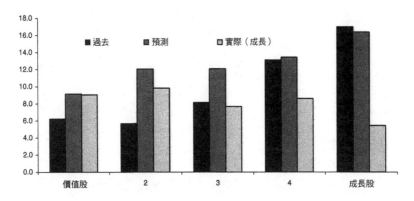

圖 5.3 1985 年至 2007 年間，歐洲市場過去、預測與實際成長率

　　但是，我們在另一端看到的景象卻大不相同。分析師預測：成長股每年會創造大約 17% 的成長率（略高於過去實際創造的 16% 成長率）。然而，實際創造的年度平均成長率卻低到只有 7% ！

　　歐洲的研究結果看來也與美國很相像。分析師預測：在長期內最便宜的投資組合，其長期盈餘成長率大約為 9%，再度高於過去五年平均 6% 的歷史成長率。就這些價值股實際創造的盈餘表現而言，幾乎完全符合預期大約 9% 的年度平均成長率。

　　同樣，要找到另一端分析師做出準確預測的證據非常困難。分析師在成長股這一端預測，成長股會創造約 16% 的盈餘成長率（接近以往每年 17% 的歷史績效）。但就實際創造的成長率而言，最昂貴的股票大約只創造出 5% 的長期年度報酬率。由此可見，不論是哪個市場，分析師在最樂觀看待的東西上似乎最常犯錯！

布魯斯・葛林華德在他的大作《價值型投資》（*Value Investing: From Graham to Buffett and Beyond*）中說：「利潤率和作為現金流量估計基礎的必要投資水準，同樣難以精確預測到遙遠的未來。」

貼現率的問題

不僅現金流量的估計極其困難，關於貼現率的估計也同樣問題多多。無風險報酬率是貼現率中爭議最少的因素——我們大都同意長期公債殖利率之類的東西，是相當良好的近似值。然而，其他的一切就糟糕透了。

股票風險溢酬（equity risk premium，簡稱 ERP）的領域爭議極多，教科書經常採用事後（事實發生後）股票風險溢酬，這種溢價遠高於任何類別的事前股票風險溢酬指標。早在 2001 年時，我和安迪・雷普松（Andy Lapthorne）曾針對客戶認定的股票風險溢酬應該是多少，進行過一項訪調。結果顯示，得到的結果多介於 3.5% 至 4% 之間。

我見過分析師用一種沒有意義的股票風險溢酬指標，其實就是利用隱含股票風險溢酬。以評估整體股市的吸引力而言，利用隱含股票風險溢酬是沒問題的，但是用來作為股票估價模型的輸入因素，卻沒有道理，因為你最後得到的是循環性的結果。

即使每個人都同意利用股票風險溢酬，（根據古典方法）我們仍然需要求得 β 值的估計值。然而，β 值的問題重重。首先至少必須處理 5 個問題，第一，β 值天生就不穩定。

2004 年時，費南德斯利用自 12 月 1 日到 1 月 2 日期間每天的 60 個月平均報酬率，計算大約 3813 家公司的 β 值，他所記錄的最大 β 值中位數比最小 β 值中位數大 3 倍以上！即使以一種產業（而不是以個股）為基準來衡量，一種產業的最大 β 值也是最小 β 值的將近 3 倍大。這種 100 個基點的波動並非不常見！

第二，β 值大致取決於用來計算 β 值的指數。第三，β 值也取決於用來推衍估計值所用的期間，也就是說，看我們要用 6 個月、52 週、還是 36 個月的回溯歷史。第四，報酬率估計值的間隔期間也會使 β 值和 β 估計值大大不同。根據每天報酬率計算的 β 值，經常和根據每月或每季資料計算的 β 值大不相同（請參閱圖 5.4）。

最後，利用 β 值最大的問題在於 β 值根本行不通，前面說過，β 值和報酬率之間，不但沒有理論所預測的正面關係，

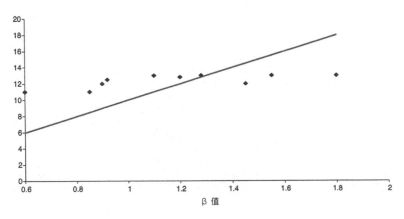

圖 5.4　1923 年至 2003 年間，根據 β 值十分位計算的美國投資組合年度報酬率（單位：%）

實際上也根本沒有關係、甚至可能也沒有相反關係（要詳細了解資本資產定價模型毫無用處的論證，請參閱第 2 章）。

互動問題

　　從我對貼現現金流量計算方式的看法，會衍生出最後一個問題，這個問題跟前面所說兩套問題的互動有關，每一個貼現現金流量問題到最後，幾乎都要以計算終值的方式結束。這樣做涉及採用我們的十年預測，以及估計第十年之後直到永遠的成長率，再利用乘數，把這些數值變現。

　　基本假設中只要發現一點微小的變化，就會造成結果出現重大差異。如果我們假設未來的永久成長率為 5%，未來的資金成本為 9%，那麼終值的乘數就是 25 倍。如果資金成本、成長率或兩者的估計值，在正負任一方向上，只減少 1%，則終值乘數可能變成介於 16 倍到 50 倍之間。鑑於終值經常是貼現現金流量的最大來源，這些問題絕非無關緊要（請參閱圖 5.5）。

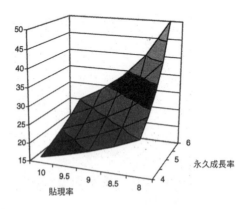

圖 5.5　貼現現金流量中的終值乘數是永久成長率與貼現率的函數

替代方法

大家經常把敏感性分析當成解決之道，解決實際運用貼現現金流量方法中固有的問題。雖然這樣做令人激賞，可以帶來促成不確定的貼現現金流量透明化的好處，卻也可能把貼現現金流量變成毫無用處，因為敏感性分析的結果可以輕易證明任何建議都有道理。

逆向工程貼現現金流量

因此，如果我們不能採用貼現現金流量，那應該怎麼思考評價呢？長久以來，我喜愛的解決之道是利用逆向工程貼現現金流量，這種方法不必設法估計未來十年的成長，而是利用目前股價，倒推出目前所隱含的意義。透過這樣方法所得到的隱含成長估計值可以再由分析師評估，或跟長期達成的成長率實證分配比較（如圖 5.6 或圖 5.7 所示），評估實際的隱含成長

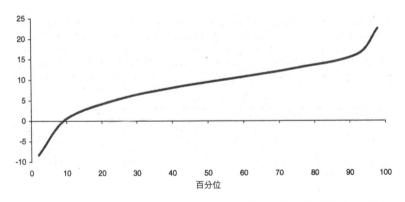

圖 5.6　1951 年至 1998 年間，經過十年折舊前美國營業收入成長率分布圖

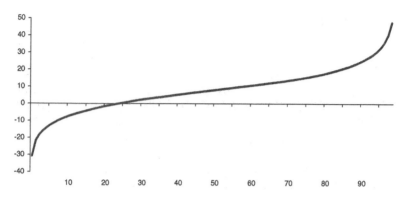

圖 5.7　1990 年至 2007 年間，歐洲十年息前稅前獲利成長率分布圖

率可能是多少。

　　這種模型當然解決了無法預測未來的問題，卻不必處理上述貼現率問題，我們仍然需要資金成本的估計值。我的解決之道是設定大約 4% 的股票風險溢酬，再猜測股票的 β 值，反映我自己對企業基本面風險的武斷判斷。

　　我在教授行為偏誤時，經常利用逆向工程貼現現金流量法，作為避免錨定在評價架構的常見陷阱中。我太常看到分析師從公司法說會回來後，吹捧公司經營階層，努力吹噓這檔股票所代表的買進機會，然後繼續創造能夠滿足買進建議所需要的貼現現金流量（例如，15% 的上檔空間）。實際上，他們被錨定在目前價格上。然而，利用逆向工程貼現現金流量時，會消除沉迷在當前股價的心理，因為討論會從成長潛力的方向進行。

資產價值

談到投資時一向都是這樣，如果遇到什麼混淆的地方，回歸葛拉漢的說法總是有好處。他建議兩種處理估價問題的方法，第一種方法是以資產為基準，實際上這代表企業的清算價值。葛拉漢寫道：「計算企業清算價值的第一條規則是負債千真萬確，資產價值卻值得懷疑」。為了反映這一點，葛拉漢提出幾條估算資產價值的基本法則（請參閱表 5.1）。

表 5.1 清算價值／淨值比

資產類別	正常範圍	大略平均值
流動資產		
現金資產（與有價證券）	100	100
應收帳款（減去普通準備金）	79-90	80
存貨（成本或市價孰低）	50-75	66 2/3
固定資產與雜項		
不動產、建物、機械設備、無形資產	1-50	（大約）15

資料來源：葛拉漢與陶德著《證券分析》（1934 年出版）

如果這是嚴格的廉價大拍賣，無形資產之類的項目當然會毫無價值。然而，如果要出售的企業屬於繼續營業單位，無形資產就會具有若干價值。葛拉漢本人顯然偏愛只處理流動資產，然後減去所有負債，得到他鍾愛之至的淨流動資產價值（net-nets）。請注意，預測在這種資產估價方法中並不存在。

獲利能力

葛拉漢把自己愛用的第二種方法叫做獲利能力,他說:「投資人想知道的主要……是在特定情況下暗示的獲利能力,也就是假設某一期間流行的經濟狀況維持不變,預測這家公司將來年復一年可以賺到的利潤」。他的說法是:

這樣做是結合若干年的實際獲利報表,和未來獲利應該大致接近的合理預期(除非碰到意外特殊狀況)。獲利記錄必須涵蓋若干年的原因之一,是持續或重複的表現總是勝過驚鴻一瞥,原因之二是足夠長期的平均值,通常會吸收和拉平景氣循環造成的扭曲。

獲利能力一旦經過計算,就可以依據資金成本進行資本化,得出價值的估計值,或是可以拿來跟價格比較,得出某種本益比。葛拉漢建議,本益比不應該超過「16倍」,因為「16倍是投資股票時可以付出的最高價……通常的情況下,適用的本益比是 10 倍」。

這種方法可能相當容易運用,我的方法是拿合理期間(例如,五到十年)的平均息前稅前獲利率,去乘以過去五年的平均銷售額,得到正常化的息前稅前獲利率,然後減去利息支出和稅賦,得到獲利能力的估計值──這樣做完全不必進行非常麻煩的預測!

多年來,有很多人擴充、修正了這些方法,要介紹完整的價值導向資產評估方法,我只能再度向讀者推薦葛林華德的高

明傑作。他在這本大作中，從現代的角度詳細敘述許多歷久彌新的方法，並且將這些方法擴大到經營價值的領域。

　　因此，我們至少有三種方法，可以評估股票的價值，卻沒有一種像處理貼現現金流量，必須在過程接受同樣的考驗。雖然在理論上，貼現現金流量法是唯一正確的估價方法，但實際應用時所必須做的假設和預測卻困難之至。因此選擇更簡單整齊、更貼近現在（而不是預測未來）的方法，引導我們發現市場大好良機的可能性顯然大多了。至少，可以阻止我們不致於成為不當樂觀的受害者。

重點摘錄

→ 雖然貼現現金流量的代數簡單、整齊、可信，應用起來卻會碰到兩大類問題，一是估計現金流量的問題，二是估計貼現率的問題。

→ 我的研究中有個常見的主題，就是我們根本不可能正確預測。目前仍然找不到半點證據能證明我們可以正確預測未來，這點當然無法阻止大家動輒預測。我們計量團隊中的安敦恩斯去年針對分析師的短期預測能力進行研究，結果對這些分析師相當不利。24 個月的平均預測錯誤大約為 93%，12 個月的的平均預測錯誤約為 47%。我個人做的長期預測錯誤比率對分析師也不客氣：事實是他們的長期預測不比短期預測正確。

→ 即使我們忽略自己無力預測的難堪現實，貼現率的問題仍然害我們無所適從。股票的風險溢價令人頭痛，因為大家不能同意應該溢價多少，然後還要應付與 β 值有關的所有樂趣和遊戲，選擇的間隔時間、哪種市場、推衍估計值的期間長度等問題都需要處理。然後，你還必須應付 β 值，但不幸的是，β 值卻和報酬率毫無關係（跟古典理論成尖銳對比）。

→ 如果這些問題聽起來不夠麻煩，那麼在終值計算時，這些問題還會互相關連，在大部分貼現現金流量中，

這點是終值的主要來源。如果我們假設永久成長率為 5%，資金成本為 9%，那麼終值乘數就是 25 倍。然而，只要我們在其中一個或兩個輸入因素中減去 1%，則終端乘數可能變成介於 16 倍到 50 倍之間！

→ 幸好我們不必這樣利用貼現現金流量，還有其他替代方案，例如，利用逆向工程的貼現現金流量，以便避免預測（也避免錨定在行情價上）。但貼現率問題仍然存在。

→ 葛拉漢提供了兩種計算真值的方法，一種以資產價值為準，另一種以獲利能力（正常盈餘）為基礎。兩種方法都相當好用，也沒有貼現現金流量法固有的問題。更簡單、更整齊，又能以現狀為準（而非以預測為準）的方法，比較可能發掘出市場潛藏的機會。貼現現金流量、效率市場假說和資本資產定價模型都應該一起丟進理論的垃圾桶。

第 6 章

價值股風險真的高於成長股嗎？繼續作夢吧 [1]

價值股的風險高於成長股嗎？這個問題很簡單，卻是現代
財務學最激烈的辯論核心問題。效率市場堅貞的信徒們認
為，價值溢酬一定是投資人承擔基本面風險的結果。然而，
行為學派卻主張：價值股會勝出，是因為投資人經常犯錯，
為成長股付出過高的價格。檢討各種風險指標後，我們發
現價值股風險不會比成長股高，而且還經常比較低。根據
風險來解釋價值溢酬，跟效率市場假說的其他說法一樣愚
蠢、一樣沒有用。

　　價值股的風險高於成長股嗎？這個問題很簡單，卻是現代
財務學中最激烈的辯論核心問題。效率市場大師認為，任何長
期績效優異的東西一定是風險溢酬，因為在他們的世界裡，報
酬與風險密切相關。

　　面對證據顯示風險與報酬並非密切相關時（請參閱第 2
章），他們通常都安靜得出奇。價值溢酬的起因是投資人所犯
錯誤的說法，可以取代他們的假說。經常看我作品的讀者都知

1　本文刊於 2008 年 4 月 21 日出版的《心理很重要》雜誌，其中討論的材料在出版時確實正確無誤。

道，我熱心擁護這種觀點。

然而，為了實踐我的主張，避免驗證性偏誤，我要檢視支持效率市場假說的證據。換句話說，我要看看風險是否真的是價值股長期績效優異的原因。

風險一：標準差

首先，讓我們從起點開始探討。古典財務學認為，標準差是適當的風險指標，但我總覺得這種想法顯然很荒謬，我做這工作已經很長一段時間了，卻還沒碰過半個擔心上檔驚喜的死多頭基金經理人（詳情請參閱《行為投資法》第37章）。然而，我要先擱下自己對這種指標的不相信，看看圖 6.1 所示價值股和成長股的報酬與風險。

為了說明本章的內容，我曾經根據美國的現金流量與股價

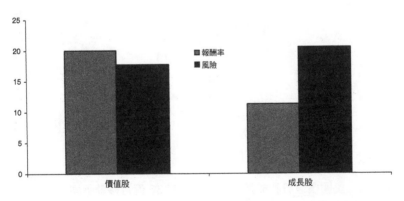

圖 6.1　1950 年至 2007 年間，美國價值股與成長股的年度報酬率與風險比較（單位：%）

的比率，建立投資組合[2]，把股價最貴的 20% 股票定為「成長股」，把股價最便宜的 20% 股票定名為「價值股」。如圖所示，價值股的長期報酬率高於成長股，風險卻低於成長股！對效率市場假說的信徒來說，這點是壞消息。

風險二：資本資產定價模型 β 值

效率市場假說信徒並不願意如此輕易投降，他們將接著轉而求助於他們熱愛的風險指標 β 值，畢竟，如果價值股的 β 值高於成長股，那麼在效率市場假說的天地裡，一切都會完好無缺。（噢，多少是這樣吧？）

以風險為基礎的價值溢酬觀念再次被證據挑戰。圖 6.2 和圖 6.3 所示，是價值股和成長股 36 個月的移動平均 β 值。一

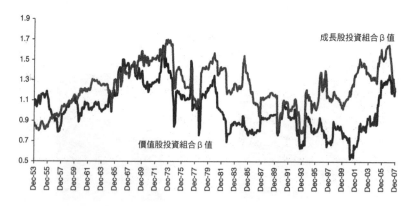

圖 6.2　美國價值股和成長股投資組合的 36 個月移動平均 β 值

2　我採用的資料出自傅蘭奇的網站 http://mba.tuck.dartmouth.edu/pages/faculty/ken.french/data library.html.

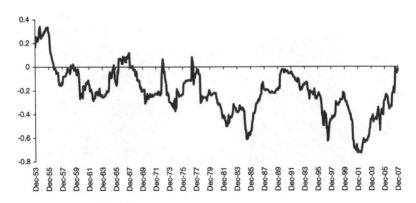

圖 6.3 美國價值股減成長股 36 個月移動平均 β 值

般而言，成長股投資組合的風險高於價值股投資組合，跟效率市場假說的預測並不完全符合。

為了讓這層關係更加一清二楚，圖 6.3 所示，是多頭價值股／空頭成長股合併投資組合的 36 個月移動平均 β 值。你很容易可以看出來，這種綜合投資組合的 β 值通常都是負值，即使在 β 值為正值的罕見情況下，β 值還是小到在統計上不具意義。

效率市場假說的信徒一向不願意輕易投降，因而改口稱 β 值會隨著時間變化，主張跟價值股有關的風險，可能只有在市況普遍不好時，才會真正清楚地表現出來。照他們的說法，如果（1）價值股在某些狀況中的績效不如成長股，（2）如果這些狀況大致上是時機「差勁」、財富邊際效用很高的時候，那麼價值股的基本面風險應該比成長股高，對喜歡規避風險的投資人而言，這樣會害價值股變得失去吸引力。

圖 6.4 所示，是價值股和成長股的上檔 β 值和下檔 β 值。

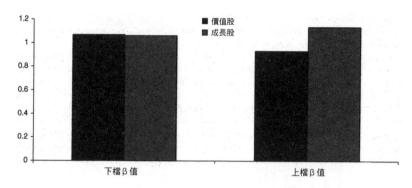

圖 6.4　1950 年至 2007 年間，美國股票的上檔與下檔 β 值

與上述說法不同的是，股市下跌時，價值股和成長股的 β 值其實難以分辨。

　　為了比對，表 6.1 顯示不同市場低迷期間價值股和成長股的績效，在市場表現最差勁的十個月裡（1950 年至 2007 年間），以整個市場而言，價值股的表現勝過大盤，更大勝成長股。我們納入更多不利的月分後，這種型態仍然維持不變，因此在市況不好的期間裡，沒有證據證明價值股的系統風險高於成長股。這對擁護效率市場假說的粉絲來說，又是另一個打擊。

表 6.1　市場低迷期間股票的每月平均績效（單位：％／每月報酬率）

	大盤	價值股	熱門股
最差的 10 個月期間	−13.1	−12.5	−17.9
最差的 20 個月期間	−10.9	−10.6	−14.2
最差的 30 個月期間	−9.6	−8.9	−12.4
全部下跌期間	−3.4	−2.2	−4.0

風險三：景氣循環風險

隨著效率市場假說信徒最愛的兩大風險指標不支倒地後，剩下的信徒被迫爭辯說，價值股在經濟困難期間、也就是在經濟衰退時，表現特別差勁。

因此，我們現在需要一些方法來評估經濟衰退。我們的第一個選擇是萊特模型（Wright model）的衰退機率，就是結合殖利率曲線斜率和聯邦基金利率水準兩個指標，估計未來 12 個月內出現經濟衰退的機率。（請參閱圖 6.5）

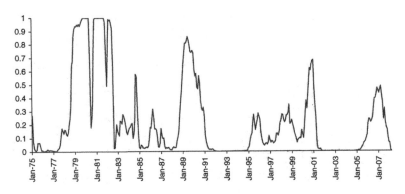

圖 6.5　萊特模型中所示未來 12 個月經濟衰退機率

按照「價值即風險」信徒的說法，價值股在經濟衰退期間，表現應該特別差勁。然而，如表 6.2 所示，即使在經濟衰退期間，價值股的績效仍然勝過成長股。價值型投資組合在經濟衰退期間，大約賺到 13% 的年度報酬率，在經濟擴張期間大約賺到 22%。成長型投資組合在經濟衰退期間，大約賺到 5% 的年度報酬率，在經濟擴張期間大約賺到 17%。因此，在經濟擴

表 6.2　1975 年至 2007 年間，價值股在經濟衰退期間，表現真的比較差嗎？（單位：％／每月報酬率）

	平均衰退機率	價值股	成長股	差距
衰退（機率 >30%）	0.70	1.09	0.45	0.64
擴張（機率 <30%）	0.08	2.22	1.42	0.81

張期間，價值型投資組合的績效勝過成長型投資組合超過 7.5 個百分點；在經濟衰退期間，則勝過成長型投資組合將近 10 個百分點。因此，我們實在看不到價值股在衰退期間表現特別差勁的跡象！

　　為了比對，我們決定檢視國內生產毛額（GDP）預測值和價值股報酬率之間的關係（請參閱圖 6.6）。這樣做會碰到一個小問題，因為經濟學家從來沒有正確預測到經濟衰退！我們顯然不能利用經濟衰退的實際預測，必須改用另兩種不同的方法。第一種是在 GDP 成長率預測低於 2% 時，檢視價值股的表現。表 6.3 所示，就是採用這種方法所得到的分類報酬率。

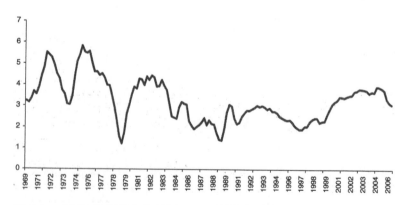

圖 6.6　12 個月前所作的美國 GDP 共識預測值——迄今為止，還沒有人預測到經濟衰退！

表 6.3　未來 12 個月的表現（單位：%）

	大盤	熱門股	價值股	差距
GDP 預測值＜ 2	20.1	16.6	22.0	4.5
GDP 預測值＞ 2	17.0	10.9	22.5	10.9

　　在經濟艱困期間，我們還是找不到價值股績效較差的證據。不論經濟預測是好是壞，價值股大致都賺到相同的利潤。然而，預測經濟成長低落時，成長股的績效卻比平常還高，但價值股的績效仍然勝過成長股！

　　為了避免你認為利用 2% 作為分界線，箇中藏有什麼奇妙玄機，表 6.4 重複同樣的作法，只是改為檢視 GDP 預測值是否高於或低於平均 3.2% 的年率。再一次，我們找不到經濟疲弱期間價值股會表現較差的證據。不論經濟狀況如何，價值股的績效通常都勝過成長股。

表 6.4　未來 12 個月的表現（單位：%）

	大盤	熱門股	價值股	差距
GDP 預測值低於平均值	15.0	9.5	18.5	8.5
GDP 預測值高於平均值	20.1	14.1	27.2	12.2

　　古典經濟學中證明價值溢酬來自景氣循環風險的模型，叫做條件式資本資產定價模型（即 β 值是以當時狀況為條件）。我們可以用下列公式，對這種模型進行簡單的測試：

價值溢酬＝ a ＋ b 市場報酬率＋ c（市場報酬率 × 利率變數）

交互作用項說明，額外的報酬率來自價值股 β 值和預期市場報酬率的共變異，因此，比較上述 α 值和標準資本資產定價模型的 α 值時，應該可以顯示由經濟循環敏感性產生的價值溢酬總額。圖 6.7 所示，是用一些類似模型計算出來的 α 值，第一欄估計使用標準資本資產定價模型迴歸（年率大約為 12%）的每月價值溢酬 α 值；接下來的兩欄分別顯示：考慮萊特模型和經濟衰退虛擬變數後的 α 值。大家可以清楚看出，α 值不會改變。這點告訴我們的，其實經濟衰退變數完全不能解釋價值溢酬，從而證實了前面的分析！

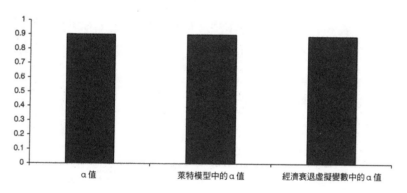

圖6.7　每月α值

佩科瓦（Petkova）和張櫓（Zhang）兩位學者在 2005 年發表的論文中，宣稱他們發現價值股的風險的確高於成長股。他們利用的條件式資本資產定價模型中的經濟狀況，是由違約溢價（信用差距）、期限溢價（殖利率曲線斜率）、股利率和短期利率代替。他們解釋，他們選擇的變數「就像從時間序列具預測性文獻所選擇的一樣標準」。這樣等於坦承他們的作法

是資料採礦，依據他們以往預測報酬率的相關證據，選擇他們所用的變數。

庫柏（Cooper）和古貝里尼（Gubellini）2007 年推動一項研究，目的在檢測佩科瓦和張櫓所發現的結果健全程度。他們採用的條件變數範圍更大，包括多項跟景氣循環相關性更密切的變數，例如，工業生產指數和領先指標。比起佩科瓦和張櫓在研究中所採用的變數，要好多了。庫柏兩人採用大約 2047 種條件變數的可能規格，發現在 90% 的情況下，價值股風險不會高於成長股！換句話說，佩科瓦和張櫓的發現似乎是資料採礦的結果，頂多只能代表機率而已。

很多效率市場假說的信徒都希望我們相信：價值股表現優於成長股，是因為風險較高的緣故，但實際上卻幾乎沒有證據，可以證明這一點的真實性。在範圍廣泛的眾多指標上，價值股都表現出風險不會比成長股高的跡象（還經常表現出風險比較低的情況）。以風險為基準來說明價值溢酬，跟效率市場假說的其他論述一樣空洞、一樣沒有意義。

重點摘錄

→ 經常看我的作品的讀者都知道，我是行為學派的主要擁護者，主張用行為學派的方法處理市場問題。然而，為了實踐我的主張，避免驗證性偏誤，我決定看看能否找到證據，證明價值溢酬確實像效率市場假說信徒說的一樣，背後的驅動力量是風險因素。

→ 財務學理論家在最基本的水準上，認為風險等於標準差，我認為這種想法很可笑。然而，我忍住不相信的心理，採用他們的指標後，發現通常價值股的報酬率高於成長股，且風險往往低於成長股，直接違反古典財務學所說風險與報酬應該相關的基本原則。

→ 效率市場假說信徒不肯輕易放棄自己的信念，轉而求助於 β 值，他們堅稱價值股的 β 值一定比較高。證據再度違反他們的信念，事實上，價值股的 β 值通常低於成長股。對效率市場假說來說，這是另一重打擊。

→ 接著，效率市場假說陣營的回應是：價值股的風險只有在市況普遍很差時，才會真正明顯表現出來。面對實證證據時，效率市場假說的此番辯護之詞同樣潰不成軍。例如，1950 年至 2007 年間，股市在表現最差的十個月裡，每個月的平均跌幅為 13%，價值股每個月平均下跌 12.5%，成長股每個月的平

均跌幅卻將近 18%！

→ 效率市場假說死忠粉絲不願徹底投降，因而求助於價值股在經濟不振時表現較差的說法。但是和資料比較時，這種說法依舊令人懷疑。例如，利用萊特模型（根據殖利率曲線斜率和短期利率水準）計算經濟衰退機率的話，在可能出現衰退時，價值溢酬（價值股高於成長股的優異績效）年率接近 8%，和經濟擴張期間的 10% 年率差別不大。

→ 效率市場假說的信徒希望我們相信，價值股績效比較高通常是因為風險較高，但是我們幾乎找不到證據，能夠證明這點正確無誤。在範圍更廣的指標中，價值股的風險似乎不比成長股高（而且風險經常較低）。從風險的角度來解釋價值溢酬，跟效率市場假說的其他論述一樣空洞、一樣毫無意義。

第 7 章

通縮、蕭條與價值股 [1]

> 後泡沫世界有一個特點，就是經濟循環和股市越來越同步
> 進退。對投資整體股市的人來說，這點表示可以靜觀其變，
> 等待循環性領先指標轉變，但這點是否同樣適用價值型投
> 資呢？日本的證據顯示不是這樣。遵循簡單的作多價值股、
> 放空熱門股的策略會讓投資人變得「更懶惰」，只會繼續
> 埋頭苦幹，忽視任何時機因素的周全考慮。然而，大蕭條
> 期間狀況大不相同的結果，就是怎麼做都行不通，你只希
> 望自己手上什麼股票都沒有！

　　長久以來，我一直認為後泡沫股市有一個特徵，就是經濟
循環和股市會越來越趨向同步。從圖 7.1 的日本情勢圖表可以
證明。

　　更趨同步的原因是股票報酬率在背後發揮作用。實際上，
你的股票報酬來源可以分為三種，一是以評價來表示的購買價
格，二是標的企業的成長，三是評價倍數的變化。

　　圖 7.2 是多年來我用過很多次的圖，這張圖把美國股票的
實質報酬分為三部分。長期而言，投資人的實質總報酬率中，
出自倍數變化的比率很低（大約只有 6%）。然而，在長期多
頭市場中，這個比率會升高到 55%，在 1990 年代更升到 75%

1　本文刊於 2009 年 3 月 3 日出版的《心理很重要》雜誌，其中討論的材料在出版時確實正確無誤。

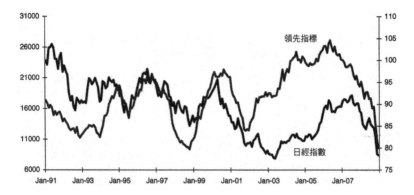

圖 7.1 日本股市與領先指標

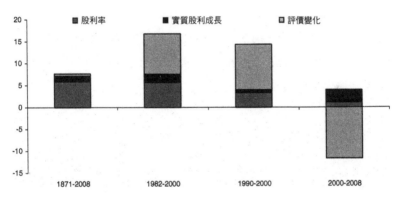

圖 7.2 美股總報酬率來源分類

之多！

　　過去十年內，情勢變得大不相同。因為期初股利率低落，投資人完全依賴成長來創造報酬，股市因而隨著經濟成長，在後泡沫的世界上，以高出非常多的幅度同步走高。當這種成長趨勢消失時，投資人當然會被迫下調倍數，以便恢復評價的支撐力量。

或許這樣會讓投資人可以決定放慢腳步，等到循環性轉折的證據出現後，才重回股市。這點不禁令我聯想：這一切對價值型投資有什麼意義？價值型投資人在後泡沫環境中，必須變得更講求靈活嗎？

　　葛拉漢指出：

　　因為即使是投資級的股票，股價都會一再大幅波動，智慧型投資人應該對如何從中獲利感興趣。投資人可以設法用兩種方法獲利，一種方法是靠波段操作，另一種方法是靠定價獲利。靠波段獲利的意思是努力預測股市的行為，在認定將來走勢應該會走高時買進或緊抱，在走勢向下時賣出或避免買進。靠定價獲利的意思是努力在價格低於公平價值時買進，在漲到高於這種價值時賣出。

　　因此，根據葛拉漢的說法，價值型投資人在後泡沫環境中，必須比較關心時機（和定價嗎）？為了評估這些問題，我決定研究價值型策略在幾次後泡沫期間的表現，看看這種策略是否能夠提供指引，從價值投資的角度指點最佳的價值型投資方法。

價值股與日本

　　證據顯示，從市場角度來看，投資人的懶惰和靜觀其變的表現，可能有道理。但從價值觀點來看，卻不是如此。下面圖7.3至圖7.5的三張圖表就是證明。第一張圖7.3所示，是泡沫

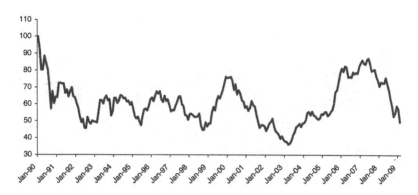

圖 7.3　購買、長抱日本股票策略的報酬率
（以美元計價，1990 年指數訂為 100）

破滅後，買進、長抱日本股票的投資報酬率，看來不太美妙。
要擁有股票這種資產類別，必須改弦更張的情形顯而易見。

　　然而，圖 7.4 增加了只根據股價淨值比、買進最便宜股票
作多策略的報酬率，在日本遵循價值型策略的人甚至不必擔心
還得嘗試很多次。實際上，他們可以更懶惰一點，只要持續買

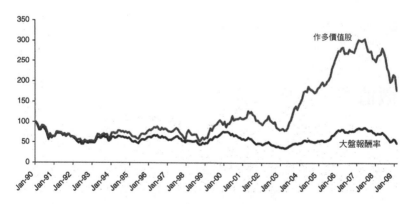

作多價值股

大盤報酬率

圖 7.4　日本股市作多價值股策略與大盤報酬率對照
（以美元計價，1990 年指數訂為 100）

進便宜股票就可以了。這種策略在 1990 年至 2007 年間，每年會創造 3% 的報酬率，同期間，大盤報酬率卻是 -4%。

　　至於有能力放空的人，報酬率甚至更可觀。圖 7.5 所示，是多空雙策略在日本所能創造的優勢，作多價值股、放空熱門股的人在後泡沫日本股市中，每年可以獲得高達 12% 的報酬率。因此日本股市的差勁表現，大致是「熱門股」表現差勁的函數。

圖 7.5　放空策略在日本股市占有優勢
（以美元計價，1990 年指數訂為 100）

價值型策略與大蕭條

　　要考評價值型策略的投資績效如何，可以採用另一種「壓力測試」方法，檢視大蕭條期間的事件。我現在要利用傅蘭奇網站上的資料，探討這個問題。圖 7.6 顯示，在大蕭條期間，價值型投資不是好策略，但是成長型投資、甚至投資整個大

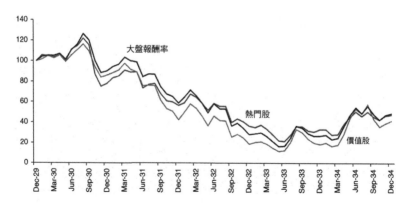

圖 7.6　美國股市大蕭條期間，你可能不會想持有股票
（以美元計價，1929 年 12 月指數訂為 100）

盤，也不是好策略。重點是在名目 GDP 腰斬的情況下，你很可能根本不想擁有股票（我認為股票並沒那麼像火箭科學）。

2009 年，橋水基金公司（Bridgewater Associates）在一項研究中證實，在大蕭條期間所有的股票績效毫無不同：

雖然個別公司和類股的獲利表現差別很大，主導股票表現的力量是有關財務去槓桿化的風險溢價。在獲利方面，表現最好二十大企業大致毫髮無傷的安度這段歲月，從 1929 年的股市高峰，到 1933 年的谷底，獲利大致維持持平。另一方面，表現最差的二十大企業的獲利極度減少，以致於虧損幾乎跟先前的獲利一樣大。雖然兩種企業的差異這麼大，表現最佳和最差的二十大企業的股價跌幅卻大致類似，表現最佳二十大企業跌幅為 80%，表現最差二十大企業跌幅為 96%。

美國大蕭條和日本衰退為什麼不同？

美國大蕭條是真正的經濟末日，從高峰到谷底之間，美國的工業生產減少了一半，躉售業物價連續三年每年下跌 10%，消費者物價則是連續三年、每年下跌將近 9%。在這種情況下，你不難看出為什麼大家不希望擁有股票。

相形之下，日本的後泡沫環境溫和多了，泡沫破滅後，平均通貨膨脹率大致接近 0%；至於工業生產，如果排除（過去三個月）最新的工業生產內爆，過去二十年內，日本工業生產序列數字大致也維持持平不變。

對價值型投資人來說，這兩種截然不同的經濟環境，其意義也大不相同。價值型策略似乎能夠應付日本經濟漫長的考驗。相形之下，在大蕭條之類的環境中，根本沒有什麼策略能夠創造好表現。

展望將來，大家至少可以輕易預見三種可能的情境：

- **對價值股有利的樂觀道路出現**——刺激計畫生效，聯準會設法創造通膨。
- **日本路線**——漫長的磨練伴隨成長率和通貨膨脹率低落——對價值股有利，對多空雙策略尤其有利。
- **第二次大蕭條**——經濟與財務末日降臨，對任何股票都不利。

我不知道我們會走上那一條路，我跟所有普通投資人一樣，祈禱我們不要走上最後一條路。或許我們可以略為告慰自

己，相信決策官員可能已經從 1930 年代的錯誤經驗中（例如為了維持金本位，刻意提高利率），學到一些教訓。

但是，我們根本不知道美國主管機關有沒有從日本的教訓中學到什麼，看來美國似乎是用臨時起意的方式決定政策（如同我一位朋友說的，我們正活在臨時無政府狀態下！）。對此，慎重研究日本經驗的美國經濟學家亞當‧波森（Adam Posen）曾發表他的看法：

美國政府去年已經對銀行發下保證，加上在沒有取得控制權、沒有訂定適當條件的情況下，就根據問題資產救助計畫（TARP），對銀行注入仍嫌不足的龐大資本金，非常類似日本政府 1990 年代中期的作法。日本政府為了避免日本大型銀行倒閉而伸出援手，讓銀行不必認列特定倒帳和虧損，結果和美國即將出現的結果相同，就是銀行經營階層只知道花光巨額現金，把虧損轉給納稅人承擔，自己抓住難得的經營獎金或股東股息，自肥得利，最後銀行卻還是落得資本不足的局面。為了管理上的方便，假裝不良資產的價值比今天的實際價值還高的作法，只能說服主管機關本身，卻無法讓任何人相信，這種策略只是把更多納稅人血汗錢交給銀行花用，讓銀行有更多的時間實施信用緊縮。

用這種半吊子的措施，維持銀行不倒，而不是懲處銀行，正是 1992 年日本泡沫破滅到 1998 年期間，日本大藏省所幹的好事。在這段期間裡，銀行業對日本經濟的耗損增加 4 倍，對日本GDP 的耗損從 5% 提高為 20%。此外，如同日本官員所說，這種「護航」制度等於是懲罰資本比較適足、經營比較良好的

銀行，使這些繼續維持營運的銀行在市場上不易出頭，而問題銀行表面上的經營活力卻錯誤遭到提升，阻撓其他相對優秀、健全的銀行推動良好借貸行為，鼓勵問題銀行努力追求自我、同時謀求政府保護。

然而，如果日本經驗可以作為投資人正確的模範與啟發（或是美國的刺激計畫與聯準會的政策有效），那麼價值型投資人就沒有什麼好怕的了。

最後，就像別人向凱因斯提問未來會如何時，凱因斯回答「我們根本一無所知」的情況，我也不知道將來可能會走上哪一條路。既然對未來一無所知，我認為，在每次市場先生向我們提示最合理的路線時，就可以緩慢而穩定地把資金投入深度超值投資的機會。

對我來說，這是能讓我把後悔程度降到最低的方法。即便最後我在市場上會有部分曝險，如果第二次大蕭條出現，我也可以攤平成本。反之，如果刺激計畫發揮作用，或是美國跟著日本的腳步走，那麼就像格蘭桑說的一樣：「如果股票看來很迷人，你卻沒有買進，然後，股票離你而去，那麼你不只看來像白癡而已，還是真正的白癡一個。」

重點摘錄

→ 長久以來，我一直認為，後泡沫世界的特徵之一是：經濟與股市循環更趨同步，背後的報酬率驅動力量改變，從（泡沫歲月的）全面擴張，變成（後泡沫期間的）成長，當成長趨勢消失時，投資人會把股票降評，不再把股票視為是資產。

→ 經濟與股市循環越趨同步，表示整體市場的投資人可以靜觀其變，等待循環性的領先指標出現，告訴投資人什麼時候應該回歸市場。這點也適用於價值型投資人嗎？照葛拉漢的說法，我們需要擔心時機和股價嗎？為了評估這一點，我檢討了日本泡沫破滅後和美國大蕭條期間價值股的遭遇。

→ 日本的經驗顯示，價值型投資人不必擔心任何形式的波段操作，雖然日本市場展現明顯的循環性質，價值型策略仍然埋頭苦幹，表現優異（每年創造 3% 的報酬率，遠勝過大盤 -4% 的報酬率）。放空創造的績效更令人驚嘆，作多價值股、放空熱門股策略在後泡沫期間，每年能創造 12% 的報酬率！

→ 然而，大蕭條的經驗卻大不相同，這段期間裡，擁有股票是非常糟糕的想法，無論是價值股、成長股或大盤的表現都特別差勁。兩者的差異在於情勢的規模和深度不同，大蕭條造成美國工業生產從高峰到谷底，創下腰斬 50% 的記錄，消費者物價連續三

年，每年下跌將近 9%。相形之下，過去二十年裡，
日本的工業生產和通膨大致上沒有起伏。

→ 展望將來，我們至少可以輕易預見三種可能的情勢
發展，即樂觀道路（刺激計畫生效、聯準會設法創
造通膨）、日本路線（漫長的磨練，伴隨成長和通
膨低落）和第二次大蕭條。在前面兩種景象中，價
值股的績效應該很好；在第三種景象中，持有股票
可能是很糟糕的決定。因為我不知道哪一種景象最
可能發生，但我仍然認為，面對疲弱的市場，把資
金緩慢而穩定地投入深度超值投資機會，是最明智
的選擇。

PART 2

價值型投資的
行為學派基礎

第8章

學習喜愛爛股，不要再為成長展望付出過高代價！ [1]

> 成長展望的承諾像極了海妖賽蓮的歌聲，極具誘惑。然而，當投資人執行自己覺得舒服愉快的事情，很少會有好結果。例如，明星股（背景和預測成長率都很優異的股票）每年的報酬率大約比大爛股（背景和預測成長率都不好的股票）少6%！好故事令人愉悅且嚮往，卻不適於取代適當的投資程序。投資人最好要學習喜愛大爛股，對人見人愛的明星股敬而遠之。市場現在熱愛跟礦業有關的股票，很可能是另一個為成長展望付出過高價格的例子。

凡是把我的演講從頭聽到尾的人（真是可憐蟲），一定都會聽到我大聲指責我所見過最常出現的錯誤——投資人常常樂於為成長展望，付出過高的代價。我希望在本章裡，探討股票投資中的這種錯誤，並從目前的市場環境中，提供這種錯誤的另一個例證。

你可以說，將本章視為我試圖為價值股的傑出績效，提出行為學派的解釋。因此，本章可以視為第6章的姐妹篇，意在

1　本文刊於2008年5月28日出版的《心理很重要》雜誌，其中討論的材料在出版時確實正確無誤。

說明「以風險為基礎去解釋價值溢酬」的說法，跟效率市場假說的其他說法一樣愚蠢、一樣毫無意義。

大爛股與明星股

讓我們先檢視投資人過於沉迷成長展望的證據，史考特（Scott）等人在 1999 年發表的報告中，根據下表所示的過去與預期未來成長率的互動，提出一份簡單的股票分類表。

表 8.1 與表 8.2 的四個角落提供了一些令人感興趣的數字。明星股擁有居高不下的歷史成長率（衡量標準是過去五年的銷售成長率），而且預期未來也會有高成長率〔衡量標準是國際法人券商評估系統（IBES）分析師的長期成長率預測〕。這種股票在市場中是投資人當時的最愛。

反之，大爛股跟明星股正好相反，歷史成長率低落，大家都已經放棄這種股票，因此這種股票的預期未來成長率也很低落。根據凡俗之見，頭腦清楚的人，應該都不希望擁有具備大爛股特性的股票。

大多數股票都分布在從大爛股到明星股的斜線上，但是落在斜線盡頭之外兩個方格中的股票，可以說是會玩新把戲的舊爛股（即歷史成長率低落、但預期未來成長率會升高的股票），或是「墮落天使」股（即歷史成長率居高不下，但預期成長展望低落的股票）。表 8.1 所示，是落在我們有興趣的歐美股票四個方格中的百分比。

如果投資人經常為成長展望付出過高的代價，那麼我們應該會看到，優質明星股的表現不如大盤和爛股，而我們實際觀

察到的情形正是如此。表 8.2 顯示各種類別股票的年度績效，明星股確實符合投資人為成長展望付出過高代價的說法，變成績效落在爛股和大盤後面的股票（分別落後 6% 與 3%）。由於估價過程忽略了明確的價值因素（其中顯然有隱含價值），而產生這種結果更是令人感嘆。

表 8.1　大爛股與明星股的分布

	低	預期成長率	高
過去銷售成長率低	大爛股		會玩新把戲的舊爛股
	美股 7%		美股 4%
	歐股 5%		歐股 6%
過去銷售成長率高			
	墮落天使		明星股
	美股 1.5%		美股 11%
	歐股 7%		歐股 9%

表 8.2　報酬率表現（美股 1985 年至 2007 年間大盤報酬年率為 13.4%，歐股 1988 年至 2007 年間大盤報酬年率為 14.3%）

	低	預期成長率	高
過去銷售成長率低	大爛股		會玩新把戲的舊爛股
	美股 14.9%		美股 13.2%
	歐股 19.5%		歐股 14.9%
過去銷售成長率高			
	墮落天使		明星股
	美股 13.2%		美股 9.9%
	歐股 12.2%		歐股 12.4%

分析師預測的成長率和隱含成長率

你大可以問，為什麼直率批評分析師預測能力的我，會在分析師幻想出來的數字中，找到了一些有趣的東西。答案是這麼多年來，我發現分析師的長期成長率預測，相當接近逆向工程股息貼現模型（Dividend Discount Model，DDM）中的隱含成長率（在極端狀況下尤其如此）。例如，追蹤黑莓公司（RIMM）的分析師目前預測，黑莓公司的長期年成長率大約為33%，我利用自己的逆向工程股息貼現模型，發現隱含長期成長率為35%；相形之下，追蹤柿子公司（Persimmon）的分析師預測，該公司的長期成長年率為–3%，而我的逆向工程股息貼現模型顯示，市場隱含的長期成長率為–1%。

此外，要是能找出一支預期長期負成長的股票，是相當重大的成就。庫薩蒂斯（Patrick J. Cusatis）和伍爾里奇（Randall Woolridge）在2008年的研究中，探討了分析師預測長期成長率的眾多面向。其中跟我們的討論特別有關係的一點，是分析師不願意預測負值的長期成長率。庫薩蒂斯和伍爾里奇寫道，在他們的美股樣本中（1984年至2006年），大約有31%企業的長期獲利成長率都是負值，但分析師預測只有0.17%的極少數公司會遇到負成長的情形。

對於預期成長率和隱含成長率之間關係密切的現象，我並不特別驚異（我想也不會讓很多讀者驚異）。我認為，這種關係起源於分析師經常利用自己的長期成長率預測，證明自己的目標價和推薦。奇怪的是，目標價和市場行情經常密切相關，

因為分析師似乎喜歡進行短期的動能操作[2]。

　　因此，長期預期成長率和隱含成長率之間關係密切，也很有可能具有緊密的關聯性。

　　圖 8.1 利用從 S&P 500 指數中隨機選擇的 200 檔股票，說明這一點。我利用簡單的三階段股息貼現模型（我以前用過很多次），以便產生逆向工程式的隱含長期成長率估計值，拿來對比分析師提出的當前長期成長共識值。由圖可看出，這兩種指標之間的相關性（超過 0.6）非常明顯。因此，利用分析師的長期成長率預測值，方便地作為股票隱含成長率的替代品，似乎很有道理。

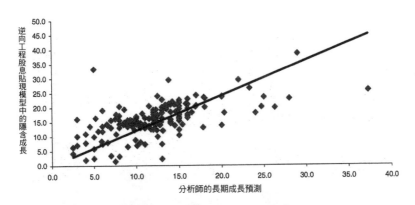

圖 8.1　分析師的長期成長預測與逆向工程股息貼現模型中的隱含成長

2　史帝可爾（Scott E. Stickel）2007 年的研究、和我在《行為投資法》第 10 章的說法，都支持這種觀點。

評價的運用

到目前為止,我們只處理隱性價值因素(即隱含在價值中的成長),現在是時候該把價值變成我們分析中的顯性因素了。要這樣做,我們只需要根據股價淨值比,建構投資組合即可[3]。分析師為投資組合中個股預測的盈餘成長率,都是根據過去五年和未來五年的成長率計算和比較。

美國分析師認為,最便宜股票的投資組合(圖 8.2 中稱之為「價值型」投資組合)每年的盈餘成長率應該是 10% 上下,高於過去五年略低於 7% 的平均成長率。但這些股票每年實際締造的平均成長率卻略高於 9%(在統計上,與分析師的預測沒有不同)。

然而,在頻譜另一端的股票表現卻大不相同。分析師預測,成長股每年大約會締造 17% 的成長率(略高於過去的

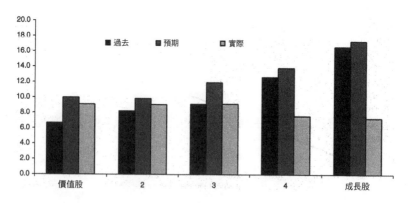

圖 8.2　1985 年至 2007 年間,美股過去、預期與實際成長率

3　採用其他價值標準檢視時,發現結果不變。

16%），但實際創造的平均成長年率竟低到只有 7% 而已！這清楚證明，投資人的確為成長展望，付出了過高的代價。

還有一點值得注意，那就是過去和預測未來成長率之間的相關性高達 0.98，預測的成長率和未來實際締造的成長率之間，負相關為－0.9。我在前面說過很多次，這點強烈顯示，分析師處理長期成長率預測時，通常會遵循代表性捷思[4]。

而歐股也有非常類似的相關證據（請參閱圖 8.3）。分析師預測，最便宜股票投資組合的長期盈餘年成長率大約為 9%，再度高於過去五年實際創造的 6% 平均成長年率。我們檢視價值股實際締造的盈餘時，發現盈餘幾乎符合預期，長期締造每年約 9% 的成長率。

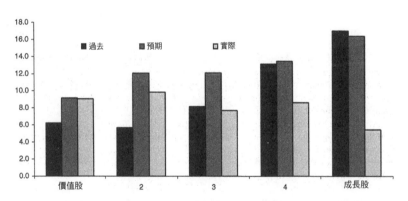

圖 8.3　1985 年至 2007 年間，歐股過去、預期與實際成長率

頻譜另一端的證據再度出現大幅落差。分析師預測，成長股每年會締造大約 16% 的成長率（非常接近每年 17% 的歷史

4　representativeness heuristic，根據外在的表現模式直觀判斷事情，而不是考慮事情實際上可能的本質。

記錄）。然而，資本主義制度（加上數學邏輯）發揮作用，使這種成長變成幻夢一場。以實際締造的成長率而言，最昂貴的股票大約會締造 5% 的長期成長年率。

與美國同業一樣，歐洲分析師在預測成長率和歷史成長率之間，也表現出十分明顯的相關性（0.88），卻在預測成長率和實際成長率之間，表現出 – 0.77 的負相關。因此，一如往常，這些分析師最看好的股票，變成他們看錯（看走眼）最嚴重的股票！

過度樂觀的最佳範例：礦業股

（我認為）目前礦業股正是投資人為成長付出過高代價的最佳典範。我從 2006 年 2 月起，就一直主張對這個產業必須小心謹慎！事實上，我上次談論礦業股問題時，曾寫過下面的這段話：「當然，泡沫延續期間總是比大家預期的還久。」這次泡沫延續時間的確比我想像的還久！然而，我的看法幾乎沒有改變，我不會更正當時所做的結論 ── 礦業股是投資人為了成長展望、付出過高代價的典範。下面我們就要為此檢視一下證據。

圖 8.4 所示，是世界礦業的獲利與簡單的成長趨勢。長久以來，礦業的獲利每年都持續成長大約 5%。然而，真正突出的地方是：現在世界礦業的獲利，處在同溫層之上。

圖 8.5 顯示礦業股獲利背離趨勢的百分比，這張圖讓整體情勢顯得更清楚，我們上次看到獲利這樣背離趨勢的現象時，是在 1970 年代末期和 1980 年代初期之間。但是目前的背離更

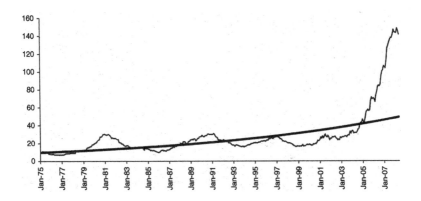

圖 8.4　世界礦業股盈餘與趨勢

大，幾乎達到獲利趨勢的 2 倍！

　　「超級循環」的辯論似乎就從這裡開始出現，礦業股的獲利是否能處在永久性的新高峰（如同歐文・費雪〔Irving Fisher〕1929 年時所說），還是即將回歸所謂比較正常的水準？

　　分析師的答案是兩者皆非，反而認為獲利可望繼續走在幕

圖 8.5　世界礦業獲利背離趨勢比率
（單位：％）

數式成長的道路上。圖 8.6 所示，是分析師根據歷史獲利系列資料，所算出的共識成長率。根據國際法人券商評估系統的資料，分析師預測未來兩年內，每年會有 27% 上下的成長率，隨後會維持每年 15% 的長期成長率！

第一年和第二年的成長率估計值極為接近，是令人擔心的

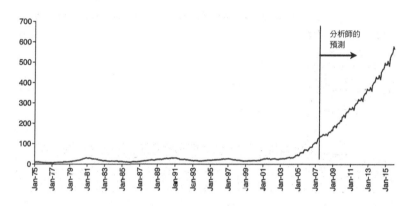

圖 8.6　世界礦業獲利狀況與分析師的預測

地方。一般說來，礦業分析師都很謹慎，通常是根據標的商品的價格趨勢，預測報酬率，因此他們的第二年估計值經常低於第一年的估計值。上次發生第二年成長率估計值高於第一年的情況，是 2002 至 2003 年礦業獲利比趨勢值低落的時候。如圖 8.7 所示，目前狀況並不尋常，顯示分析師相信「這次不一樣」。

前面指出，分析師預測世界礦業長期會以每年 15% 的速度成長。我們利用三階段的逆向工程股息貼現模型計算，目前的價格暗示未來十年內，礦業每年會以將近 20% 的速度成

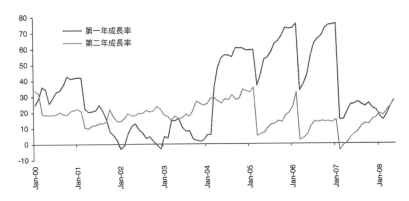

圖 8.7　礦業第一年與第二年共識獲利成長率估計值

長——而且這樣只證明目前的市場行情有理，根本沒有考慮未來的任何報酬率，看來市場打算把中國和其他國家的未來全部成長立刻貼現完畢。

　　隱含永久成長率的簡單計算顯示，礦業的定價其實是以將來每年永遠會成長將近 12% 為基礎！大家難道不覺得這樣有點不切實際嗎？礦業似乎不可能以整體經濟成長速度的兩倍，永遠成長下去！

　　從評價的角度來看，大家在定價時，確實把礦業股當成了成長性資產，利用（以上述獲利趨勢資料為準）經過循環性調整的本益比計算，礦業目前的本益比將近 60 倍，遠高於 16 倍的平均本益比！（請參閱圖 8.8）

　　另一項我用過的估價指標是哈斯曼本益比（Hussman P/E），方法是拿今天的價格，跟上次的獲利高峰比較，這樣可以衡量獲利趨勢。但這種方法通常比較適用在起點和終點的選擇上，因為我們衡量的是高峰期到高峰期的獲利，這個指標

顯示（請參閱圖 8.9）：礦業目前的本益比超過 19 倍，遠高於 11 倍的市場平均本益比。

昂貴的評價加上超高的成長率預測，清楚顯示投資人認定「這次不一樣」。不幸的是，到目前為止，這句話總是等於為成長展望付出過高的代價。

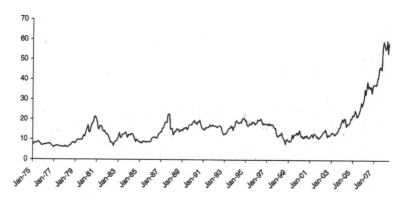

圖 8.8　礦業經過循環性調整的本益比

圖 8.9　哈斯曼計算的礦業本益比

重點摘錄

→ 效率市場忠誠的信徒希望我們相信：價值股能夠創造優異績效，是因為價值股的風險高於成長股。研究行為學派領域的人通常認為，原因在於投資人繼續為成長展望，付出過高的代價。我們最近指出，以風險為基礎、解釋價值溢酬的說法經不起考驗，行為學派的證據看來有力多了（不過我對這一點確實有偏好！）

→ 如果投資人經常為成長展望，付出過高的代價，那麼我們應該會看到明星股（背景和成長展望優異的股票）的表現不如大爛股（背景和成長展望不好的股票）。我們在資料中，正是看到了這種型態。一般而言，大爛股的年度績效大約比明星股高出6%——因為我們忽略了明顯的價值衡量指標，這種成績還算不差。

→ 如果我在自己的分析中採用分析師的長期成長展望，那我一定是有哪裡不對勁。然而，我經常發現，逆向工程股息貼現模型中得到的隱含成長率，相當接近分析師的長期成長預測。這一點並不會讓人太意外，因為分析師經常以自己的長期成長預測為基礎，證明自己的目標價格、推薦有理。奇怪的是，目標價格和市場價格經常密切相關，由此判斷，分析師似乎是喜歡進行短期動能操作的人。

→ 把評價納入分析中時，為成長股付出過高代價的情形馬上清楚顯示。例如，分析師預期價值股每年會產生大約 9% 的平均報酬率，對價值型投資人來説，值得慶幸的是，價值股經常都能創造近似預測的報酬率。然而，分析師預期成長股每年會產生大約 16% 的長期盈餘成長率，和大約只有 5% 的實際盈餘成長年率相比，實在相去甚遠！如此大的失望實在和高價股極不相稱。

→ 礦業股很可能是目前為成長展望付出過高代價的典型案例。雖然礦業股的獲利遠高於趨勢，而且分析師又預測，未來獲利會繼續加速成長。但簡單的隱含永久性成長率模型顯示，礦業股的成長率必須永遠都高達經濟成長率的 2 倍，才能證明目前的高價的確有理！投資人和分析師顯然認為「這次不一樣」。不幸的是，到目前為止，這句話總是等同為成長展望，付出過高的代價

第 9 章

大腦會騙人！
熱門股的價格值得嗎？[1]

你是否買過雜牌（便宜）的止痛藥，認為它的藥效就是不
如品牌（昂貴的）藥品？如果是這樣，很可能是你的大腦
在騙你，因為大腦似乎內建了「不喜歡便宜貨」的潛意識。
大家經常說，股市裡沒有人喜歡大拍賣，討厭便宜貨的偏
誤是否可能是價值溢酬的起因之一？好消息是，還好理性
思考似乎能改善這種偏誤；壞消息是，在人人都陷入瘋狂
時，要一直保持理性並非易事。

　　你是否在服用過雜牌的止痛藥後，認為藥效不如大品牌的
止痛藥？如果你萌生了這樣的想法，很可能是大腦騙了你。大
腦慣用的日常捷思法（heuristics）思考中，似乎潛藏著「價格
代表品質」的想法（如同信心可以代表技巧）。在許多情境，
價格等於品質的概念確實經常適用。例如，出自昂貴的設計師
之手的牛仔褲和沃爾瑪百貨販賣的牛仔褲相比，很可能真的更
加合身，品質與做工也比較好。但是，並非每件事情都是如
此。

1　本文刊於 2008 年 3 月 10 日出版的《心理很重要》雜誌，其中討論的材料在出版時確實正確
　　無誤。

便宜沒好貨？藥效與價格迷思

　　丹‧艾瑞利（Dan Ariely）[2] 和他的同事最近發表了一項研究，針對人們的決策方式分析。我首先想強調的第一項研究，是他在 2008 年和威伯（Waber）等人共同進行的，主題是止痛藥價格對藥效認知的影響。

　　艾瑞利等人先讓受測者接受電擊（心理學家到底為什麼想讓別人接受電擊？），以便引發痛苦。最初的電擊很輕，只會產生輕微刺痛。隨著實驗歷程深入，電擊強度逐漸加強，最後一擊足以讓你心跳加速、雙眼大大圓睜。

　　接受電擊前，你會先閱讀一本小手冊，上面記有即將請你試用的止痛藥偉拉當（Veladone-Rx）相關資料。手冊資訊宣稱：「偉拉當是令人興奮的鴉片類新藥，臨床研究顯示，在雙盲對照試驗中，接受偉拉當的病人中，超過 92% 的人在服藥 10 分鐘內，就報告疼痛被大幅減輕，而且減輕的效果最多可以延續 8 小時。」同時，小手冊也標記了這款新藥的價格。部分受測者得知的價格訊息是一劑 2.5 美元，其餘受測者所得知的價格是一劑僅 0.1 美元。

　　第一套電擊流程結束後，受測者得到一杯水，也拿到一顆被宣稱是偉拉當的藥丸（實際上只是糖衣片）。服藥 15 分鐘後，受測者再度接受電擊，並詢問他們止痛藥是否有效。

2　艾瑞利在本書中出現的比率高得驚人，因為他是我所知道最善於敏銳觀察人性的專家。此外，他的研究主題總是極具魅力，我建議每個人都要看他最近的大作《誰說人是理性的》（*Predictably Irrational*），這本書一定會列入我下一份必讀書單中。我認為，《誰說人是理性的》會變成行為心理學領域的「怪異經濟學」傑作。

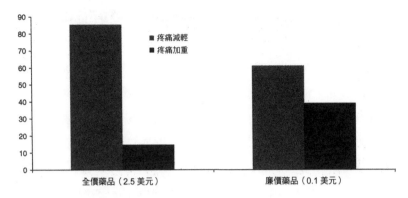

圖 9.1　受測者報告藥效的比率

　　圖 9.1 顯示艾瑞利等人發現，受測者得知一顆偉拉當要價 2.5 美元時，大約 85% 的人表示，服藥後感覺比較不痛；而另一組被告知偉拉當的價格只有 0.1 美元的受測者，只有 61% 的人宣稱止痛藥有效。

　　因此，艾瑞利和同事清楚展現安慰劑的效果，因為他們提供的藥丸只不過是糖衣片。然而，他們也證明價格對於安慰劑效果的影響顯著。價格越高，受測者覺得藥丸越有效。

　　這項研究對醫療照護顯然也有重大影響。長久以來，現代科學一直強烈支持安慰劑治療的影響。醫生們長期以不同方式研究安慰劑的效果。例如，當你喉嚨痛去看醫生時，醫生會開抗生素給你。然而，大約三分之一的喉嚨痛是病毒造成的，抗生素絕對沒有治療效果，最後我們反而吃下太多的抗生素，協助創造了具有抗藥性、威脅所有人的細菌感染。醫生下次碰到病毒感染時，或許應該只要開一點昂貴的糖衣藥丸處方，而不是抗生素。

價格影響口感！貴一點的酒比較好喝嗎？

下一個例子出自普拉斯曼（Plassmann）等人 2008 年所做的重大研究，他們拿五種葡萄酒給受測者品評，並要求受測者評斷每一種酒。所有的酒都是卡本內蘇維濃紅酒。事實上，實驗只使用了三種酒，其中兩種重複提供兩次。在第一次實驗，受測者會得知每種酒的價格，例如，主持人第一次說第二種酒的價格是 90 美元，第二次宣布時卻會說成 10 美元（請參閱表 9.1）。

表 9.1　三種酒 VS. 五種標價

標價	酒的真正種類
5 美元	第一種酒
10 美元	第二種酒
35 美元	第三種酒
45 美元	第一種酒
90 美元	第二種酒

圖 9.2 所示，是受測者根據從 1 分（一點都不喜歡）到 6 分（真正喜愛）的計分表，評斷不同價格的紅酒。他們品評價格誤訂為一瓶 10 美元的酒時，評分大約只有 2.4 分，然而當主持人告訴他們，同樣的酒要價 90 美元時（原本 10 美元、現在變成 90 美元的酒），平均評分躍升為 4 分。事實上，這瓶酒的零售價確實是 90 美元！

在第一種酒，普拉斯曼也發現同樣的情形，價格的影響把受測者實際認知的評分，提高了 50% ～ 60%！

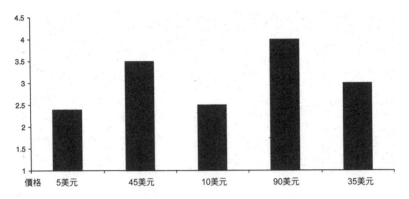

圖 9.2 不同價格的紅酒平均評分（1＝不喜歡，6＝真正喜愛）

　　為了確定價格會造成上述結果，普拉斯曼等人再次重複這項實驗，卻沒有向受測者透露價格，結果如圖 9.3 所示：受測者在不知道價格的情況下，品評同樣的酒兩次時，評定分數相同。

　　比較兩張圖中的酒，顯示如果主持人告訴受測者紅酒很便宜（例如，一瓶 5 美元），大家的確會把紅酒降評。但如果主

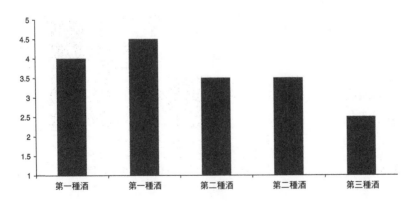

圖 9.3 沒有價格資訊下的紅酒平均評分

持人說紅酒一瓶價值 90 美元時，受測者就大幅提高評分！

令人失望的熱門股

大家考慮投資時，是否也可能出現同樣的情形？投資人的確可能認為選擇昂貴的股票，勝過選擇便宜的股票，因為昂貴可能代表優質——就像大家對止痛藥和紅酒的看法一樣。便宜的股票難道只是大家不喜歡的另一樣東西嗎？

一份最新的研究報告顯示，實際上可能真的是這樣。2008年時，史泰曼（Statman）等人在《財星雜誌》（Fortune）企業年度調查中，針對獲評為最受尊崇或最討人厭的企業，評估這些公司股票的長期投資價值和績效，評估期間為 1982 年至 2006 年間。

表 9.2 所示，是每一種投資組合股票的主要特性，受尊崇公司投資組合的股票的確比較「優秀」，過去兩年內平均年度銷售成長率為 10%，高於討人厭股票的 3.5%；受尊崇股票過

表 9.2 受人尊崇的股票和討人厭股票的性質

性質	受尊崇公司	討人厭公司
本益比	15.0	12.6
股價淨值比	2.0	1.3
股價現金流量比	9.7	7.3
銷售成長率（過去二年）	10.0%	3.5%
盈餘成長率（過去二年）	12.7%	5.2%
資產報酬率	15.8%	12.5%
一年報酬率	21.5%	11.0%
三年報酬率	81.2%	38.4%

去的短期和中期表現顯然也比較好（以動能作為衡量標準），受尊崇股票通常也比較貴，平均股價現金流量比為 9.7 倍，討人厭企業的股價現金流量比則為 7.3 倍[3]。

接著，史泰曼等人評核這些股票的長期表現。圖 9.4 顯示，他們發現，討人厭股票的績效大幅超越受尊崇的股票。即使報酬率經過市場、規模、風格和動能調整後，結果仍然如此！例如，經過四年的再平衡後，討人厭股票的四因子年度超額報酬略高於 2%，受尊崇股票的超額報酬率則略呈負值。

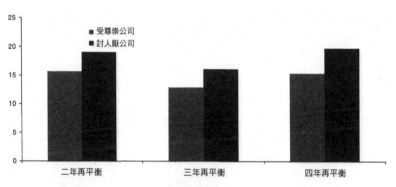

圖 9.4　受尊崇股票和討人厭股票年度績效
（單位：％）

打敗偏誤

幸好認知反射（cognitive reflection，就是簡單的直覺思考）似乎可以協助我們，對抗這種「自動」把價格和品質等量齊觀的反應。為了詳述這一點，我們要借用席夫（Shiv）等人 2005

3　分析師的推薦中也可以看到類似的型態，詳情請參閱《行為投資法》第 10 章。

年的研究，他們探討的主題是：「提神」飲料對受測者解決字謎能力的影響。受測者分配到飲料之前，被告知要為這種飲料付費。部分受測者得知自己必須付全價 1.89 美元，另一群人則得知全價是 1.89 美元，但是這所大學拿到大量折扣價，把價格降到 0.89 美元。

圖 9.5 所示，是席夫等人的發現，對照組不靠提神飲料幫忙，解決字謎問題的表現。然而，請注意，得到折價飲料組的解謎能力明顯惡化！他們解決的字謎數量，大約比對照組或得到全價飲料組少 3 個。因此席夫等人發現強而有力的證據，證明安慰劑具有負效果，也就是折價會傷害能力，但是全價飲料不會提高表現！

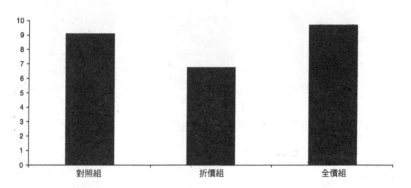

圖 9.5　實驗一：解決字謎的數量

接著在第二項實驗中，席夫要求受測者看過下面兩句話後為飲料評分。第一句是：「從我為素比牌飲料付出的價格來看，我覺得素比牌『很不擅於』（評分為 1 分）或『很擅於』（評分為 7 分）改善心智表現。」第二句是：「從我對素比牌飲料

付出的價格來看，我覺得素比牌『很不擅於』（評分為 1 分）或『很擅於』（評分為 1 分）改善注意力。」

圖9.6所示就是這項實驗的結果，不管飲料的價格是多少，對於解決字謎的題數都沒有影響，因此只要引導大家思考價格和品質之間的關係（或沒有關係），似乎就足以增進效果。這點也顯示，價格和品質之間的關係通常是某種下意識心理程序的函數結果。

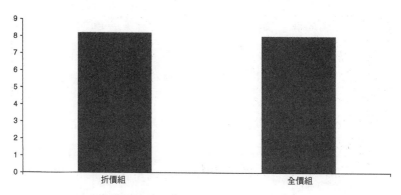

圖 9.6　實驗二：解決字謎的數量

價值型投資人是否可能已經學會了克服自己潛意識中「與生俱來」的「價格等於品質」的捷思？畢竟大部分價值型投資人，花費更多時間分析股票的真正價值，實際上已反映了他們懂得充分利用理性工具，而不是憑藉內心直覺。

重點摘錄

→ 看來我們的大腦天生就設定好，將價格和品質等量齊觀，這在多數狀況，很可能是極好的捷思，卻也可能與大部分的心理捷徑一樣，引導我們遠遠背離理性決策之路。

→ 例如，一劑 2.5 美元的止痛藥、還是一劑只要 0.1 美元的便宜止痛藥比較有效？理論上效果應該相同（尤其兩種藥丸都只不過是糖衣藥丸）。然而，丹·艾瑞利和同事發現，大家都宣稱昂貴的止痛藥比便宜的止痛藥有效多了！

→ 如果你比較喜歡品酒，那麼請看看下面的例子。有人提供香醇的美酒給你，告訴你這種酒一瓶賣 10 美元，然後再請你品嘗其他的酒，再告訴你這種酒一瓶賣 90 美元。實驗的結果顯示，大家會評斷 90 美元的酒比 10 美元的酒好喝將近兩倍。然而，唯一的問題是：兩瓶酒根本完全相同。因此，我們似乎更容易對便宜貨展現偏見。

→ 股市是否可能發生類似的事情？投資人考慮股票時，通常可能利用價格等於品質的捷思法思考方式，大家經常說，股市裡沒有人喜歡便宜貨。史泰曼等人對此進行了研究：「受人尊崇」的股票，通常都是在市場和財務上表現優異、又非常昂貴的公司；「討人厭」的股票，通常都是過去績效差勁、又相

當便宜的股票。

→ 猜猜看,將來哪種股票的績效比較優異?奇怪的是,「討人厭」的股票未來表現竟勝於「受人尊崇」的股票。即使經過市場、規模、風格和動能等因素調整,討人厭的股票每年仍然能夠創造大約 2% 的超額報酬。

→ 如何減輕這種拒絕便宜貨的偏誤?幸好看來理性思考可以擊敗迷戀昂貴的迷思,只要大家慎重思考價格與品質之間的關係,就能更有力地對抗這種心理偏誤。但是當眾人都陷入瘋狂,要一直保持理性並非易事!

第 10 章

後悔莫及的成長型投資 [1]

> 我每次寫到成長股和價值股時，通常都會把成長股放在與價值股正好相反的另一個極端。成長型經理人總是抗議我的定義不公平，因此為了公平起見，本章檢視成長型投資時，不會提到價值型指標。然而，結果不會改變，成長型投資仍然可能令人後悔莫及。

我所做的大部分實證研究（通常是在我們公司計量團隊的協助之下），是根據股票的價值，把股票分為價值股或成長股，這種分法顯然很簡單，卻不至於過分簡化。的確如此，每當我在文章中大力稱讚價值股的妙處時，總會有一些陷入困境的成長型經理人來信，辯稱我的成長股定義錯誤。

基業長青

為了釐清真相，我試圖重新思考成長股的定義，但是我應該從哪裡開始呢？我受到菲爾·羅森維格（Phil Rosenzweig）大作《光環效應》（*The Halo Effect*）所說而啟發：大部分的經營管理書籍內容不堪聞問。因此認定柯林斯（James

---

1　本文刊於 2007 年 3 月 29 日出版的《全球股票策略》雜誌，其中討論的材料在出版時確實正確無誤。

Collins）與薄樂斯（Jerry I. Porras）名作《基業長青》（*Built To Last*）中列出的「高瞻遠矚公司」，應該會是適合的起點。

柯林斯與薄樂斯的大作意在發掘「歷經歲月考驗、百世不變、繫真正傑出公司於不墜的基本原則與型態」。他們選出大約 200 家跨越各行各業的傑出企業，然後把這些企業縮減到只剩 18 家公司，這些公司堪稱企業世界中的人中龍鳳、也可以說是財務界中的克魯弗茲（Cruft）[2]！柯林斯與薄樂斯也從高瞻遠矚公司所屬行業中，選了一批對照公司，對照公司不是爛公司，反而大致都是優秀企業，只是沒這麼傑出而已，例如寶鹼公司（Procter & Gamble）的對照公司是高露潔棕欖公司（Colgate-Palmolive）。

羅森維格指出，柯林斯與薄樂斯並不避諱強調他們投入大量研究時的艱辛。

> 他們閱讀了一千多本書……三千多篇文章……所有資料裝滿三個一人高的檔案櫃、四個書架，和二十個百萬位元的電腦儲存空間。

柯林斯與薄樂斯選出的 18 家高瞻遠矚公司中，有 14 家現在仍然像當年一樣強勢（就 1990 年完成的研究來說，這種情形不算太差）！因此，基業長青似乎是適當的定論。然而，這些公司是優良的投資標的嗎？答案顯示，這些公司並不夠光芒

2　克魯弗茲狗展，是全世界規模最大的冠軍犬展。在英國伯明罕已舉辦一百二十多年。齊聚世界各地品種的狗，依據品種、年齡等因素分級，然後在各級比賽中將公狗與母狗分開比賽。最後再從各級優勝者選出最後的冠軍。

四射。圖 10.1 所示，是在不同時間架構中，高瞻遠矚公司勝
過 S&P 500 股價指數總報酬率的百分比。因此，在柯林斯與薄
樂斯完成這項研究之前的十年間（1980 年至 1990 年），有
71% 的公司表現優異，這十年間，高瞻遠矚公司的平均報酬率
略高於 21%，勝過 S&P 500 股價指數 17.5% 的報酬率。

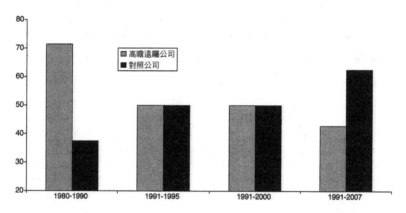

圖 10.1　高瞻遠矚公司和對照公司打敗 S&P 500 股價指數的比率

　　然而，後來的發展就沒有這麼好了。這項研究出版後的五
年內，只有一半公司的績效勝過 S&P 500 股價指數。高瞻遠矚
公司的平均報酬率為 25%，略高於 S&P 500 股價指數的
24%。以 1991 年到 2007 年期間來看，高瞻遠矚公司的平均報
酬率為 13%，S&P 500 股價指數的報酬率為 14%，這些公司的
股票表現並沒有勝過 S&P 500 股價指數（請參閱圖 10.2）。
　　在這項研究之前，對照公司的表現更差，平均報酬率為
12%，低於 S&P 500 股價指數的 17.5%。然而，研究完成後，
對照公司的發展開始改善。在研究完成後的五年內，對照公司

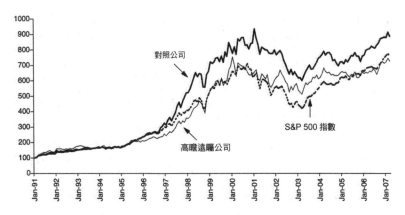

圖 10.2　高瞻遠矚公司和對照公司的股市表現（1991 年指數訂為 100）

每年交出平均 25% 的報酬率成績，略高於 S&P 500 股價指數 24% 的報酬率。1991 年至 2007 年間，對照公司每年創造的報酬率為 14.6%，高於 S&P 500 股價指數的 13.5%，而高瞻遠矚公司的報酬率卻只有 13%！同樣值得注意的是，實際上對照公司打敗大盤報酬率的比率更高。

　　這份研究的重點顯示，在挑選成長股時，柯林斯與薄樂斯採用的標準根本毫無用處。那些有意針對「如何創造傑出公司」言論提出毀滅性批評的人，不妨看看羅森維格的絕佳傑作。

金融世界的選股眼光，受尊敬還是討人厭？

　　因此，我們要到哪裡尋找成長型投資方面的相關證據？2007 年時，安吉納（Anginer）、費雪和史泰曼寫了一篇研究

報告，評估《財星雜誌》最受尊崇公司和最討人厭公司的報酬率。《財星雜誌》從 1983 年起，每年會針對經理人、董事和分析師所做的調查報告，刊出一篇年度調查報告，由這些人針對同行十大公司的經營管理品質、人力資源技巧、企業資產的利用、長期投資價值等八項特性，加以評分。

這些投資組合每年都是根據公司的整體得分建構，在這二十三年裡，討人厭公司投資組合的平均年度報酬率為 17.5%，每年以略高於 2% 的幅度，打敗受尊崇公司構成的投資組合。經過產業調整後，報酬率勝負差距提高為每年 2.5%（請參閱圖 10.3）。

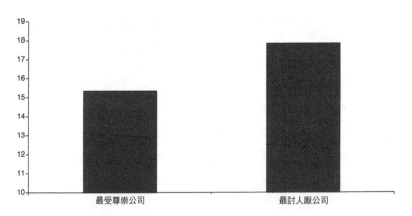

圖 10.3　「受尊崇」與「討人厭」股票年度報酬率
（經過產業因素調整，單位：%，1983 年至 2006 年間）

表 10.1 所示，是列入受尊崇與討人厭投資組合中股票的一般性質。受尊崇投資組合的股票過去的表現通常都相當強勁，在三至五年的時間架構中尤其如此，而且從股價淨值比和

表 10.1　股票特性

	討人厭投資組合	受尊崇投資組合
前一年報酬率	11.8	21.0
前三年報酬率	35.8	80.3
前五年報酬率	81.4	176.3
股價淨值比	1.3	2.1
本益比	15.2	16.7
股價現金流量比	6.7	9.2
銷售成長率	6.3	10.5

股價現金流量比來看，通常都是高價股。

　　相形之下，討人厭投資組合中的股票過去的長期表現通常相當疲弱，並大多被歸類在價值型風格的特性中（雖然在選擇過程中，評價不是顯性的標準）。

不要變成醜陋的被告

　　因此，目前我們看到的證據中，並沒有多少證據支持成長型投資人。有趣的是，最近一項心理學研究結果很可能跟這些發現有關係。2007 年，泰勒（Taylor）與布其爾（Butcher）把一段描述某位老婦人嫌犯的相同文字，發給 96 位學生，同時附上一張被告的相片給每一位學生看。相片一共有 4 張，每位學生只能看到一張。4 張相片中，有兩張被某個獨立團體評定為「非常漂亮」，另兩張則評為「普普通通」，這樣似乎是「非常醜陋」的委婉說法。

泰勒與布其爾要求學生根據 0 到 5 分的量表，評估被告的罪刑。被評價漂亮的被告人，罪刑平均得分為 2.3 分，而醜陋被告的得分為 4.4 分！光是容貌這一點，就可能使罪刑分數幾乎倍增！泰勒與布其爾也要求學生建議被告的刑期（最多 10 個月）。醜陋被告平均要面對 7 個月的刑期，具有魅力的被告平均刑期只有 4 個月（請參閱圖 10.4）。

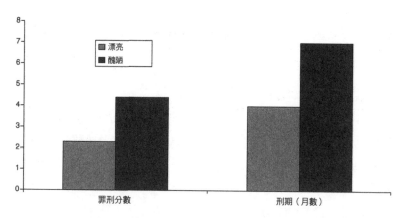

圖 10.4　倒楣的醜陋被告人

　　成長股如同金融世界裡具有魅力的被告人，要令投資人買進列入《財星雜誌》所說最受尊崇的股票很容易，不過幸好金融市場比法庭陪審員更善於做出最終的懲罰！

分析師對成長的看法

　　接著，我們轉向成長型投資人希望所繫的另一個可能來源：評估分析師的預測。過去，我們都是採用一年期的成長預

測，但是成長型經理人抗議這樣「不公平」，因為提前一年的
預測實在太短。因此，這次我改用分析師的長期盈餘成長率預
測，這些數字理當是分析師對未來五年盈餘成長展望的看法。

1996 年，拿樸達（LaPorta）指出，長期盈餘成長展望預
測值最高的股票，創造的報酬率最低！2007 年佛賽（Forsythe）
對這項研究進行更新，結果卻沒有改變。這項研究擷取 1982
年到 2006 年間大約 3200 檔股票，其中預測成長率最高的股票，
最後每年創造的報酬率為 11.5%；預測成長率最低的股票，每
年的報酬率為 14.5%（請參閱圖 10.5）。

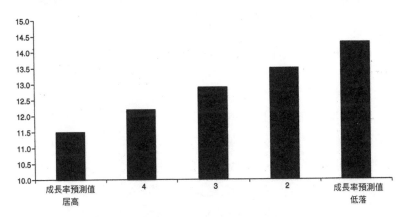

圖 10.5　根據預測成長率分類的美股年度報酬率
（單位：%，1982 年至 2006 年間）

如同以往，在我們計量團隊高手安敦恩斯的協助下，我決
定檢視摩根士丹利資本國際公司世界指數（MSCI World）的
情況，發現結果跟美股的情形相當類似。圖 10.6 所示，是根
據長期成長率預測、經過風險調整後的報酬率，長期成長率預

測最高的股票最後報酬率最低，長期成長率預測最低的股票最後報酬率表現卻相當良好（請參閱圖 10.6）。

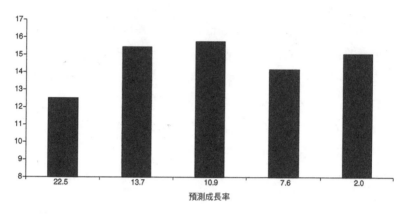

圖 10.6　根據成長率預測、經過風險調整後的報酬率
（單位：％，1981 年至 2006 年間）

　　為什麼？在創造長期盈餘成長率方面，為什麼分析師的預測沒有什麼用？我認為，圖 10.7 透露了答案。這張圖中包括了分析師所做的長期盈餘成長率預測值（中間的柱狀），我在圖中也添加了五年後的實際結果（每組柱狀圖中的第三根柱狀）。而圖表結果並不利於分析師，因為高成長五分位和低成長五分位之間的實際結果，在統計上根本沒有顯著差異！或許我們應該恢復古老塞西亞人對輕率預言所做的懲罰──預言家的預言如果沒有實現，都要燒死！[3]

　　然而，我所得到的分析結果越來越糟糕，我另外加入了分析師實際預測前的五年成長率。奇怪的是，預期成長率偏高的

3　請參閱 http://www.greektexts.com/library/Herodotus/Melpomene/eng/101.html

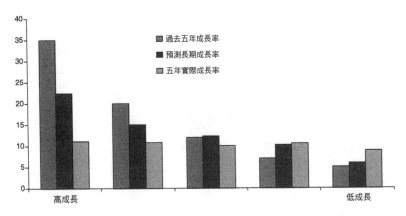

圖 10.7　1982 年至 2005 年間的歷史、預測與實際三種長期成長率

股票，歷史成長率也會居高不下，預期成長率低落的股票，歷史成長率也有偏低的趨勢。

分析師似乎是大致根據過去的成長，來推斷未來的成長，這種作法很可能起源於名叫代表性捷思法的心理偏誤──習慣根據事物的外表呈現，直觀判斷事情，而不是根據事物的可能實際狀況判斷。因此，分析師看著快速成長的公司，就斷定這些公司是真正的快速成長公司；看著低速成長的公司，就做出和前一種狀況正好相反的結論，忽視了基本比率資訊。也就是說，忽視了在統計上特定公司會努力維持競爭力於不墜的可能性。

這是個致命錯誤。資本主義制度有一個核心信念：賺到異常高利潤的公司，會面臨市場競爭的壓力，且其獲利能力將逐漸遭到侵蝕。眾多研究，紛紛證實這種機制一直都能發揮強而有力的作用。

陳家強教授等人 2003 年針對隨著時間推移，而能夠維持

成長率高於中位數的公司所占比率進行了研究，圖 10.8 說明了他們的看法。顯示隨著年數增加，成長率高於中位數的公司所占比率會隨之降低。圖中所示是理論上的「隨機」分配，就像陳家強教授等人發現的實證分配一樣。一般而言，這種分配很難分辨，但是如果實證分配位在理論分配下方，這顯示實際情況甚至比純粹的機率還難以預測！

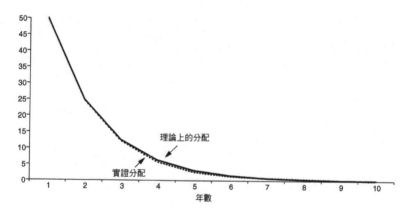

圖 10.8　高於中位數成長率的公司比率是時間的函數

法馬和傅蘭奇 2000 年時發現，（根據獲利占總資產比率計算的）獲利能力會以每年大約 40% 的速度，回歸平均數；他們也發現，「不論獲利能力在平均數的哪一邊，只要距離平均數很遠，回歸平均數的速度都會比較快」。

衛金斯（Wiggins）和魯夫利（Ruefli）在 2005 年的一項綜合分析中，指出法馬和傅蘭奇的發現相當標準。大部分研究也都顯示，獲利能力回歸平均數的速度大約是每年 30% ～ 50%。衛金斯和魯夫利認為，其實近年侵蝕的速度已經加速！

接著，我要請你注意的最後一份論文，是麥克·席爾（Michael Schill）2005 年高明之至的研究報告。他在報告中指出，如果你必須預測，請你至少要以理性為基礎，不要以幻想為基礎。

席爾探討的問題包括獲利能力回歸平均數的本質，他把 1994 年到 2004 年間的所有公開上市公司，分為五類，分類標準是各檔股票目前的資產報酬率水準，然後追蹤這五類股票中個股未來三年的變化，結果顯示在圖 10.9。一開始，獲利能力水準最高的公司在未來幾年裡，其獲利能力會降低（因此這個五分位的平均排名會向第三級沉淪）。在頻譜的另一端，獲利能力最低的五分位公司在未來三年內，獲利能力會向平均值回升。

席爾也在論文中報告他推動的一項重大實驗，闡明我們在上文討論過的預測問題。他向 300 位企管研究所一年級的學

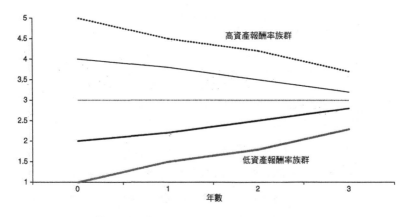

圖 10.9　不同資產報酬率族群在不同時間的平均排名
（美股，1994 年至 2004 年間）

生，隨機指定一家美國的上市公司以及 1980 年至 2000 年間的任何一年，要求學生預測所指定公司未來三年的銷售成長率（與營運利潤率）。他告訴學生這家公司所屬產業（但不說上市公司的名字）、過去三年的銷售成長率和營運利潤率、歷史與未來三年的同業平均成長率與利潤率、實質 GNP 成長率、通貨膨脹率和利率。

圖 10.10 所示，是預期銷售成長率的基準預測的中位數數值，與實際結果中位數的趨勢比較。奇怪的是，學生對成長率的預測都極為過度樂觀。

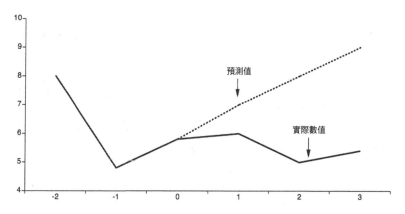

圖 10.10　實際與預測的銷售成長率

席爾也要求學生提供偏高和偏低情境的預測，偏高情境的定義很明確，就是處在 80 百分位的水準上，偏低情境則是指處在 20 百分位的水準上。圖 10.11 顯示的是基準預測、偏高或偏低情境、以及 80 百分位與 20 百分位的實際數值。在第三年裡，偏高預測比基準預測高出 4 個百分點，偏低預測比基準

預測低 4 個百分點。然而，第 80 百分位的實際數值比基準預測高出 8 個百分點，第 20 百分位的實際數值比基準數值低 12 個百分點。這點是代表過度自信的完美範例，估計的差異遠低於實際的差異，學生的預測根本是太過自信了！

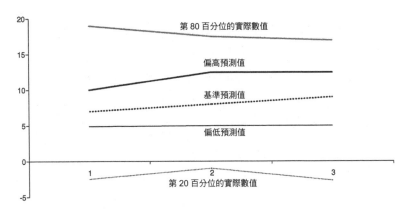

圖 10.11　銷售成長率的實際與預測差異

傑森‧茲威格（Jason Zweig）在大作《投資進化論》（*Your Money and Your Brain*）中，強調了杜克大學（Duke University）教授史考特‧胡特爾（Scott Huettel）的研究。2002 年胡特爾和同事為了研究大腦如何預測重複的事情，他們告知受測者即將隨機展示一系列的方格和圓圈。受測者只能看到一個方格或圓點時，不知道接下來會出現什麼東西。然而，雖然研究主持人已充分揭露實驗中系列的隨機性質，但當受測者看到兩個方格時，卻都預期自己會再看到一個方格，看到兩個圓點時，全預期自己會再看到一個圓點！

因此，看來我們的大腦天生已經強力建構好捷思迴路，根

據最微不足道的型態進行預測。即使有人告訴我們型態會隨機出現，我們就是忍不住要預測一番！

結論

習於尋找和我們的看法相等的資訊叫驗證性偏誤，是大腦最常見的認知錯誤之一。為了測試我們對價值股重要性的看法，我們應該尋找成長股的表現確實比較好的證據（即否證證據）。要對「成長」下定義很麻煩，然而這裡談到的衡量標準中，找不到任何證據可以反駁「成長型投資通常會讓人失望」的說法。我們採用的衡量標準中，沒有一個是以價值為基礎，因此我們的成長定義不只是跟價值正好相反而已。即使我們已如此修正，但還是沒有證據顯示「成長型」是適於投資人選擇的好方法。

成長股上加了迷人的故事後，可能會繼續吸引投資人投入，但最可能的結果還是讓人失望。看完本章所提到的證據後，我們要說，成長型投資確實會讓投資人後悔莫及。

重點摘錄

→ 我們都習於尋找符合自己看法的資訊，因此，為了證明這種偏誤不對，我們應該尋找能夠證明自己不對的資訊。這麼多年來，我發表過很多篇報告，再再顯示各種價值指標最後都會勝出一籌，每次我這樣做時，最後通常都會用價值股的標準，把成長股定義為跟價值股正好相反的另一個極端。然而，這種成長股定義可能不完全正確。

→ 我們應該怎麼定義成長股呢？或許探討傑出企業的書籍可以提供一些建議。企管學者柯林斯與薄樂斯在《基業長青》中，把企業界裡 18 家人中龍鳳的精英企業，定義為「高瞻遠矚公司」。他們也把一群和高瞻遠矚公司屬於相同行業的傑出企業，定義為對照公司。不幸的是，這本書出版以來，對照公司的表現一直遠超過高瞻遠矚公司！

→ 或許《財星雜誌》對最受尊崇公司的調查能夠提供更好的指引。安吉納等人最近測試最受尊崇和最討人厭公司所構成的投資組合，發現討人厭公司的表現，每年大約勝過受尊崇公司 2.5%，因此，從中也可以看出，沒有什麼人特別善於選股！

→ 安吉納等人的研究，可以拿來與泰勒與布其爾的研究比較，他們證明在模擬案件中，與「漂亮」的被告相比時，「醜陋」的被告比較可能遭到定罪、判

定的刑期也比較長。在財務上，價值股等於「醜陋的」被告，成長股是當時「漂亮」的魅力明星。

→ 要尋找成長股，最合理的方法可能是利用幾千位財務分析師的遠見。我曾利用過他們的一年期的成長預測，證明買進「成長股」划不來。然而，有些成長型經理人認為，這種時間架構錯誤，因此我們現在把注意力，轉到五年成長率的預測上。可惜的是，我們發現，預期成長率最高的股票產生的報酬率最低，預期成長率最低的股票卻產生最高的報酬率！

→ 這種結果令人震驚，原因在於分析師預測時，似乎過度看重企業過去的成長績效，未能考慮資本主義核心中競爭會侵蝕不正常獲利的因素。諸多資料顯示，獲利能力具有強烈的回歸平均數特性，資產報酬率通常會以每年 40% 的幅度，回歸市場均值。

→ 因此，雖然我們在衡量成長股時，明確排除以價值為基礎的衡量標準，但我們考慮的其他定義還是指向可悲的結論，顯示成長型投資最後還是容易令投資人後悔莫及。

第 11 章

落實防禦的風險三合一 [1]

> 風險管理似乎是財務界最愛用的名詞,卻是業界人士誤會
> 最深的觀念。風險不是數字,而是觀念或概念。我認為,
> 風險等於葛拉漢所說「本金的永久性損失」。我們可以看
> 出,這種危險有互相關聯的三種主要來源,包括評價風險、
> 營運/獲利風險,以及資產負債表/財務風險。投資人不
> 該沉迷於處理風險管理的偽科學,而是專注心力了解這種
> 三合一風險的本質。

　　所有投資方法中,只有價值型投資把風險管理放在投資程
序的核心中,如果風險管理無法對抗投資錯誤或惡運,就等於
沒有安全邊際。

　　葛拉漢警告過,衡量風險沒有簡易的方法。他當然不認為
風險等於標準差,而且我敢說他根本沒時間也沒興趣處理風險
值,反而認為風險就是「本金的永久性損失」。

　　這幾年來,我一直主張本金的永久性損失可以分為三種相
互關聯的風險,即(一)評價風險、(二)營運/獲利風險、
(三)資產負債表/財務風險。接著我們要看看怎麼把這些風
險,輪流運用在目前的狀況中。

1　本文刊於 2009 年 1 月 27 日出版的《心理很重要》雜誌,其中討論的材料在出版時確實正確
　　無誤。

評價風險

葛拉漢寫道:「成長股的危險……在於因為擁有市場熱烈的鍾愛,導致經常定價不當,得不到未來穩固獲利預測的保護。」換句話說,買進昂貴的股票會害人失望(第 8 章說明過這一點,另外請參閱《行為投資法》第 26 章和第 37 章)。

因為去年股市下跌,評價風險的問題當然已經變小,卻沒有消失。如圖 11.1 所示,美國股市目前正好略低於「公平價值」,卻不是處於真正廉價大拍賣的價位。我不知道這場大衰退會不會引領我們,到達真正大廉價的水準,但是只有在評價到達 10 年移動平均獲利的 10 倍時,嚴重的空頭市場才會結束,帶給我們真正的便宜評價。這種價位相當於 S&P 500 指數 500 點的水準!

2008 年 11 月底,我可以主張:美股的評價已經降到公平價值下方便宜的一端。然而,11 月下旬到年底的 25% 強勢反彈顯示,有時短期效應也會大肆嘲笑長期趨勢。

圖 11.1　S&P 500 指數的 10 年平均本益比(Graham and Dodd PE)

由上而下來看，其他股市在評價方面得到的支持已經勝過美國。例如，英國和歐洲股市目前的倍數都遠比過去有吸引力多了。圖 11.2 顯示英國股市本益比略低於 11 倍。

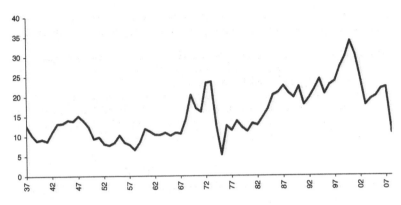

圖 11.2　英國股市的 10 年平均本益比

這種由上而下的評價研究具有一個支持力量，首先可以探討 10 年平均本益比高於 16 倍的股票所占比率。你很可能會問，為什麼選 16 倍？答案一如以往，藏在葛拉漢的下述文字中：

我們認為，以投資為目的買股票時，所能付出的最高價大約是 16 倍……雖然這條規則的本質具有強制性，卻不見得必須完全如此。投資以顯而易見的價值為前提，一般股票的價值只能靠著既有的平均獲利能力來證明，但是如果在平均獲利占股價的比率低於 6% 的情況下，我們很難看出這種獲利怎麼能夠證明股價是合情合理。

圖 11.3 所示，是目前大型股天地中，10 年平均本益比高
於 16 倍的股票所占比率。在美國，超過一半的大型股仍然如
此。而在英國和歐洲股市中，相對容易找到比較有價值的東
西，因為那裡所有大型股中，大約只有三分之一股票的 10 年
平均本益比高於 16 倍。有趣的是，日本股市 10 年平均本益比
高於 16 倍的股票所占比率最高，高達 57% 上下！

因此，雖然股價下跌，市場並非毫無評價風險，我們要繼
續用點滴注射的方式，緩慢地把現金投入超值機會和低廉保險
來源中。

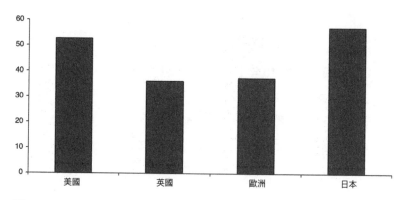

圖 11.3　10 年平均本益比大於 16 倍的股票所占比率

營運／獲利風險

我們看到的第二個風險來源跟營運／獲利風險有關，就像
葛拉漢所說：

真正的投資風險不是比較某段期間內個股和大盤比較的可

能跌幅是多少，而是因為經濟變化或經營管理惡化，造成品質與獲利能力喪失的危險。

在眾人逐漸公認大蕭條以來最惡劣的市場環境，投資人一定關心「經濟變化造成獲利能力喪失」的問題。葛拉漢警告，「當前獲利對市場的影響，遠高於長期平均獲利的影響。這是股價大致（但絕非一成不變）配合景氣好壞年度的獲利變化、大幅波動的主因。」

葛拉漢繼續指出：

從市場依據公司申報獲利的暫時性變化，可以按照比例改變公司股價的角度來看，股市顯然相當不理性。民間企業在繁榮歲月的獲利，可能輕易就達到慘淡歲月的兩倍，但企業主卻從來沒有想到要因此調整自己資本投資的價值。

在這種環境中，投資人面對的挑戰是評估獲利能力的變化屬於暫時性，還是屬於永久性。前者代表機會，後者代表價值陷阱。

要觀察當期每股盈餘和 10 年平均每股盈餘的比率，投資人應該特別注意：根據當期盈餘來看「便宜」、但以平均盈餘來看卻不便宜的股票，比起價格上漲，這種股票因為盈餘降低，變成顯然不再是便宜股票的風險比較大。

圖 11.4 所示，是當前每股盈餘至少是 10 年平均每股盈餘 2 倍的大型股比率，這個比率可以代表我們所說的獲利風險。美國只有三分之一股票屬於這類股票（這點符合第一個進入這

場危機的國家），以這個指標來說，英國的情況最糟，有 54%
股票當前每股盈餘至少是 10 年平均每股盈餘的 2 倍，歐洲和
日本的比率是 42%。這讓我們認為這些市場的營運／獲利風險
少多了。幸好前文中提到的較低評價，這種情形可能已經部分
折現了。

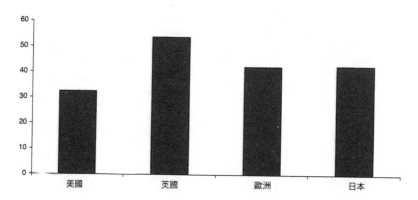

圖 11.4　當前每股盈餘大於 10 年平均每股盈餘 2 倍的股票所占比率

資產負債表／財務風險

　　可怕的三合一風險中，第三種風險是資產負債表／財務風
險。依照葛拉漢的說法：「資產負債表分析的目的是看出……
可能降低股票投資價值的財務弱點是否存在。」
　　投資人在景氣繁榮高峰時，通常會忽視資產負債表／財務
風險。他們會因為盈餘而分心，會因為這種循環性的高獲利涵
蓋利息給付而分心，只有在獲利開始崩潰時，投資人才會把注
意力轉回資產負債表。同樣的，投資人在景氣繁榮期間，會利

用槓桿把小小的獲利變成龐大的獲利。然而，很多投資人似乎忘了槓桿也會反向作用，實際上，龐大的利潤在衰弱期間，也可能迅速轉為虧損。

有很多方法可以評估資產負債表風險，長久以來，我們計量團隊的同事一直主張，莫頓模型（Merton Model）和違約距離（distance to default）在衡量這些事項上能提供有用的衡量指標。我這個人思想簡單，喜歡遵循舊式的方法，因此我採用過去在資產負債表壓力期間、幫了我大忙的優質指標阿特曼 Z 分數（Altman's Z.）。

阿特曼 Z 分數最早設計於 1968 年，目的是以 5 種簡單的比率預測破產的可能性：

$$Z = 1.2X_1 + 1.4X_2 + 3.3X_3 + 0.6X_4 + 0.999X_5$$

X_1 ＝營運資金／總資產；用來衡量流動資產和公司規模之間的關係。

X_2 ＝保留盈餘／總資產；用來衡量反映公司年齡與獲利能力的獲利。

X_3 ＝息前稅前獲利／總資產；用來衡量扣除租稅和融資因素後的營運效率，承認營運利潤是長期活力重要的一環。

X_4 ＝股票總市值／總負債淨值；加上市場面向，可以顯示證券價格波動或許可以作為警訊。

X_5 ＝銷售額／總資產；作為衡量周轉率的標準衡量指標。

一般認為，當阿特曼 Z 分數低於 1.8 是判斷公司將來會出

問題的良好指標，雖然這個指數只是第一步，我卻經常發現，這個指標能有效促使大家關心可能出問題的狀況。圖 11.5 所示，是各國阿特曼 Z 分數低於 1.8 的大企業所占比率。不過，這個指標顯然不適用於金融業或公用事業，因此我們的樣本已經排除這兩種企業。

我們在各國間發現的資產負債表風險水準大致相當接近，大約 20％到 25％的企業阿特曼 Z 分數低於 1.8，顯示各國陷入金融危機的可能性很高。

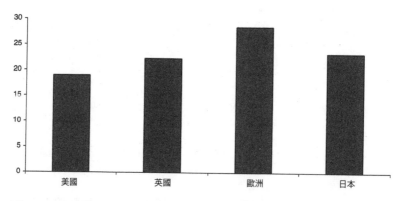

圖 11.5　阿特曼 Z 分數小於 1.8 的各國股票所占比率

綜合評述

這三個彼此相關的風險因素全都可能造成本金的永久性損失。最後，我要指出風險其實是一種觀念或概念，不是數字。長久以來，我對大家把偽科學應用在風險管理中實在很不滿。

重點摘錄

→ 我所知道的眾多投資之道，只有價值型投資確實把
風險管理，放在投資程序的核心。葛拉漢曾嚴厲批
評現代財務學一心沉迷標準差（我敢說，他一定會
大聲嘲笑風險值），他主張「本金的永久性損失」
才是投資人應該注意的。

→ 葛拉漢接著指出，至少有三種廣泛的風險，可能造
成本金的永久性損失。我們把這些風險稱為評價風
險、營運／獲利風險、和資產負債表／財務風險。
評價風險可能是三合一風險中最明顯的風險，買進
昂貴的資產，表示你要靠所有的好消息，甚至更多
的利多，作為支撐，這種股票沒有安全邊際。

→ 有些市場的評價風險比較高。例如，英國股市的 10
年平均本益比為 11 倍，英國股票中，只有 30% 的
股票 10 年平均本益比大於 16 倍。美國股市的 10 年
平均本益比為 16 倍，大約 52% 的美國股票 10 年平
均本益比大於 16 倍。然而，現在的評價風險遠不如
一、兩年前那麼讓人擔心。

→ 當前的營運／獲利風險讓人擔心多了。葛拉漢說過：
「真正的風險是……經濟變化或經營管理惡化造成
品質與獲利能力喪失的危險。」市場彷彿真的在暗
示目前的營運風險居高不下。股息交換市場正透露
歐洲的股息會降低將近 50%，英國會降低 40%，美

國會降低 21%！投資人的挑戰是評估獲利能力的變化屬於暫時性，還是屬於永久性。前者當然是機會，後者卻是價值陷阱。

→ 資產負債表／財務風險是三合一風險中的最後一個。葛拉漢曾經指出：「分析資產負債表的目的是看出⋯⋯可能降低股票投資價值的財務弱點是否存在。」總之，我們發現，投資人在景氣繁榮時，會忽視這些風險，在信用緊縮的環境裡，才會把注意力重新轉到風險上。我們建議大家，謹慎看待資產負債表問題，避免在忽視和沉迷之間來回擺盪，更合理且平衡的方法才有可能創造良好的投資成果。

第 12 章

最悲觀心態、獲利預警
和一時激動 [1]

人們非常不善於回想過去。當我們處在冷靜理智狀態，根本
無法預測自己在情緒激動之餘會有什麼行為。坦伯頓爵士說
過：「最悲觀時是最好的買進時機。」然而，在每個人都絕
望賣出時，要逆勢買進並不容易。這個問題的解決方法之一
可能是預先承諾（pre-commitment）。移除自由意志通常
會讓人感到恐懼，卻是防止情緒綁架理性決策最容易的方
法。例如，坦伯頓爵士冷靜理智的做完真值分析後，會發出
遠低於市場行情的委買單，然後靜靜等待交易完成。

　　為什麼在我們飢餓難耐時，絕對無法想像酒醉飯飽的滿足
感，但是吃完一頓大餐後，卻根本無法想像再吃一頓的感覺。

　　答案很簡單，我們不善於預測自己將來會有什麼感覺，尤
其不善於估計當我們心情正處激動時，情緒將會產生什麼影
響。在我們情緒平靜時，可以輕易地理智說著我們將如何行
動，一旦我們陷入血壓上升的激動狀態，先前的計畫卻會瞬間
被我們拋到九霄雲外。這種低估情緒力量的情形叫做同理心斷
層（Empathy Gap），是左右人們行為的重要影響。

1　本文刊於 2008 年 9 月 22 日出版的《心理很重要》雜誌，其中討論的材料在出版時確實正確
　　無誤。

同理心斷層

我最最喜愛的同理心斷層實例，出自艾瑞利和喬治·羅文斯坦（George Loewenstein）2006 年所做的實驗，他們找了 35 位加州大學的男大學生，作為參加某項實驗的樣本，並提供每位學生 10 美元作為實驗報酬。

每位參與者會拿到一台筆記型電腦，接著主持人會請他們為自己發現的某些性刺激，評定誘惑力的程度（為免讀者臉紅，我省略了完整的清單，但是清單中包括打屁股和綁縛鏡頭）。主持人要求受測者，評定自己在冷靜理智的狀態下，對實驗的每一個動作到底有多喜歡，然後，請他們回家私下重複做一次同樣的實驗，同時享受可以刻意稱之為自我滿足的行為。

圖 12.1 顯示兩種狀況中的平均吸引力評分。在冷靜理智的情況下，平均評分為 35%。但是參與的男性在興奮狀態下回答問題時，評分飆升為 52%，表示平均評分增加了 17 個百分點。當實驗擴大到所有類別的問題時，評分平均增加 70% 之多！

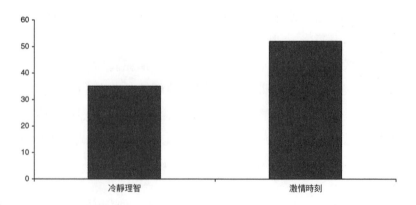

圖 12.1 激情時刻：性興奮的影響（％）

防止同理心斷層與拖延症的禍害

想像一下，如果你受僱負責校對工作，校閱每篇文長大約10頁的散文集，你可以自行訂定截稿期限，在最後一刻交出所有稿件，或是遵守預定的截稿期限，你會怎麼選擇？

大部分人喜歡到最後一刻才交出所有工作，畢竟他們都認為可以根據自己的步調，完成任務，然後在自己喜歡的時刻，把東西交出去。

這樣卻忽視了大家習慣拖拖拉拉的行為傾向，雖然一開始時，我們全都秉持最大的善意，平均分配工作時程，但雜事卻總是接二連三出現，打亂我們完美的計畫，以致於要到最後一分鐘，才能完成任務。（這顯然是我從很多學生身上觀察的經驗！）

2002年時，艾瑞利和克勞斯·衛頓布羅（Klaus Wertenbroch）決定測試這個構想。他們以隨機選擇的方式，找受試者依據上述三種狀況，負責完成任務，圖12.2就是他們受試的結果。截稿期限被要求在相同時間間隔分批交稿的人，找到最多的錯誤，拖稿比例最少；選擇自訂期限的人，找到的錯誤比較少，拖延時間是第一組的將近2倍。然而，表現最差的是獲准等待到最後期限的人，這群人找到的錯誤遠比前兩組少，拖稿的時間幾乎是第一組的3倍（請參閱圖12.3）。

這種結果顯示，在對抗同理心斷層和大家常見的拖延行為上，預先承諾是很有用的武器。接著我們要看看金融界的一些實例。

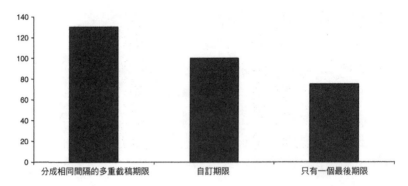

圖 12.2　校對找到的錯誤

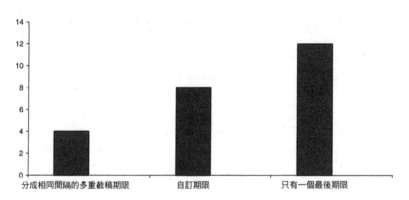

圖 12.3　延誤交稿日數

預先承諾買進最好的機會

坦伯頓爵士說過下述名言,「最悲觀時是最好的買進時機,最樂觀時是最好的賣出時機。」很少人會不同意他的說法,然而在「每個人都絕望地忙著賣出時」,要對抗潮流,逆勢買進並不容易——這種困難就是同理心斷層的真正定義。

坦伯頓姪孫女在大作《坦伯頓投資法則》(*Investing the*

Templeton Way）中指出：

強大賣壓出現時，要保持頭腦清醒，顯然是心理挑戰。叔公坦伯頓應付這種情勢的方法是早在拋售出現前，就做出買進的決定。他在管理坦伯頓基金的歲月中，總是留著一份證券「願望清單」，代表著他認為經營良好、但股價太高的公司……他經常向券商下長期委買單，當願望清單中的個股在市場因為某些原因出現賣壓，被打壓到他認為變成便宜貨的價位時，就買進這種股票。

這是面對已知同理心斷層時預先承諾的良好範例，以遠低於行情的價位委託買進，碰到絕望性賣壓時，買進會變得相當容易，因為情緒因素已經遭到排除。

獲利預警

以獲利預警形式出現的資訊，可能是預先承諾可以強化績效的另一個例子。對於注重短期操作的人來說，獲利預警是值得擔心的問題。然而，獲利預警出現時，我們會發現自己總喜歡替公司找藉口，甚至還可能找經營階層諮詢。但毫無例外，他們總要我們放心，聲稱這只是庫存積壓或意外的獲利率壓力問題，到了下一季，一切會走回正軌。我們聽了華麗的辯解，便會滿意地安心離開，直到下一個獲利預警出現為止，表現十足十的拖拖拉拉。

圖12.4證明在獲利預警出現後賣股確實有理，2004年時，

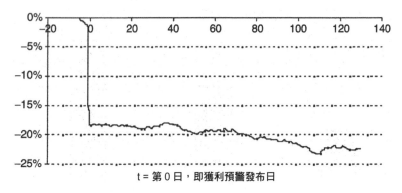

圖 12.4　平均累積超額報酬

t = 第 0 日，即獲利預警發布日

巴克理（Bulkley）等人研究 1997 年到 1999 年間英國大約 455 次的獲利預警。他們發現獲利預警宣布當天，股價平均大跌將近 17%，但是請注意，後來股價繼續盤跌，這結果等於贊成大家採用「碰到獲利預警要自動賣出」的規則。

　　前面指出，我們通常會壓抑失望的情緒，同時很可能考慮在真正的錯誤時機賣股，圖 12.5 證明反向操作確實有理，獲利預警發布後大約 12 個月（或許在大家終於採取停損衡量時），情勢會開始好轉。這點也點明投資人推論時，有一種傾向會把公司的短期問題，向無限期後的未來延伸過去。從長期投資人的觀點來看，獲利預警基本上只是雜音！

　　這裡再度證明，預先承諾或許有助於排除情緒問題，獲利預警宣布一年後，投資人經歷 12 個月非常差勁的績效和獲利預警造成的失望後，很少人會想買股票，然而，圖 12.5 顯示，這樣做的獲利很明顯。因此，強迫自己在獲利預警宣布後 12 個月買進，可能是很有用的方法。

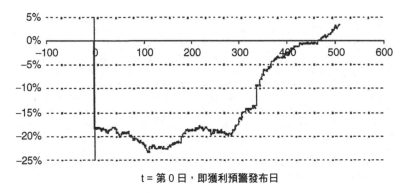

圖 12.5　平均累積超額報酬

閉鎖期

現在要談預先承諾在理財上和本章的最後一個應用,也就是閉鎖期的運用。閉鎖期是避險基金眾多特性中相當有道理的策略。如果你操作的是長期策略,那麼,說服客戶預先承諾把資金閉鎖一段期間,可以在基金績效不好的時候,限制客戶只能打電話來讓你感到心煩,卻不能立即贖回。在行為學派中,閉鎖期是避免同理心斷層的好方法。

結論

關鍵是我們發現,當人承受壓力時,很難預測自己會做出什麼行為。避免同理心斷層最好的方法,是早早在你可能受到情緒影響前保持冷靜的頭腦擬定策略,然後預先承諾理性的行動路線。如此一來,當你遇到激動的情緒,早就做好準備,情緒已經無法再發揮干擾作用了。

重點摘錄

→ 心理學家證明我們極為不善於預測自己未來的感覺，例如，我們吃完一頓大餐後，無法想像飢餓的感覺。同樣的，我們飢腸轆轆時，也無法想像酒醉飯飽的滿足；當我們情緒冷靜時，很輕易就能理智闡述我們打算怎麼做，然而，一旦陷入血壓上升的激動狀態時，便會瞬間把先前的計畫拋到九霄雲外。

→ 想像你受僱負責校對工作，你可以訂定自己的截稿期限，到最後一刻交出一切，也可以遵守出版商預定的期限。大部分人喜歡到最後一刻才交出一切，畢竟大家都有信心可以根據自己的步調，完成任務。然而實驗顯示，遵照預定期限的人可以找到更多錯誤，而且準時多了；另兩組人表現出明顯的拖延行為。這點顯示，預先承諾在對抗同理心斷層和延誤上，是很有用的武器。

→ 坦伯頓爵士用某種形式的預先承諾，處理最悲觀時的委買單。他藉著預先承諾要以自己估計大幅低於真值（在心情平和、冷靜時計算出來）的價格買進股票，因而能夠靜觀其變，不會陷入恐慌。

→ 獲利預警是證明預先承諾有好處的另一個例子，如果你注重短期操作，當有一檔股票發出「獲利警告」時，你就應該賣掉這檔股票。因為證據清楚顯示，發出獲利預警的股票在未來大約一年裡，經常伴隨

進一步的警告，股票會繼續表現不佳，因此你應該在預警出現時，賣掉股票。但是，我們當然不會賣，我們會拖延下去，往往拖到最後還是毫無動作。賣股的預先承諾在獲利預警出現後，應該有助於避免這個問題。

→ 等到我們終於轉念要賣時，通常已經變成適合買進的時候了。證據顯示，在獲利預警發出一年後買股，通常是好主意。然而，經過一年的差勁表現，所有投資人喪失信心後，這樣的決定很可能讓你像個瘋子，因此，在獲利預警發出一年後的買股預先承諾，可能會帶給我們重大好處。

第 13 章

空頭市場心理學 [1]

> 無論是熊市或是牛市，妨礙有效決策與理性的心理障礙一
> 樣繁多與多變。但是在熊市，情緒所發揮的效果特別明顯，
> 因為情緒造成的恐懼和震撼，會造成邏輯的理性分析不如
> 往常。實驗顯示：沒有恐懼的人面對虧損時，行為會比心
> 懷恐懼的人理性。如果我們遵循所羅門王所說的忠告：「這
> 也會過去。」（This too, shall pass.）或許我們就可以避免
> 在欣喜和厭惡情緒所經歷的許多極端狀況。

　　過去大半個十年裡，我們忙於探討多頭市場的心理，現在
能夠改為思考驅策空頭市場行為背後的心理動機，的確讓人耳
目一新。我們在市場繁榮高峰期推斷時所依據的很多偏誤，當
然也會引導我們處於衰退期間的推論。

　　我們似乎總是忘了所羅門王（其實是他的顧問）的智慧睿
語，就像林肯總統轉述的故事：

　　有一次，所羅門王命令手下賢臣，找出一句他隨時可以看
到、同時能放諸四海、萬世而皆準的話。眾賢臣呈上的話是「這
也會過去」。這句話的含義多麼博大精深啊！在眾人驕衿自喜

1　本文刊於 2008 年 12 月 2 日出版的《心理很重要》雜誌，其中討論的材料在出版時確實正確
無誤。

時，多麼發人深省；在眾人痛苦之至時，又多麼能夠撫慰人心。

我們要是能夠真正聽從這句話該有多好！

可惜的是，我們面對的很多偏誤似乎都起源於 X 系統（X-system）（大腦的自動處理能力），由於這些偏誤並不在我們意識認知的範圍內，因此偶爾（其實經常如此）不受更具邏輯性的理智 C 系統（C-system）控制。

恐懼與空頭市場

考慮空頭市場時，席夫等人 2005 年做的精明研究特別值得注意。他們要求受測者參加下述遊戲：遊戲一開始，他們發給你 20 美元，並說明遊戲共有 20 回合。每回合一開始，主持人會問你是否願意投資，如果你願意，那麼投資成本是 1 美元，然後進行一次公平的投擲錢幣，如果正面向上，你將能拿回 2.50 美元，如果反面向上，則損失 1 美元。

現在，我們已知跟這個遊戲有關的兩件事，一是基於報酬具有不對稱的特性（整個遊戲的總期望值為 25 美元，因此每一回合的期望值為 1.25 美元），最適合的情況顯然是每一回合都要投資。事實上，你最後總獲利低於 20 美元的機率只有 13%（你完全不投資，只留住最初資本，只能得到 20 美元的報酬）。我們所知道跟這個遊戲有關的第二件事是：前一回合的結果不應該影響你下一回合的投資決定——畢竟所有的錢幣都沒有記憶。

現在請你看圖 13.1，圖中顯示大家決定的投資次數比率，

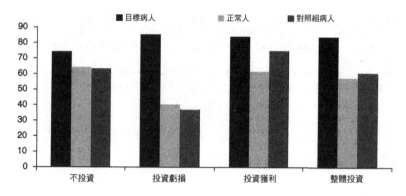

圖 13.1　決定投資的比率是前一回合結果的函數

是取決於前一回合的結果。遊戲一共有3組玩家。黑色柱狀（目
標病人）是非常特別的玩家代表，他們是被診斷出有特殊的腦
部傷害[2]的一群人，因此不會感到任何恐懼。淺灰色柱狀，代
表跟你我相同的一般人（表面上沒有任何腦部損害）。暗灰色
柱狀代表對照組病人，他們腦部受傷的區域和情緒（與恐懼）
的處理無關。

　　我希望你注意「投資虧損」這欄結果，這一組代表前一回
合投資失利後，仍然決定還要繼續投資的比率；對恐懼無感的
是目標病人組，他們的行為相當適當，投資失利後繼續投資的
比率大約是 85%。然而，請你看看另外兩組，他們表現出嚴重
低於最適當次數的行為，事實上，連損失 1 美元的痛苦／恐懼
都極為嚴重，以致於這兩組人一旦碰到虧損，繼續投資的比率
不到 40%！

2　他們的眼窩額葉皮質、杏仁核、右腦島或體感皮質有損傷，這些部分都跟 X 系統中的情緒處
　　理有關。

虧損的感覺令人決策失準

　　整個遊戲過程,「正常人組」和「對照組病人」表現出相同的完全缺乏學習現象,情況甚至還可能更嚴重。圖 13.2 把投資遊戲分為 4 個回合,每一回合共有 5 次遊戲,顯示不同組玩家決定投資的整體比率,如果玩家很理性,而且從經驗中學習,那麼圖中應該形成從左至右上升的斜線(即遊戲的時間越長,玩家會投資越多)。可惜的是,「正常人組」和「對照組病人」的曲線,都由左至右往下降。換句話說,遊戲時間越長,玩家決定投資的次數越少,隨著時間過去,他們的遊戲結果越差。

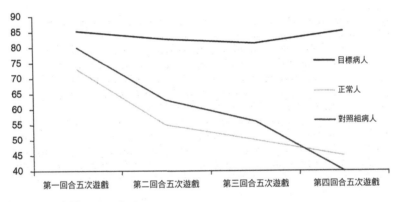

圖 13.2　長時間的投資比率

　　上述遊戲可以和空頭市場比擬的地方顯而易見(我希望如此)。證據顯示,如果投資人先前經歷過虧損,那麼,徹底的恐懼會促使大家對市場上出現的便宜貨視而不見。投資人處在這種狀況中的時間越久,做出的決策越不好。

這個遊戲當然是設計成冒險會產生優異成果的模式，如果設計成相反模式，冒險最後會產生不好的結果，正常人的表現應該會勝過不能感受恐懼的玩家。然而，我會主張前一種方式比後一種更能描述當前的環境，大盤股價便宜時，將來得到高報酬率的機會比較大，但是大盤股價會便宜，當然是因為我們現在接收到的都是壞消息。

投資人的自律與限制

時間似乎會促使理性思考能力流失，這一點符合許多探討自制心理學（self-control）的研究。鮑邁斯特（Baumeister）2003 年的研究認為，自制（壓制自我情緒的能力）像肌肉一樣，會因為過度使用，而導致疲勞。他針對此領域的研究得出若干重要發現：

當人的自尊遭到威脅時，人們會感到憤怒，並喪失規範自己的能力……自我規範（self-regulation）失控時，可能會導致人們在很多方面，表現出逐漸增強的弄巧成拙言行舉止，例如，選擇享受即時的歡樂，而非延後得到報酬。「自律」依賴有限的大腦資源，其運作就像肌肉的力量或精力，因此大家只能在一定的程度範圍內實踐自我規範。

每個人各有不同程度的自律能力，我曾主導過認知反射測試[3]（cognitive reflection test），衡量每個人覺察自己否定本身

---

3 這種測試最初是由麻省理工學院的沙恩‧佛德瑞克（Shane Frederick）創製。

X 系統的難易程度，這種認知反射測試由三個問題構成。

一、1 支球棒和 1 個棒球共計要賣 1.10 美元，球棒比棒球貴 1 美元，棒球到底賣多少錢？

二、5 台機器 5 分鐘可以製造出 5 樣東西，100 台機器製造出 100 樣東西，要花多少時間？

三、湖上長的睡蓮面積每天會擴大 1 倍，如果睡蓮長到蓋滿整個湖面要 48 天，蓋滿湖面的一半要多少天？

　　每個問題都有一個明顯的錯誤答案（X 系統的答案），也有一個比較不明顯卻正確的答案（合乎邏輯的 C 系統答案）。X 系統的目標是「追求滿意」、而不是「追求盡善盡美」，因此會尋找看來大致正確的答案。如果 X 系統沒有受到制衡，會把看來正確的答案當成「真正的」答案，交給我們。如果我們力求自律，那麼 C 系統就會啟動，檢查 X 系統產出的答案，而且在必要時，會否定 X 系統產生的答案。

　　多年來，我已經找了 700 多位基金經理人和分析師，回答這三個問題，和一些其他問題。圖 13.3 所示，是他們正確回答認知反射測試問題的比率，只有 40% 的基金經理人全部答對，表示實際上有 60% 的人沒有努力的自律！

　　2008 年，史威爾登斯（Sweldens）、狄勞夫（De Laughe）等人也作了與上述遊戲相似的研究，但是衡量受測者依賴 X 系統的程度高低 [4]。如果受測者實踐自律的大腦資源耗竭是問

4　他們採用自我報告的方法，因此大家接受評估時，是以同意或不同意「我通常用理智指導我的行動」或「我喜歡依賴直覺印象」、「我沒有很好的直覺」等八種說法的程度高低為準，而不是以認知反射測試之類比較客觀的方法而定。

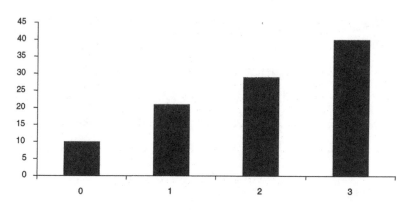

圖 13.3　正確回答認知反射測試問題的比率

題，那麼當比較依賴 X 系統的人被迫用盡大腦儲藏的自律能
力時，他們做出的決策應該會比較差勁。為了驗證假設，其中
一組受測者要接受史楚普測驗（Stroop test），熱愛腦力訓練
遊戲的人即使不清楚史楚普測驗的名字，也應該很熟悉這種測
驗。測驗中，將舉出多種顏色的名字，受測者必須說出某種顏
色名稱的文字是什麼顏色，而不是說出這種顏色的名稱，例如
「紅色」這個字，可能是用藍墨水寫的，正確的答案是藍色。
因此，受測者要完成史楚普測驗，必須集中注意力和意志力。

　　圖 13.4 所示，是大家依據自己的認知處理風格、以及是否
完成史楚普測驗為分組，選擇投資次數的整體比率。受到控制
的情況下（即沒有完成史楚普測驗），依據 X 系統和 C 系統
處理方式的人表現相同，投資次數大約為 70%（仍然明顯低於
最適值）。然而，自律能力用盡時，結果大不相同。極為依賴
C 系統的人表現仍然優異，投資次數達到 78%；而極為依賴 X
系統的人卻出現了特別嚴重的問題，投資次數只有 49%！

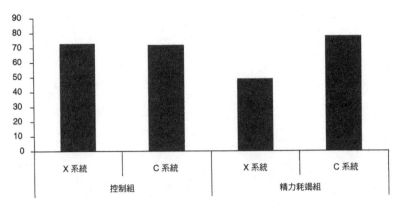

圖 13.4　依據處理風格和測驗狀況而定的投資次數比率

鑒於這種行為可能涵蓋多達 60% 的基金經理人，因此許多專業投資人表現出目前不想接受市場先生提供的便宜貨，並不會讓人覺得驚訝。

專注標的價值

或許，投資人應該考慮採用佛家的時間觀念，也就是說，過去已經過去，無法改變，將來並不可知，因此我們應該注重當下。決定投資與否，應該是當前狀況的函數（我認為要視供應物品的價值程度而定），不受過去的經驗（或未來的希望）羈絆。然而，我們很難形成這種空白石板的心態，因為大腦似乎天生就看重短期、害怕極端形式的損失。在空頭市場中，這種心理障礙會妨礙明智的投資決策。

重點摘錄

→ 市場由恐懼與貪婪驅動是老生常談，卻也十分接近事實。過去大半個十年裡忙於探討多頭市場的心理，現在改為評論空頭市場行為背後的動力，令人耳目一新，誰曰不宜？

→ 恐懼似乎是空頭市場心理的核心，不幸的是，我們大腦的理性認知功能似乎被情緒凌駕於上。大腦由兩個不同卻極為相關的系統構成，分別是反應迅速而討人厭的決策者 X 系統，以及相對理性卻反應緩慢的 C 系統。

→ X 系統的運作與產出經常不受（或至少太晚受到）C 系統的制衡。舉例來說，如果我把裝了一條蛇的玻璃盒子，放在你面前的桌子上，要你盡量靠近玻璃盒，如果蛇抬起頭來，即使你不怕蛇，你也會忍不住跳開。你會有如此動作，是因為 X 系統「認知」到威脅，強迫身體反應，在 C 系統來不及認知到玻璃盒可以保護你之前，這一切就結束了。實際上，從進化觀點來看，對恐懼快速反應，要承擔的誤報（false positive）成本非常低落；相形之下，要承擔的漏報（false negative）成本可能至為高昂。

→ 這種系統運作雖然可能讓我們活命，但在考慮和金融市場有關的事情時，卻不見得對我們有利。席夫等人在一項精明絕妙的實驗中證明，如果經過長時

間的遊戲，冒險可獲得優異獎勵時，那麼受到具某種特殊腦傷、以致對恐懼無感的玩家，表現遠勝過一般人；席夫也證明遊戲持續越久，一般人的表現會變得越差。

→ 可以和席夫等人所做實驗比擬的空頭市場遊戲，將如我希望的那樣顯而易見。證據顯示，如果投資人先前虧損過，那麼，徹底的恐懼會促使投資人，對市場上出現的便宜貨視而不見。投資人處在這種狀況中越久，做出的決策似乎越差勁。

→ 或許投資人應該考慮採納佛教對時間的看法，也就是過去已過去，將來不可知，因此我們必須注重當下。是否投資的決定應該是當前狀況（所提供價值）的函數，不該受過去的經驗（以及未來的希望）羈絆。所羅門王要大臣們找出放諸四海、萬世而皆準的話時，大臣呈報的話是「這也會過去」，記住這些明智的智慧法語，或許我們能做得更好。

第 14 章

從行為科學看妨礙價值型投資的因素 [1]

> 價值型投資長期表現勝出不是新新聞，雖然如此，「真正的」價值型經理人卻少之又少。本章意在探討有哪些因素，會妨礙我們做出自己明知正確的行為。損失規避、高估現狀的現時偏誤（present bias）、從眾行為（herding）、可得性 [2] 和過度自信（overconfidence）等等心理因素，只是在探索價值機會過程中，必須克服的一些阻力。

知識不等於行為

儘管知道某些事情正確，並非總是足以促成行為上的改變，所以光是證明價值型投資長期會勝出，實際上仍然不容易說服大家改採價值型投資策略。

丁可曼（Dinkelman）等人 2006 年發表一篇研究報告，極為清楚地說明知識和行為之間的差別，他們檢視人類免疫缺乏

1　本文刊於 2006 年 8 月 29 日出版的《全球股票策略》（Global Equity Strategy）雜誌，其中討論的材料在出版時確實正確無誤。

2　可得性（availability），意指在估計事件發生的可能性時，會以有多容易想起相關事件作為判斷依據，也會因為記憶的熟悉與否、經驗的次數差異、記憶建構等因素影響判斷。

病毒／愛滋病（HIV/AIDS）及其預防知識，和實際性行為之間的差異（請參閱圖 14.1）。例如，91% 男性表示，他們知道使用保險套有助於預防愛滋病毒感染，但是他們當中只有 70% 的人使用保險套。女性的情況更糟，92% 女性知道保險套可以預防愛滋病的傳染，卻只有 63% 的女性使用保險套！

如果在這種悲劇性的情況，知識都不能改變行為，我們為什麼會期望在投資這種小事中，自己的行為有所改變？

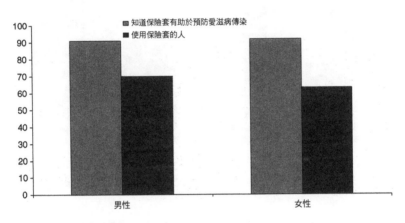

圖 14.1　回答問題的人所占比率

損失規避

人人都在追逐投資中的聖杯、尋覓通行千秋萬世的策略。但這種策略並不存在，因此你最好停止追尋。更糟糕的是，你最好不要再假裝自己擁有這種策略。市場的本質具有高度隨機性，不確定性是投資行為的核心，因此沒有什麼東西可能永續運作。

圖 14.2 以年度為基礎，說明價值型投資報酬率為正數的
年度所占比率，以及勝過大盤報酬率的年度所占比率。計算時
以年度為基礎，可以讓你合理預期價值型策略大約會在 70%
的情況中，創造正值的絕對報酬率（以 1975 年至 2006 年摩根
士丹利資本國際公司價值股指數〔MSCI Value〕為準。）

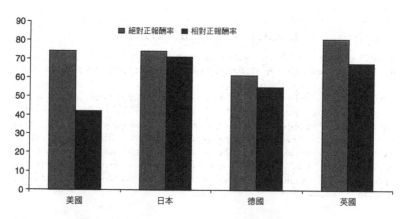

圖 14.2　價值型策略創造（絕對與相對）正報酬率年度所占比率

　　每十年裡，有三年會出現負報酬率，負報酬率的確促使很
多人不願意遵循這種方法。所有人不喜歡虧損的程度，都遠超
過喜歡獲利的程度，這種情形就叫做損失規避。

　　眾多研究發現，我們不喜歡虧損的程度，至少是喜歡獲利
程度的 2 倍。請考慮下述賭法，在公平的拋硬幣賭法中，如果
你輸了，你要付給我 100 英鎊，你最少需要贏多少錢，才願意
接受這種賭法？

　　我們在研究調查中發現，超過 450 位基金經理人的答案是
190 英鎊！因此專業基金經理人跟大家一樣，有損失規避傾向

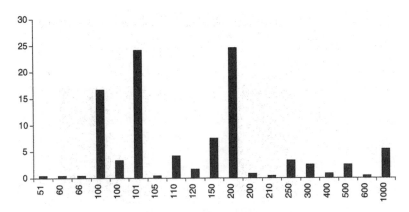

圖 14.3　基金經理人像大家一樣喜歡損失規避
（頻率單位：%）

（請參閱圖 14.3）。

　　喬伊・葛林布雷在大作《打敗大盤的獲利公式》（*The Little Book that Beats the Market*）中，詳細說明了損失規避在阻止投資人遵循他的「神奇公式」上所扮演的角色。他指出：

　　想像你每天認真看著這些股票，在很多個月、甚至在很多年裡，股票表現都不如大盤指數⋯⋯每十二個月的測試期間裡，根據神奇公式建立的投資組合和大盤指數相比時，有五個月的績效表現相當差勁；以年度為測試基準⋯⋯每四年會有一年無法打敗大盤指數。

　　因此，在阻止大家變成價值型投資人上，損失規避的確扮演重要的角色。

延遲滿足和追求短期的強勢設計

　　價值股不但可能出錯,也需要時間才能發揮作用。利用價值型投資機會時,有兩種方式可以獲得報酬,例如,如果我買進價值嚴重偏低的股票,其他人可能都知道這檔股票的確便宜,價格可能正確無誤。然而,這檔股票也可能繼續被低估,而且繼續發放居高不下的股利率,創造比較高的長期報酬率。兩種方式都可能實現,但是建立價值型部位時,我們不可能事先知道將來的報酬率會以哪一種方式發放。

　　這點表示,價值型投資人必須具有長期的時間架構。我們研究過價值型投資人後,發現他們的平均持股時間為 5 年。然而紐約證券交易所個股的平均持股時間只有 11 個月(請參閱圖 14.4 與圖 14.5)。

　　然而,對人類來說,長期的時間架構並不自然。當我們面對報酬的可能時,腦部就會釋出多巴胺(dopamine),讓人自

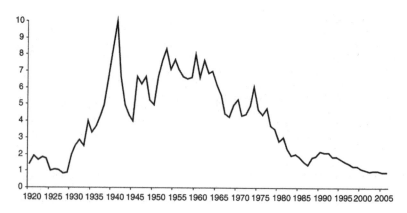

圖 14.4　紐約證券交易所個股平均持股時間
(單位:年)

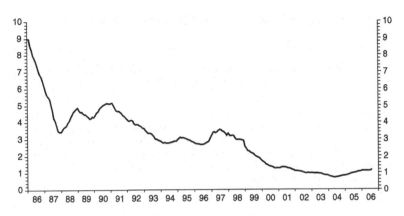

圖 14.5　倫敦證券交易所個股平均持股時間
（單位：年）

我感覺良好、自信、受到激勵。大部分多巴胺受體通常是位於跟大腦 X 系統有關的區域（反應快速又討人厭的心智系統）。金錢報酬的可能性會以相同的方式誘發多巴胺的釋出，如同享受美食或服用誘導快樂的藥品〔請參閱納森與彼得森（Knutson and Peterson）2005 年的研究〕。

　　2004 年時，麥克魯爾（McClure）等人針對執行延遲滿足（delayed gratification）決策的相關神經系統，進行研究。大部分研究顯示，大家通常會展現某種心理傾向：對眼前的利益迫不及待，卻又計畫將來要耐心行動。例如，在今天得到 10 英鎊和明天得到 11 英鎊之間選擇時，很多人都選擇立即得到報酬。然而，如果你要求人們，在一年後得到 10 英鎊和一年又一天後得到 11 英鎊之間選擇時，結果是很多人會在第一個情況中選擇立即得到報酬，卻在第二個情況中選擇延遲得到報酬。

為了了解人們面對這種選擇時，大腦到底有什麼變化，麥克魯爾等人在受測者做出一系列及早和延遲貨幣報酬之間的跨期選擇時，測量受測者的腦部活動。第一組實驗選擇的配對中，包括一個立即滿足的決定。第二組實驗選擇，則包括兩個延遲滿足的決定。

　　他們發現，受測者選擇包括一個立即得到報酬的決定時，腦部基底核（basal ganglia）一部分的腹側紋狀體（ventral striatum）、大腦皮層額葉中區（medial orbitofrontal cortex）、內側前額葉皮質（medial prefrontal cortex）都有著不成比例的運用。上述提到的所有腦區都跟 X 系統有關。麥克魯爾等人指出，這些區域也布滿中腦的多巴胺系統。他們也注意到，「這些結構都和衝動行為相關。」

　　受測者選擇涉及兩個延後報酬時，用到的是與 C 系統處理相關的前額葉皮質（prefrontal cortex）與頂葉皮質（parietal cortex），選擇越困難，運用到的這些區域似乎越多。我們很難壓制 X 系統，X 系統經常在 C 系統還來不及考慮問題前，就預前做出反應。十分常見的情形是：看來我們天生會被迫必須跟短期系統結合。因此凱因斯可能說對了：「在今日想根據真正的長期期望投資，操作起來極為困難，以致於彷彿幾乎不可行。」耐心真的是美德。

　　在投資領域中，損失規避和時間架構並不是互不相關的問題，你越常檢查投資組合，越可能看到虧損。即使基金經理人技巧高明，仍然很可能出現連續三年的操作虧損。圖 14.6 利用虛構的狀態，假設所有基金經理人都表現 3% 的超額報酬和6% 的追蹤誤差，再讓虛構的經理人操作基金五十年，圖中所

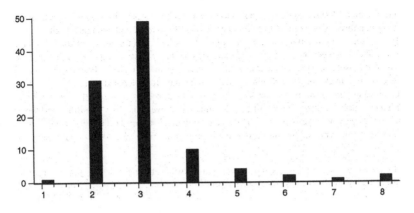

圖 14.6　連續幾年績效不佳的頻率

示，是他們出現連續績效不佳年度的頻率，大約 70% 的虛構基金經理人會出現三年以上的差勁表現！

　　戈雅爾（Goyal）和瓦哈爾（Wahal）2005 年的研究顯示，為什麼我們需要採用遠比現在更高明的方式，向終端客戶說明投資真的有風險（請參閱圖 14.7）。所有退休金計畫經理人和受託人都應該仔細閱讀他們的報告。他們檢討 1993 年到 2003 年間，針對僱用和解僱基金經理人，退休金計畫業者和受託人所做的 4000 多項決定。他們發現的結果顯示，基金經理人的確有追逐報酬率行為的典型特徵。退休金計畫業者僱用的基金經理人通常在受僱之前三年，都曾經創造平均高於對應指數將近 14% 的傑出績效，但是受僱後，他們只能創造些在統計上沒有意義的報酬率。相形之下，因為績效不佳遭到解僱的經理人，在被解僱前的三年，績效通常比對應指數少約 6%，但是遭到解僱三年後，往往能創造比對應指數高出將近 5% 的傑出績效。這正是時間架構需要延長的有力教訓。

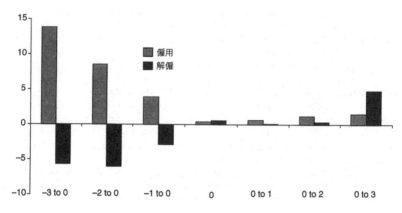

圖 14.7　僱用與解僱經理人的決定和基金績效有關

社會性痛苦與從眾行為習慣

前面提到，神經科學家發現的證據強力證明，腦部感覺實際痛苦和社會性痛苦的地方正好相同。2004 年，艾森柏格（Eisenberger）和李柏曼（Lieberman）在一項研究中，要求受測者玩一種電腦遊戲，受測者會認為自己是跟另兩位玩家一起玩三人來回擲球的遊戲。

事實上，另兩位玩家皆由電腦控制，三方互動擲球遊戲一陣子後，另兩位「玩家」會開始排斥參與者，自行玩起兩人之間的來回擲球，這種社會性排斥會在前扣帶迴皮質（anterior cingulate cortex）和腦島（insula）中促成腦部活動，而真正的身體痛苦也會激發這兩個腦區的活動。

在投資上，反向投資策略等於追求社會性痛苦。要執行這種策略，你會買進大家都在拋售的東西，賣出大家都在買進的東西，這就是社會性痛苦。艾森柏格和李柏曼的研究結果顯

示，遵循這種策略，就像讓你的手骨定期遭到打斷的攻擊，一點也不好玩！

在別人垂頭喪氣賣出時買進，在別人貪得無厭買進時賣出，這需要絕大的勇氣，卻終會得到最大的報酬。

—— 坦伯頓爵士

長期投資人會促進最大的公益、其作法會受到最嚴厲的批評……基本上，他的行為應該很怪異、很不尋常，是大家說的眼中釘。

—— 凱因斯

凡俗之見教導我們：隨俗起舞而失敗，勝過特立獨行而成功。

—— 凱因斯

問題是人人都喜歡華麗的故事

根據價值標準（或任何其他標準）篩檢時，隨之產生股票清單。提出這張清單時，每個人最先做的事情是檢視清單，然後開始分析上面的股票，例如說：「我不能買那檔股票，那家公司快完蛋了」。先入為主、跟這家公司有關的故事又會開始干擾你，就像熱門股未來成長無限的華麗故事具有無窮誘惑力一樣，價值股會便宜，其實也都有無數原因。實際上，這一切都會阻止投資人不願意遵循篩選結果的建議，因此在這種情況

下，無知或許還真的是福氣。

充滿誘人細節故事會引發可得性偏誤，因此力量強大，偏偏我們的頭腦不是無限制的超級電腦，仍會受到認知資源極限的約束。大家經常認為，記憶的作用就像風景明信片或相片，可惜記憶並非如此作用。記憶是一種程序，真相只是其中一種輸入因素。例如，如果你問大家：「美國每年被鯊魚咬死的人多、還是被雷擊死亡的人多？」認為鯊魚咬死是比較常見死因的人，多得讓人稱奇。事實上，每年因為雷擊而死亡的人數，比鯊魚咬死的人多 30 倍。大家的推理會有錯誤，是因為鯊魚咬死人是很明顯的事件（因為電影《大白鯊》的關係，容易引起大家的回想），而且這種消息又容易得知（每次在佛羅里達州或夏威夷海岸一有鯊魚咬人事件，我們都會聽說相關訊息）。

我們聽別的故事時，也會碰到這種現象，例如，股票初次公開發行時，保證會附有十分動人、承諾未來成長不可限量的故事。這種故事使「成長」變得顯而易見，同時這種想法會排擠價值之類的其他因素——就像鯊魚咬人的記憶特別鮮明，而排擠實際更常見的雷擊死亡事件。

相反的情況會發生在價值股。價值股通常看來很便宜，但投資人也可以找到為什麼這種股票如此便宜的眾多說法，以致於這種故事讓投資人因此對「股價便宜」的事實產生排擠。

過度自信

大家不遵循量化模型，主因之一是對自己的能力過度自

信。在價值型投資上也是這樣，例如，投資人不按照簡單的規則，買進 MSCI 指數成分股中本益比排名最低 20% 的股票。反而更常仰賴個人的選股技巧，卻不顧自己的選股能力多麼值得懷疑。

　　能夠控制情勢、通曉一切的幻想，促使投資人產生這種過度自信。通曉一切的幻想讓投資人以為，既然我們知道的東西比較多，我們一定可以做出絕佳的決定。直覺而言，很容易看出擁有比較多資訊，應該很明顯是能讓你做出更好決策的原因。然而，許多證據證明這種想法大有問題。實證上，事實真相是：比較多的資訊不等於比較好的資訊。投資人太常碰到這種信號提取的問題，也就是說，投資人致力於從大量雜音中提取有意義與價值的因素。

　　控制的幻想也會發揮作用，我們都是神奇思考的專家——換言之，我們認為自己可以影響我們顯然無法影響的事情。布洛寧（Pronin）等人 2006 年寫了一篇文章，探討這種行為的多種層面。他們在其中一項實驗中，告知受測者實驗目的是研究巫毒教，受測者兩人一組配對（每一對參與者中，有一位是實驗工作人員，他們可能是討喜的人，也可能是討人厭的人）。實驗工作人員作為配角的目的，是要在實驗中擔任「受害者」角色，而真正的實驗受測者要負責把針刺進巫毒娃娃的身體裡（扮演巫醫）。

　　然而，在他們這麼做之前，要花一點時間，跟他們的實驗夥伴聚在一起（請記住，夥伴只分成二種，討喜的或是討厭的）。然後，主持人會叫巫醫進入房間，設想「跟受害者有關的鮮明、確定想法，但是不能大聲說出來」，然後受測者獲准

把針刺進巫毒娃娃體內，主持人再問「受害者」是否感覺痛苦。因為受害者跟主持人串通過，所以會說：「會痛，我有一點頭痛」。接著主持人會要求巫醫完成一份問卷，題目包括巫醫為「受害者」感受到的痛苦，而感受到多少罪惡感。令人驚奇的是，巫醫對討人厭的「受害者」所感受到的歉疚，遠高於討喜的「受害者」，想來是因為他們心中對討人厭的「受害者」本能地展現更多的怒容。

後來他們進行幾次後續的追蹤實驗，其中一項是看著別人遮住雙眼丟籃球。主持人要求受測者想像別人在投籃，或是在做拉筋之類的動作。相比設想別人在做其它動作，設想別人在投籃的受測者認為，自己要為投籃的成敗擔負更多的責任。

最後在真正的籃球賽中，主持人要求受測者評價一位球員的重要性，同時要說明原因，或是單純描述球員的體型。比賽結束後，主持人要求受測者評估，自己應該為自己那一隊的表現負多少責任。和只描述球員體型的人相比，描述球員重要性的受測者覺得，自己為球隊表現該負責的程度更多。上述三項實驗結果請參閱圖 14.8。

三項實驗中，有設想過問題的人所表現出來的「神奇思維」，比對照組的人多。投資人的確都可能想過自己所選擇的股票，因此覺得自己該為投資結果「負責」。即使投資人根本不可能影響這些投資結果。

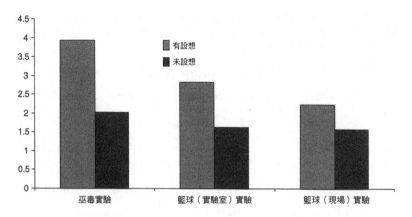

圖 14.8　負責程度（1 分為完全不必負責，7 分為要付全部責任）

樂趣

接著，我要談的最後一個阻力就是樂趣。凱因斯說過：「對完全沒有賭性的人來說，專業投資無聊之至，又辛苦之至，有賭性的人卻必須為這種習性，付出適度的代價。」

遵循簡單規則和程序絕不有趣。但每天忙著拜訪公司，跟賣方分析師談話可能好玩多了。（不過，我個人認為如果這是你的有趣定義，我想你不只是需要我的幫助而已。）

保羅·薩繆森（Paul Samuelson）說過：「投資應該是很沉悶的事情，不應該會讓人興奮，投資應該比較像看著油漆乾燥或青草成長，如果你想追求興奮，帶 800 美元到拉斯維加斯去。」

不對，我真的會變好

我要在結束時，提出最後一個警告：我們全都以最大的善意作為出發點。然而，俗話說得好，通往地獄的路往往是由善意鋪成的。柯勒（Koehler）和布恩（Poon）2006年發表的論文，清楚地闡述了這個問題。他們要求受測者完成一份問卷，內容與即將在捐血診所捐血的事情相關。他們要求受測者評估個人捐血意願，並且用1分（強烈不同意）到9分（強烈同意）的量表，評估一系列他們對此主題所抱持的態度。最後一道問題是：「我正在考慮這件事，我非常有意願在7月14日到22日的捐血門診期間捐血。」這句話意在評估受測者目前意願的強度。

圖14.9所示，是根據目前意願強度為準，所劃分的預測捐血機率和實際捐血結果。總而言之，大家對自己的捐血意願明顯過度樂觀，平均過度樂觀程度大約為30個百分點，預測

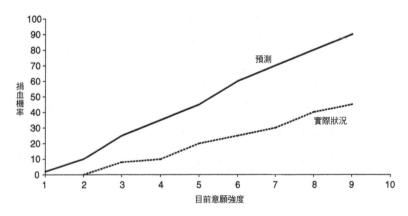

圖 14.9　預測和實際捐血機率

捐血機率隨著目前意願強度快速上升的速度，遠比實際結果快多了。這點表示，目前意願對行為的預測有著過於強烈的影響，對行為本身卻沒有同等強度的影響。

因此，豪言說出「我從現在起要當價值型投資人」或許很容易，實際上卻相當不可能實現。

重點摘錄

→ 心理學家認為知識和行為不同，也就是說，我們難免知行不一。例如，知道安全性行為可以減少感染愛滋病的風險，並不表示大家會因此使用保險套。這一點在其他領域中也一樣，光是知道價值型投資長期會勝出，還不足以說服大家都變成價值型投資人。

→ 還有很多行為上的其他阻力，有助於說明為什麼價值型投資可能只屬於少數人的最愛，因為其他人都忙著追逐投資中的聖杯，以及永遠不虧損的策略！但是，這種策略並不存在，投資是機率性事件，因此一定會有虧損。然而，由於我們通常有損失規避傾向（不喜歡虧損的程度，勝過對獲利的喜愛），因此我們習於規避那些可能造成短期虧損的策略。

→ 長期時間架構跟價值型投資的關係密不可分，然而，放眼長期不是人類的本性，我們的大腦似乎天生被設計成對短期情有獨鍾。面對短期利得時，容易得意忘形、把長期拋諸腦後。所以凱因斯下面的話可能說對了：「在今日想根據真正的長期期望投資，操作起來極為困難，以致於彷彿幾乎不可行。」

→ 神經科學家發現，大腦感覺社會性痛苦跟感受身體實質痛苦的地方相同。價值型投資經常需要反向而行，與群眾對抗，如同涉及社會性痛苦，所以在理

財上，價值型投資人等於受虐狂。

→ 和價值股有關的故事往往乏善可陳，市場總有無數說法令特定個股失去寵愛，而大家對這樣的故事特別沒有抵抗力，導致他們難以把注意力移轉到檢視利空是否已經出盡。

→ 常見的情形是，過度自信的心理傾向也會冒出頭來，我們不太願意承認簡單的規則的確能夠輕易勝過我們的判斷，更別說對外承認這一點了。我們都喜歡認為，自己在選股或選擇資產類別方面，比所謂的規則或模型高明，但證據顯然不支持這種自誇的錯誤觀念。

→ 這裡要提出最後一個警告：我們全都以最大的善意作為出發點。然而，心理學家發現，我們在預測自己未來的行為時，非常容易高估當下的意願，因此，我們雖然非常願意說：「好，我要當個優秀的價值型投資人！」但實際上這樣做的可能性，卻遠低於我們願意相信的程度。

PART 3

價值型投資哲學

第15章

投資之道：
我的十大投資法則 [1]

> 多年來，很多人向我詢問投資之道，本章意在整理我的信念（並提供若干證據）。然而，開始談我的投資信念前，有一個大家經常問得不夠的問題值得先提出來：投資的目標是什麼？這個問題的答案是後續所有事情背後的動力，我覺得坦伯頓的答案最好：「對長期投資人來說，目標只有一個，就是最大的稅後實質總報酬率。」其他事情都不重要，這麼一來，問題會變成：「我們應該怎麼投資，才能達成這個目標？」

　　這麼多年來，經常有很多人問我怎麼投資，到今天為止，我總是避免直接回答。然而，我覺得是時候該整理我的投資信念了，因此我將於本章試圖提出個人的投資信念。但是，開始進入由我的信念所構成的世界前，我們需要釐清一些最基本的問題。歸結到根本，這個問題就是：「投資的目標是什麼？」

1　本文刊於 2008 年 2 月 24 日出版的《心理很重要》雜誌，其中討論的材料在出版時確實正確無誤。

投資的目標

這個問題總是讓我想到,可以用大家最常提出問題的答案來回答,我認為坦伯頓說的答案最好:「對所有長期投資人來說,目標只有一個,就是最大的稅後實質總報酬率。」或是像凱因斯說的:「理想的政策是……能不能為本金賺到可觀的利率,同時確保本金價值嚴重貶值的風險降到最低程度。」

這些定義大致上已經道盡一切,但是,在基金超級市場和相對績效競賽主宰一切的今天,實質總報酬率這種簡單的觀念並不常被納入投資指令(當然,只有避險基金例外),但是這一點終究是任何基金都應該致力達成的目標。

從這種角度看事情,也可以防止我們淪落到沉迷現代財務學的超額報酬和風險係數。我在第 2 章提過,我根據實證和理論基礎,拒斥資本資產定價模型,一旦拋棄資本資產定價模型,超額報酬和風險係數之類的觀念也隨之變得毫無意義。我們就可以把精神集中在創造報酬率,而不是放在令人分心的結構拆解上。

訂出投資目標後,我們就應該轉移心力,致力研究該以什麼哲學來達成這個目標。下面我要列出自己的十大投資法則,這些法則代表我認為投資機構應該如何經營的信念,其中有些信念還附上證據。

法則一:價值、價值、價值

我所遵循方法中的核心信念是:我為投資標的所付出的價

格，決定了可能的報酬率。沒有一種資產好到可以免於高估，也沒有多少資產差到可以免於低估。因此某項資產在特定價格下，可能是投資標的，一旦換成其它價格，就不一定了。

區分價值與價格是其中關鍵，因此這種方法天生就排斥市場效率（市場效率認定價格和價值是同一回事）。巴菲特說過：「價格是你付出的東西，價值是你得到的東西。」然而，我們的目標顯然不是以公平的價值買進，因為這樣只會產生普普通通的報酬率。

投資時，反而應該以具有安全邊際的價格買進。估計的真值是否正確，只能靠運氣來證明，因此只有在買進價格對估計的真值大幅折價時，才能在你犯錯時提供保障。就像葛拉漢說的，安全邊際「可以吸收計算錯誤的影響，或緩解壞運氣之類的糟糕情況。」

價值型投資把風險管理當成核心大事，是我所見過唯一最安全的投資方法。我談到風險管理時，當然不是談論計量專家熱愛之至的現代偽科學，而是「本金的永久性損失」。價值型投資人會暗中努力降低「評價風險」（為某樣東西付出過高代價的風險），也會像第 11 章討論的一樣，把時間花在設法釐清所面對的營運風險與資產負債表風險上。

我也認為，價值是絕對的觀念，不是相對觀念。光是憑著股價比同業便宜，就認定一檔股票具有吸引力，在我看來是自討苦吃。股價真值比是唯一應該注重的衡量指標。

這裡不是全面檢討遵循價值型投資法優點的地方，卻可以提供一些有限的證據。圖 15.1 至 15.3 所示，是價值型策略在三種不同情況中的角色，圖 15.1 顯示全球靈活價值型投資選

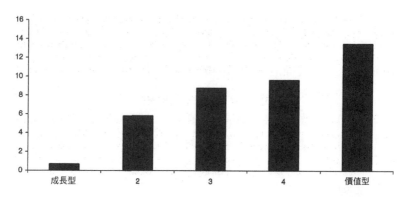

圖 15.1　1985 年至 2008 年間，全球靈活價值型投資績效卓著！
（單位：年均收益率％）

股方法的績效，清楚顯示價值型觀點帶給投資人的好處。

　　然而，資產配置專家也不該忽視價值。圖 15.2 所示，是整體市場評價低落時配置資本的好處，顯示在 10 年平均本益比（當前股價除以 10 年移動平均盈餘）所定義買進時間點買股，所創造的 10 年實質報酬率。顯然價值在資產配置和選股

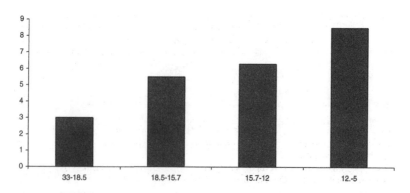

圖 15.2　1871 年至 2008 年間，根據 10 年平均本益比定義買進時間
　　　　點買進，所創造的未來十年實質報酬率（單位：年均收益率％）

中同樣能夠發揮作用。

　　忽視價值的固定收益投資人也不聰明。我有一些朋友在布
蘭迪斯研究所（Brandes Institute）工作，去年他們推動過一項
有趣的研究，研究標的是熱門債券和價值型債券（依據公司債
股價淨值比的高低定義，高者為熱門債券，低者為價值型債
券），結果發現價值型公司的債券表現遠勝過熱門公司的債
券！價值的力量再度發揮作用。（請參閱圖 15.3）

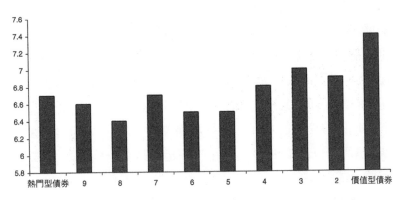

圖 15.3　1990 年至 2007 年間，根據股價淨值比十分位排名的 3 年
　　　　期債券平均年化報酬率

法則二：反向投資

　　凱因斯說過：「投資的核心原則是跟一般人的意見反向而
行，原因是，如果人人都同意這項投資的優點，這個標的難免
一定會太貴，因而沒有吸引力。」坦伯頓也說過：「除非你的
作法跟大多數人不同，否則你不可能創造優異績效。」

　　如果你奉行價值導向之道，你幾乎一定是採取反向投資的

立場，因為你通常會買大家不愛的資產，賣掉市場的最愛。

我不太擔心最新的意見調查，我寧可依據從資產價格中得來的共識推論，這麼做大致是因為我偏好特立獨行、討厭隨波逐流。美國電視劇《豪斯醫生》（House）中，非正統派主角豪斯拒絕跟病人談話，因為他們會說謊。我跟豪斯一樣，通常不相信訪調的回答。我認為，訪調答案多數時候代表受訪者喜歡別人為他們分派的立場，而不是他們的真正立場。

達斯固普塔（Dasgupta）等人在 2006 年的研究中，已經證明了反向投資法的力量。他們證實股票型基金經理人忙著買進的股票，績效不如他們忙著賣掉的股票！他們檢視 1983 年至 2004 年間，美國基金經理人所申報以基金的持續淨交易為記錄基準（淨交易指連續淨買進或淨賣出多少季），把股票分到不同的投資組合中，如果持續指標為 −5，代表包含基金至少連續賣出五季的股票，如果持續指標為 0，代表股票是在當季買進或賣出的。

圖 15.4 所示，是以二年期為準，每一種持續性投資組合經過市場調整後的未來報酬率。即使大略看看，也可以看出報酬率跟基金的買進和賣出負相關，以二年期為準，報酬率的差距為 17%，基金最愛賣出的股票報酬率勝過大盤約 11%，基金最愛買進的股票績效落後大盤 6%！

達斯固普塔等人也指出，基金經理人積極持續買進的股票都具有幾種特性，通常是具有流動性、動能很強的成長股（低淨值市價比）。反之，列入賣出投資組合的股票，通常都是流動性較低的價值股，過去的報酬率都不好。

達斯固普塔等人的研究中，最後還有一點值得注意：他們

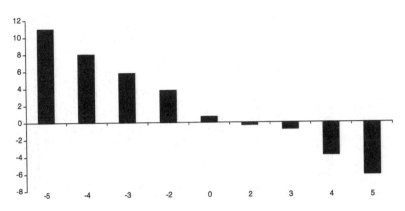

圖 15.4　依據持續性分類的股票群組兩年的異常報酬率
（單位：%）

估計基金經理人行為可能從眾（你也可以稱之為行為一致）的
指數，他們把這種數值稱為綿羊指數（sheep index）。結果推
斷：「我們發現，面對高持續性股票時，大約四分之三的投資
機構展現從眾的型態……我們所評估的從眾情況十分普遍……
大多數經理人都表現出正值的綿羊數值。」因此葛拉漢說得
好，需要「相當強大的意志力，才能避免追隨群眾。」

法則三：要有耐心

　　在很多層面上，耐心都跟價值密不可分。葛拉漢寫道：「忽
視或偏見造成的低估可能持續很長一段時間，過度熱情或人為
刺激造成的漲價也一樣。」
　　大家建立部位時，可能永遠不知道自己的部位會不會成
功，買進廉價股有助於創造長期報酬率，卻無法告訴我們短期

展望如何，廉價股總是可能變得更廉價，高價股（短期內）總是可能漲更高。

因此投資人必須有耐心。價值股可能造成下列三種結果：

一、因為市場對估價過低進行修正，股票可能獲得重新評價。
二、股價可能維持低檔，但可能藉著增發股息，創造報酬率。
三、股價可能永遠無法翻揚（也稱為價值陷阱）。

因此價值型經理人處理頭兩種股票時，確實需要耐心。碰到第三種股票時，耐心卻是關鍵問題，圖 15.5 顯示，進行全球價值型投資時需要耐心。

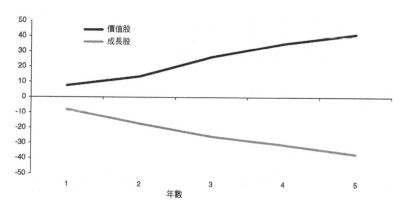

圖 15.5　耐心是美德：不同持有期間的累積超額報酬率

第一年，價值型策略的績效通常會勝過大盤 7% 左右，如果你再持有一年，報酬率會再增加 6%，持有期間更長，確實會帶來機會。第三年勝過大盤的報酬率高達 12%，第四年會再

增加 8%。

　　我們檢視長期成功價值型經理人的平均持股時間時，就會看到這一點在實務上獲得支持，因為他們的平均持股時間大約為 5 年，跟一般基金的殺進殺出截然不同（請參閱圖 15.6）。

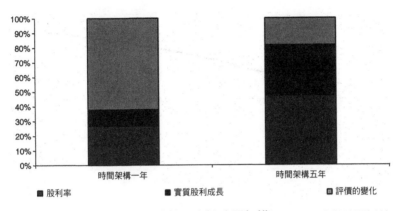

圖 15.6　實質總報酬率的貢獻取決於時間架構（從 1871 年起的美國資料）

　　從報酬率來源的觀點來看，長期的時間架構也有道理。例如，以一年為基準，你的總報酬率中有 60% 來自評價的變化（實際上就是股價的隨機波動，我對此一無所知）。然而，如果我們把時間架構拉長，這時我身為基本面投資人應該了解的東西，開始變得重要多了，例如，以 5 年為基準，總報酬率大約有 80% 來自我支付的價格，以及標的企業的成長。

　　然而，看來耐心的長期投資人似乎是瀕臨消失的物種。凱因斯指出：「和前輩相比，現代投資人過於注重持股每年、每季、甚至每個月的評價，也過於注重資本增值……卻鮮少注意即期的殖利率……與真值。」

如圖 15.7 所示，一般投資人似乎患有注意力不足過動症
（ADHD）的長期毛病，紐約證券交易所的股票平均持股時間
是 6 個月！在這種時間架構下，大家在乎的只是下一季會有什
麼變化？

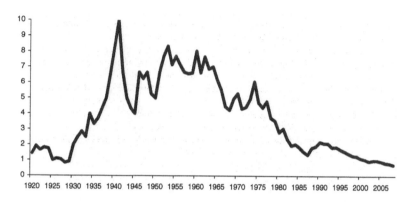

圖 15.7　紐約證券交易所股票平均持股時間
（單位：年）

　　凱因斯說過：「現代投資市場的景象偶爾會讓我認定，永
久性的買進一種投資標的應該像婚姻一樣，除了死亡或其他重
大因素外，始終對其不離不棄。對於我們現世的罪惡來說，可
能是有用的補救之道，因為這樣會迫使投資人把心完全放在長
期展望上。」

　　對短期執迷不悟當然也能創造機會，如果都忙於以未來 3
個月為準，匆匆追逐資產的定價，在訂定稍長期的資產價格時
就很有可能犯錯，因而為抱持長期觀點的投資人，帶來從事時
間套利的機會。不過凱因斯表示，可惜的是，「在今日想根據
真正的長期期望投資，操作起來極為困難，以致於彷彿幾乎不

可行。」

　　這不表示價值型投資法能讓大家完全避免市場的傷害，碰到價值陷阱的狀況時，耐心也可能帶來悲劇。為了避免這種可能，投資人應該投入足夠的時間，檢討背離你目標的部位，如果某個部位「出錯」了，就該立即啟動檢討，檢討的目標可以從一張白紙開始，考慮現在應該怎麼辦。

　　如果基本面沒有改變（只是價格波動的幅度高於基本面波動幅度），就代表加碼的機會出現（假設沒有觸及停損點）。如果基本面和實質改變，就砍掉部位。

　　接受了耐心與投資是密不可分的事實，也表示必須避免融資，因為融資會限制投資人的持久力。就像凱因斯說過：「為了安全起見，打算不理會短期市場波動的投資人需要更多的資源，一定不能用借來的錢進行極大規模的操作。」

　　耐心確有必要，也是因為價值型經理人的詛咒是時機過早──在買進（大家暱稱之為過早的吸進）和賣出決定兩方面都一樣。不幸的是，短期內太早決定跟錯誤決定沒有不同。

　　奉行價值型投資法的人會在價格開始變貴時立刻出脫部位，而不是等到價格貴得離譜時才出脫。我自己在研究時，曾經列舉過一大堆過早看出問題的預測。例如，1995 年時，認為泰國是下一個墨西哥；1997 年我迷失在科技泡沫狂熱前，主張股市正在享受最後一段美好時光；2005 年時，指出美國房市和商品出現泡沫特徵；2006 年時，指出礦業股的泡沫。

　　如果我是先知，我應該維持完全投資狀態直到崩盤前一天，而且在股價觸底前，絕不買進。然而，我沒有水晶球（我遇到過的人也一樣），因此我別無他法，只能繼續耐心謹慎的

行動，這點也表示我必須長期、緩慢的建立部位。

由下而上尋找價值卻一無所獲時，也需要耐心。我說過，大部分投資人會受到行動偏誤（action bias）之害（請參閱第17章）——一直想採取行動的傾向。長久以來，我發現小熊維尼的話很有幫助——「絕不低估無所事事的價值。」如果我找不到投資標的，我最好什麼事都不要做。

巴菲特經常談到等待「甜心球」（fat pitch）的重要性，他說：「我說投資是世界上最好的事業，因為你絕對不見得非揮棒不可，你站在本壘板旁，投手投給你價格47美元的通用汽車（General Motors）！或價格39美元的美國鋼鐵（U.S. Steel），沒有人會喊出好球的判定，你不會遭到懲罰，只是喪失機會而已。你可以整天等待你喜歡的投球，在外野手睡覺時，你往前一站，把球打出去。」

但是大部分機構經理人的行為就像「擁有5萬個球迷的貝比‧魯斯（Babe Ruth）上場打擊時一樣，球隊經理在一旁吼著：『揮棒，你這個笨蛋！』有些投手會故意投保送球給他，因為他們知道，如果下一球他們不揮棒，球隊經理會說：『把你的制服脫下來。』」

巴菲特經常談到紅襪隊傳奇球員泰德‧威廉斯（Ted Williams）的傑作《打擊的科學》（The science of hitting）。威廉斯在這本書裡，描述了他球員生涯中0.344驚人平均打擊率的部分祕密。然而，威廉斯驚人成就背後的理論其實相當簡單（很多最好的構想通常也是如此）。

他把好球帶分成77格，每格大小跟棒球一樣，他不是對每一個進入好球帶的球揮棒，而是只對進入他認為最好格子裡

的球揮棒，也就是對那些進入甜蜜點（Sweet spot）、他知道自己可以打擊出去的球揮棒。如果球沒有進入最好的格子，他就等待下一球，即使這樣表示偶爾會遭到三振，也沒有關係。

因此，投資人要像威廉斯不會對所有的球揮棒一樣，應該耐心等待甜心球。當投資人由下而上尋找機會，卻沒有找到時，最好保留現金，如同巴菲特所說：「保留現金讓人難過，但是不會像做傻事那樣讓人這麼難過。」

法則四：保持靈活

現代財務學的罪惡之一是斤斤計較於對經理人的分類，這種作法總是令我覺得有點愚蠢，要是我找到高明的經理人，我為什麼不希望他投資在他認為機會所在的地方呢？

例如，過去五個月我忙著根據三個主題，設法建立一個資產投資組合，第一個主題是對抗通貨緊縮的現金避險部位（也當成配置現金作為另兩個主題的資金來源），第二個主題是固定收益和股票領域的深度超值投資機會，最後一個主題是抗通膨公債（TIPS）、黃金和股息交換合約之類的便宜保險來源。

大多數經理人今天都被迫變成專家，把「資產配置」決定留給終端客戶去做（一般而言，他們對如何投資的了解甚至比一般基金經理人更少）。這些限制阻止投資人充分利用自己面對的所有投資機會。對很多投資人來說，像我描述的這種投資組合，根本是無法想像的東西，或是需要大量專家經理人才能這麼做。

同樣的，有時候，像去年一樣，我的分析師多次告訴我，

最好的操作領域是淨空方。去年初，我的雷達幕上出現歷來我所見過最多的放空概念，同時多方幾乎沒有潛在的投資機會，這樣清楚顯示空方據有優勢地位，但是很多經理人卻發現自己受到限制阻止，根本無法完全投資！

人為限制對經理人而言，就像請來了搖滾王羅伯‧普蘭特（Robert Plant），卻告訴他只能唱搖籃曲。借用巴菲特的話，「只要我發現投資機會在我的『能力範圍內』，為什麼我不能自由利用？」

法則五：不要預測

我很努力讓這張表成為「正面清單」，而不是「負面清單」，但是我一定要把這件十分「不該做的事情」列在上面。愚蠢的預測是我最愛的話題之一，我根本無法了解為什麼這麼多的投資人花這麼多的時間，從事一種幾乎毫無價值、又幾乎沒有機會成功的活動。

例如，假設你根據下列程序投資：預測經濟趨勢、預測利率走勢、預測會在大環境中表現優異的類股，最後是預測在這種類股中會表現優異的股票。

現在，我們假設你相當善於這樣做，而且在每一種預測都有 70% 的正確率（遠高於實際所見的正確率）。然而，如果你需要這 4 種預測都正確無誤，那麼你實際上達成目標的正確率就只有 24% 而已！（而且這是在每一個假設都是一項獨立事件的前提下）。現在你想想看，一般分析師的模型中，到底涵蓋多少跟銷售、成本、稅務等事項有關的預測，難怪他們的

預測從來沒有正確過。

　　此外，即使奇蹟出現，你的預測正確無誤，你仍然只有在與眾不同的情況下，才會從中賺到錢，這樣會替問題添加全新的複雜性。

　　湯森路透（Starmine）之類的機構，對於自己每年評選出最精確分析師的成就十分自豪，然而可惜的是，如果你看看贏家清單，你會發現其中幾乎沒有延續性。這其實是代表一位「幸運的傻瓜」用奇異的預測，贏得了競賽。這裡也應該指出，每年一定會有一位最準確的分析師！而且這樣不表示他們確實正確無誤，可能只表示他們的錯誤程度比同行少。

　　我們可以看到極多證據，證明這些預測愚不可及，我想應該可以信手拈來一籮筐。但是我們還是要瀏覽幾張圖表，看看預測的記錄到底有多可怕。我們先從位在頂端的經濟學家開始，他們在預測方面，其實是一無所知，坦白說，在預測未來方面，3 隻瞎眼老鼠的信用都勝過總體經濟預測專家。圖 15.8

圖 15.8　美國的 GDP 成長率與經濟學家的預測
（單位：％／四季移動平均值）

顯示，在我們確實牢牢陷入衰退前，他們一再無法預測到經濟衰退，而且就算到了這種地步，他們也只是被迫做出這樣的預測。

分析師也沒有比較厲害，他們在短期和長期問題上的預測記錄實在是可怕極了。我同事安敦恩斯曾經檢視分析師的準確度。他很有學問，研究方式不同於我過去的作法，他不是從整體層面分析，而是從個股的層面研究分析師預測錯誤的程度。

圖 15.9 所示，是分析師長期預測的平均錯誤比率，美國分析師 24 個月的平均預測錯誤比率為 93%，12 個月的預測錯誤比率為 47%；歐洲的資料也無法讓大家稍微安心，歐洲分析師 24 個月的平均預測錯誤比率為 95%，12 個月的平均錯誤比率為 43%。客氣地說，分析師對未來的獲利一無所知。

可惜的是，分析師在預測長期方面的表現，同樣無法勝過對短期的預測。圖 15.10 所示，是分析師對未來五年成長率的

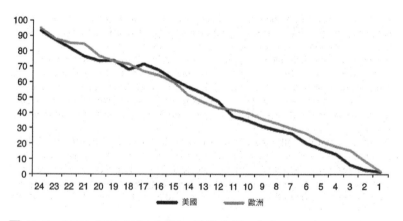

圖 15.9　2001 年至 2006 年間，美歐市場分析師的長期預測錯誤比
　　　率（單位：%）

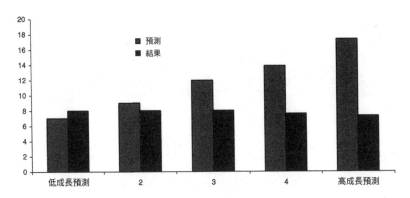

圖 15.10　1982 年至 2008 年間，美國長期成長預測與實際結果比較
（單位：%）

預測和實際的結果比較，第五個五分位的股票是分析師預測會快速成長的股票，第一個五分位股票是分析師預測會緩慢成長的股票。

　　即使隨便看看這張表，也能看出結果顯示五個五分位之間，沒有統計上的差異；換句話說，分析師絕對不知道如何預測長期成長。

　　我最後要指責的愚蠢預測跟目標價格有關。為什麼分析師堅持要預測價格？葛拉漢說過：「預測證券價格不是證券分析適當的一部分。」

　　圖 15.11 所示，是分析師預測目標價格方面的難堪記錄。每一年開始，我都會記下某一檔證券的價格，假設分析師的目標價格是 12 個月後預期的價格，一般說來，分析師每年都預期股價會上漲 25%。

　　然後，我拿分析師暗示的價格，跟同期間的實際報酬率比較。你可以看出來，結果對目標價格的價值不利，九年中有四

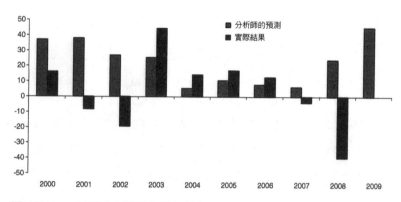

圖 15.11　分析師（透過目標價格）預測的報酬率和實際報酬率比較
（美股，單位：%）

年，分析師甚至連價格走勢的預測都不正確！預測錯誤的平均絕對水準為 25%。

　　我們短暫檢視這種預測錯誤的情況後，得到的關鍵結論是：我們依據嚴重缺陷的預測能力，制定我們的投資程序，根本是瘋狂行為。有人向凱因斯問起跟未來有關的問題時，凱因斯的回答是：「我們根本一無所知」。如果我們能接受凱因斯的說法，所有的人應該都會更好過一些。

法則六：注重循環

　　我要建議的第六條法則是循環很重要──即使對長期投資人來說，也是如此。橡樹資本管理公司（Oaktree Capital）的馬克斯（Howard Marks）說過，雖然我們不能預測，卻可以做好準備。世界上有各式各樣的循環，經濟、信用和情緒循環只是其中三種循環。

大家經常說，市場靠著恐懼與貪婪推動，但是這兩種情緒通常不會一次同時出現，市場情緒會在不理性繁榮與絕望的深淵來回擺盪，這麼看來，市場先生的確是躁鬱症患者。

馬克斯最近寫道：

我認為，投資人必須精通價值和循環這兩個重要觀念。你對自己所考慮每一種資產的真值，都必須具有強而有力的看法。當這種資產的價格低於真值，通常就是買進標的；價格高於真值時，就是賣出標的。總之，這才是價值型投資。

但是價值並不固定，會因應經濟環境的變化而波動，因此循環因素會影響一種資產的現值。例如，價值視盈餘而定，盈餘卻受經濟循環左右，價格會因流動性的變化而變化。

此外，證券價格受投資人行為的影響很大，因此了解自己處在市場循環中的哪一個階段，或許可以增進投資安全。投資人的心裡會怎麼想，這種想法會告訴我們短期內應該如何行動？我們希望在價格極有吸引力時買進，但如果投資人興高采烈、一片樂觀時，我們必須考慮的是，更好的買進機會或許晚一點才會出現。

圖15.12代表我們所處的位置狀況，這張圖設法以簡單的方法，衡量我們在繁榮頂點和絕望深淵之間移動時，到底處在哪個位置。我當然無法預測趨勢會擺盪到什麼地方，卻可以為擺盪做好準備。設法利用這種擺盪創造的眾多機會，會讓你產生順水推舟、藉勢使力的意願，推動投入資金的因應計畫。

這點多少顯然跟法則二反向投資關係密切，就像坦伯頓說

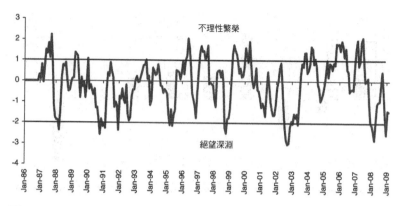

圖 15.12　我們的恐懼與貪婪指數

的一樣,「在別人垂頭喪氣賣出時買進,在別人貪得無厭買進時賣出,這需要絕大的勇氣,卻終會得到最大的報酬。」

柯拉曼在《安全邊際》(*Margin of Safety*)一書中指出:

企業價值的波動有很多解釋,信用供應定期緊縮和放寬形成的「信用循環」,是其中的主要因素,因為這樣會影響資金的借貸成本和條件,從而影響買家願意為買進企業付出的倍數。簡單地說,如果買家交易時,獲得無追索權的低利融資,比起沒有融資的交易,更願意付出較高的倍數。

請記住,循環的發生十分重要,因為循環有助於提醒大家在價格變貴時賣出,在價格變便宜時買進,但是循環也強化了必須緩慢建立部位的需要,因為我們在事過境遷前,絕對不會知道自己是否處在循環的頂端或底部。

法則七：注重歷史

坦伯頓也說過，「這次不一樣」是投資中最危險的五個字。高伯瑞也說過，市場的特性是：

> 跟金融有關的記憶極為短暫，大家很快就會遺忘金融慘劇，也因此有時候在短短幾年內，相同或十分類似的情況再度發生時，極有自信的新一代年輕人依舊大聲喝采，稱其為金融界乃至更宏觀的經濟天地中傑出的創新發現。放眼人類歷史，沒有多少領域像金融界那樣，歷史所占的分量如此之低。

每當提及金融界不了解歷史的問題時，我可能最喜歡引述格蘭桑說的話，有人問他，「你覺得我們能從這次的動盪學到什麼教訓嗎？」他的回答是：

> 短期內，我們會學到很多。中期內會學到一點點，長期而言，絕對什麼也學不到，這些東西會變成歷史前例。

我們這一行似乎時常缺乏對過去歷史事件的回顧與理解，我經常想，如果金融從業人員不學習布雷克—休斯模型（Black and Scholes）與伊藤引理這些深奧而複雜的數學，而是研究歷史事件，對我們或許更有好處。

奇怪的是，財務分析師協會保證持有其證照的人精通貼現現金流量的機制，可以背誦令人欣喜的風險值，卻明顯缺了一章（更何況是缺了一個模組的）金融史的教訓。葛拉漢認為，

「審慎代表投資人充分了解股市歷史，尤其是了解重大波動……這種背景可能有助於投資人對市場的吸引力和危險，形成若干有價值的判斷。」

了解泡沫是通曉歷史最重要的地方。前面說過，長久以來，我們都是明斯基─金德柏格分析泡沫架構的支持者（詳情請參閱《行為投資法》第 38 章和第 39 章）。他們的模型把泡沫的興衰大致分為下列五個階段：

**轉移取代 → 創造信用 → 興高采烈 →
關鍵階段／財務困境 → 厭惡驚恐**

轉移取代：榮景的誕生

轉移取代通常是外界衝擊，會在某些行業中創造獲利機會，同時關閉某些行業的獲利機會，只要新創造的機會大於關閉的機會，利用新機會的投資和生產就會增加，金融與實體資產的投資就可能出現，我們實際上會看到榮景的誕生。

創造信用：泡沫獲得滋養

就像火焰增強需要氧氣助長，榮景也需要流動性來滋養。明斯基認定，貨幣擴張和信用創造大致是系統內生的事物，也就是說，不但現有的銀行可以創造貨幣，設立新銀行、發展新的信用工具，以及在銀行體系之外擴張個人信用，也可以創造貨幣。

興高采烈

每個人都開始相信新時代來臨了，價格看來只會上漲、不會下跌，大家紛紛捨棄傳統估價標準，引用新的衡量標準，證明當前行情正確無誤，過度樂觀和過度自信的浪潮出現，促使大家高估獲利、低估風險，自信認為自己可以控制情勢。

關鍵階段／財務困境

關鍵階段的特點通常是內部人獲利出場，財務困境迅速接著出現，繁榮時期建立的過高槓桿變成重大問題，詐欺事件也經常在這個階段發生。

厭惡驚恐

這是泡沫生命週期中的最後一個階段，投資人對自己參與過的事件驚恐之至，以致於再也無法說服自己繼續參與市場，結果促成廉價大拍賣的資產價格出現。

表 15.1 顯示，泡沫的主要特徵相似得讓人害怕，雖然每個泡沫的特殊細節都與眾不同，整個型態卻大致相同，學習看出這些跡象的特徵，確實值得大家努力。

表 15.1 歷史性泡沫的型態

事件	南海泡沫 (1710-1720年)	英國第一次鐵路熱潮 (1845年)	美國 1873年鐵路熱潮	美國 1920年代股票泡沫
轉移取代	政府公債轉換利潤，想像對南美洲交易的獨占	蕭條結束，新交通工具	南北戰爭結束戰爭和解	十年快速成長，一次大戰結束，大量生產快速普及
熱錢的反應	內部人在轉換券前把債券搶購一空	興築鐵路	興築政府補貼的鐵路	新股供應擴增，新型封閉型基金出現
維持泡沫的力量	?	投機之用的咖啡廳網絡隨即發展	額外的鐵路特許	地區性交易所成立，融資帳戶與券商貸款成長
官方加持	政府批准，皇室參與	政府批准每條鐵路	亨利·普爾（Henry Varnum Poor）與查爾斯·亞當斯（Charles Frances Adams）	總統柯立芝（Coolidge）與胡佛（Hoover）、財政部長梅隆（Mellon）、經濟學家歐文·費雪（Irving Fisher）加持
詐騙／詐欺	龐氏騙局	喬治·哈德遜（George Hudson）以股本配發股息（龐氏騙局）	?	羅素（Russel）、史奈德（Snyder）、薩姆爾·英薩爾（Samuel Insull）等人引發的買股熱潮和巨額負債
政治上的反應	董事事後遭到懲罰，限制公司營運模式	改革會計標準，通過法規，規定股息必須用盈餘配發，不得用股本配發	?	制定莫拉斯—史帝格爾法、控股公司法，創設美國證券交易委員會

（接續）

事件	1960 年代集團企業併購熱潮	1980 年代日本土地與股票泡沫	科技、媒體、電訊泡沫	信用／風險泡沫
轉移取代	股市上漲 20 年，成長股投資熱潮	金融自由化、寬鬆貨幣政策	網際網路廣泛使用、強勁成長、貨幣政策寬鬆	低利率、房價上漲、「大穩定」時代
熱錢的反應	專業企業集團出現	財技（Zaitech）	積極成長型基金、股票選擇權與初次公開發行熱潮	各式各樣的所有權槓桿
維持泡沫的力量	用換股創造明顯的盈餘成長率	交叉持股、潛在資產價值，1987 年參與聯合國維和行動	擬制性盈餘、新評價標準、股票買回	新衍生性金融商品結構——擔保債權憑證、雙層擔保擔保債權憑證、新房資產、股票買回
官方加持	美國國家安全顧問彭岱（McGeorge Bundy）	野村證券預測日經指數 1995 年會漲到 80,000 點	葛林斯班	葛林斯班、柏南克、布希總統
詐騙／詐欺	全國學生行銷公司（NSM）	里庫路生特公司（Recruit Cosmo）弊案、泡沫女土弊案（Bubble lady）	恩隆（Enron）、世界通訊（World Corm）、泰科（Tyco）等公司	資產按模型／神話計價、馬多夫、史丹佛金融集團弊案
政治上的反應	會計作業改革、制定威廉姆斯法	?	制定薩班斯—奧克斯利法案	？？

法則八：抱持疑心

我列舉自己的投資方法十大法則時，偶爾會難以判斷一條法則該從什麼地方開始、另一條法則該在什麼地方結束。要抱持疑心似乎是涵蓋在其他法則中的一條，但是我覺得這條法則值得單獨審視。我心目中非金融界的英雄布魯斯·史普林斯汀（Bruce Springsteen）說過：「對任何東西的盲目信心會害死我們。」我在缺乏批判性思考的危險方面，對他的看法敬表贊同。

多年來，我有幸認識一些最高明的投資人（從他們的決策和成果來判斷），他們共有的特徵之一是適度的疑心。其實我應該說，與絕大多數基金經理人相比，他們在投資方面，有一種大不相同的尺度。他們選擇以「非所有權」作為尺度，投資標的必須的確有優點，才能說服他們。因此他們的投資方法內建了懷疑因素，他們不願意只看表面，而是希望了解其中是否可能有下檔風險，確保他們把重點放在可能出問題的地方，而不是幻想可能得到的美好結果。

大部分基金經理人（尤其是忙於參與相對績效競賽的經理人）更關心追蹤誤差，而不是關心該有的適度疑心，他們的判斷尺度是：我為什麼不該擁有這個投資標的？這是他們無法成為頂尖投資專家原因之一。

疑心對經常涉入黑暗面（又名空方）的人也很重要，法則四中說過，只要機會存在，我不反對成為淨空頭。事實上，我認為大家應該鼓勵放空，而不是禁止放空，我在文章中說過很多次，我認識的空頭是我所見過最重視基本面的投資人，他們

十分注重自己的分析（本來就應該如此，因為他們的下檔風險其實沒有限度）。沒有什麼東西可以取代獨立思考、紮實研究和適度的疑心。

法則九：要由上而下、也要由下而上

我在金融界是從當經濟學家出身（我很少公開承認此事，事實上，我是從可能更糟糕的計量經濟學家出身），然而，我在無足輕重的歲月裡還是學到了一件事：由上而下和由下而上大致上密不可分（有點像價值和成長之間的關係——它們並非互相排斥。如同巴菲特的形容，兩者根部相連）。

馬帝‧惠特曼（Marty Whitman）在探討價值型投資的大作中說過：「葛拉漢和陶德認為，總體因素……對企業證券的分析更為重要，然而，價值型投資人認為總體因素無關緊要。」如果是這樣，那我要驕傲地宣稱，我是信奉葛拉漢和陶德基本面教義的信徒。

雖然最好的選股方法是由下而上，但完全忽視由上而下的代價卻可能極為高昂。2008 年是了解為什麼由上而下方法可能造福和點醒由下而上信徒的完美例子。對價值型投資人來說，過去 12 個月很不尋常，因為這一群平常屬於同質性高的人，分裂成立場分明的兩派。

對金融股的看法分裂，害得價值型投資人分成壁壘分明的兩派人馬。理察‧普澤納（Richard Pzena）代表由下而上的樂觀派，他在 2008 年第一季的季報中寫道：

凡俗投資思考中瀰漫著新的恐懼：近年槓桿巨幅增加程度已經太過分，消除水準會造成全球金融體系的永久性傷害，這種看法認為貝爾斯登公司（Bear Stearns）只是聲勢日增巨浪的受害者，這股浪潮已經淹沒美國很多次級房貸業者和幾家美國非金融機構，還會導致無數其他公司倒閉。這一派也認為，倖存下來的公司獲利能力會受到永久性的傷害。

　　因此，顯而易見的問題是：下述兩種情境中，哪一種比較合理？對不合格的個人長期釋出寬鬆信用所造成的上述極端看法合理？或是這次危機只是一次典型的信用循環——最後會像其他過度情勢之後爆發的危機一樣，自行找到出路，不會傷害倖存公司長期股東權益報酬率——的看法比較合理？我們傾向相信後者。

　　第一太平洋顧問公司（First Pacific Advisors）的史帝夫‧羅米克（Steven Romick）最近接受《價值型投資人洞察》（*Value Investor Insight*）雜誌專訪時，摘要說明了另一種觀點（了解由上而下的悲觀看法）：

　　《價值型投資人洞察》：你對金融服務業股票的整體負面展望到底有沒有改變？

　　羅米克：我們相信回歸平均數，因此你在艱困類股中，找到體質良好、本益比比正常環境本益比低廉的股票來投資，可能是非常有道理的作法。但是最近這種策略造成很多精明投資人，太早把資金投入金融股，我們的基本感覺是：到2006年為止的十年內，金融機構創造的獲利率和資本報酬率高得離

譜。鑒於政府強化金融業的監理、槓桿降低（可貸資金因而減少）、籌資成本升高、承銷標準趨嚴、需求減少、深奧的超高獲利產品也減少，因此，「正常」的獲利能力和評價倍數，不會回到那段時間的水準。

基本上，兩個陣營間的差別在於，對信用泡沫破滅重要性的看法不同。了解這種泡沫破滅衝擊的人不會接近金融股（而且通常還不準備承接這個行業中落下來的刀子），比較注重（還有完全只注重）由下而上的人，只看到便宜這一面。

吉恩馬利・艾維拉德（Jean-Marie Eveillard）說過：「有時候，情勢嚴重惡化的機率多低不是這麼重要，更重要的是：如果出現這種情勢，會有什麼後果。」記住這句智慧雋語的人經常都能得到好報。

前面說過，我們不能預測，卻可以做好準備。信用泡沫不是黑天鵝，雖然我們無法預測泡沫何時破滅，卻至少可以藉著避免跟信用泡沫有關的股票，為泡沫的破滅做好準備，例如金融和住宅建商之類的股票。

由下而上法也可以點醒由上而下派，就像葛拉漢指出的一樣，「在多頭市場中，真正超級便宜的股票會一再變得很稀少……或許你甚至可以藉著計算股價低於營運資金價值的股票檔數，判定行情水準是否已經漲得太高，或是跌到太低，過去的經驗顯示，這種機會幾乎完全消失時，投資人應該離開股市，全力投入美國國庫券市場中。」

柯拉曼針對由上而下和由下而上兩種觀點互補的性質，提到另一個例子。他在大作《安全邊際》中指出，通膨環境對價

值型投資人可能會有劇烈影響。

通膨或通縮趨勢也會造成企業的價值波動，雖然如此，價值型投資在通膨環境中，還是可以非常順利的運作。如果你能夠用 0.5 美元，買到價值 1 美元的資產，例如會隨著通膨升值的天然資源資產或房地產，今天 0.5 美元的投資，將來實現的價值可能超過 1 美元。但是，在通膨環境中，投資人可能容易變得粗心，只要資產價值上漲，就會受到誘惑，放寬標準，不是以 0.5 美元，而是以 0.7 或 0.8 美元（甚至以 1.10 美元），買進 1 美元的資產。然而，如果通膨一如大多數投資人的預期，促使投資人喊高證券價格，那麼這種放縱行為的代價可能很高，因為後續通貨膨脹率放慢時，可能會造成價格下跌。

在通縮環境中，資產價值通常會下降。如果資產價值下跌，用 0.5 美元，買進價值 1 美元的資產，可能就不是撿到便宜。過去投資人找到的有利投資機會中，包括擁有可觀「隱藏性資產」的公司，隱藏性資產包括資金過度充足的退休金計畫、以低於市場行情的價值掛在資產負債表中的不動產，或是獲利豐厚，可以賣出，獲得龐大利得的金融子公司。然而，在企業和資產價值全面下跌時，有些隱藏性資產的價值會減少，甚至可能變成隱藏性負債，股市下跌會造成退休基金資產的價值降低，過去資金過度豐厚的退休金計畫可能變成資金不足，原本遭到忽視、藏在暗處的明珠子公司可能因而失去光彩。

企業價值持續降低的可能性，是刺在價值型投資心臟的匕首（卻不是其他投資方法取笑的對象）。價值型投資人十分相信評估價值、折價買進的原則，如果價值會受到相當嚴重的侵

蝕，那麼要多大的折價才算足夠呢？

投資人應該擔心企業價值可能減損嗎？絕對應該擔心。投資人應該如何因應？下列二種反應可能有效，第一，因為投資人無法預測價值什麼時候會漲跌，評價時總是以保守為上，要相當慎重考慮最差的清算價值和其他方法。第二，為了從事新投資或持有現有的部位，害怕通縮的投資人可以在價格和標的價值之間，要求比平常還大的折價，這點表示，在正常狀況下挑三撿四的投資人，應該放過的球很可能比平常還多。

最後，資產通縮的展望會使大家更重視投資的時間架構，也更重視實現標的價值的催化劑是否存在。在通縮環境中，如果你不能看出是否該實現潛在價值、或何時要實現潛在價值，或許你根本不希望涉入。如果標的價值會在近期內實現，直接提供好處給股東，那麼，可能造成價值消失的長期力量，就會變得毫無意義。

因此由上而下和由下而上的觀念都無法壟斷一切，結合兩種觀點才更有利於投資人的視角開放。

法則十：對待客戶時要推己及人

我信念中的最後一個法則幾乎是繞了一整圈，又回到投資的目標上（擁有絕佳記憶力和非凡精力、可以把本章從頭看到這裡的人，會記得我們是從什麼地方開始討論）。

我認為，基金經理人可以關心的最有用問題是：「我是否願意拿自己的錢來這樣投資？」負責管理別人資金的人似乎太

常以為，自己拿到了可以用奇怪方式做事的執照（無論基金經理人或經營公司的高級經理人都是如此）。

約翰·柏格（John Bogle）說得好，我們這一行已經不再是專業，反而變成了事業。這種情勢的確很可悲，行銷人員經營投資公司時，結果必然是在錯誤的時機，推出錯誤的基金。看看 1990 年代末期興起的科技基金，或是看看近年崛起的商品基金。長久以來我一直主張，我們金融界需要金融版本的「醫師誓言」，公開承諾「首先，不要害人」。

保羅·威爾莫特（Paul Wilmott）和伊曼紐爾·德曼（Emanuel Derman）提出下列宣言，作為「金融模型師」的執業誓言：

> 我會記住我沒有領先世界，世界並不符合我的方程式。
>
> 我雖然會用模型大膽估算價值，卻不會對數學過度動心。
>
> 我絕不會犧牲現實、遷就優美，卻不解釋原因。
>
> 我也不會對使用我模型的人，提供「我的模型相當精確」的錯誤安慰，反而會說明其中的假設和疏忽。
>
> 我知道我的研究對社會和經濟具有重大影響，但其中仍有很多地方超越我的理解範圍。

很多優秀的投資專家不但沒有盡量擴大管理資產，反而刻意限制自己的基金規模，以免降低自己提供報酬率的能力。這點當然是基金超級市場的詛咒，我卻覺得這是唯一明智的投資之道。艾維拉德說得好：「我寧可失去一半客戶，也不願意虧掉客戶一半的錢。」

要找出配合這種投資之道的獎勵方法不會太難，例如，多方分析師的薪酬計算，應該以所任職基金的三年整體績效評估為基準，這樣可以防止他們操弄系統、堅持投資組合應該持有某些部位。我也會建議分析師應該是通才，而不是專才，這樣會讓他們具有彈性，評估不同領域中的多元機會，但是基金會確保他們採用持續一貫的架構。然而，現在我說的這些已經偏離本書投資哲學的主題，有偏向投資程序偏移的嫌疑。

同樣的，我知道經理人在我投資的資金之外，自己在基金中也持有可觀股權時，我投資起來總是覺得最快樂，原因純粹是這樣有助於確定他時常問自己這一節一開頭的問題。

遵循上述信念的經理人也需要慎選客戶，擁有真正了解你的投資方法的客戶很重要。畢竟，如果你的資金正好在錯誤的時候遭到抽離，努力奉行耐心的策略會變得毫無道理，在這種情況下，要採用閉鎖期之類預先承諾的方法，詳情請參閱第12章。

結論

本章可能是我所寫過最個人化的章節，文中揭露了很多我認為應該遵循的投資信念。我努力避免討論程序，不是因為我認為程序不重要（其實我覺得再也沒有比這樣說更背離事實的說法了，請參閱下一章），而是因為我希望詳細探討我所奉行核心哲學信念。

揭露個人信念可能帶有風險，但如同陽光是最好的消毒劑，我認為揭露信念，請大家批評指教很有用。開誠布公的辯

論時常能產生美好的結果。我就是基於這種精神，才設法解釋我的投資方法，這樣做當然不是處理問題的唯一方法，卻是我覺得最有道理的方法。

投資十大法則

法則一：價值、價值、價值

法則二：反向投資

法則三：要有耐心

法則四：保持靈活

法則五：不要預測

法則六：注重循環

法則七：注重歷史

法則八：抱持疑心

法則九：要由上而下、也要由下而上

法則十：對待客戶時要推己及人

重點摘錄

→ 法則一：價值、價值、價值。價值型投資是我見過唯一最安全的方法，價值型投資把安全邊際放在投資程序的核心中，為成長展望付出過高價格的風險因而降到最低。

→ 法則二：反向投資。坦伯頓說：「除非你的作法跟大多數人不同，否則不可能創造優異績效。」

→ 法則三：要有耐心。無論是等待大好獲利良機，還是處理價值型經理人行動過早的詛咒，在許多層面耐心都跟價值密不可分。

→ 法則四：保持靈活。雖然對經理人分類和貼標籤很流行，我卻根本不相信這樣做有助於投資，價值型投資機會出現時，我當然應該可以靈活地利用。

→ 法則五：不要預測。我們必須找到更好的投資方法，不要依賴自己大有問題的預測能力。

→ 法則六：注重循環。霍華·馬克斯（Howard Marks）說得好，我們不能預測，卻可以做好準備。了解經濟、信用和情緒循環有助於良好投資。

→ 法則七：注重歷史。投資中最危險的五個字是「這次不一樣」，通曉歷史和背景有助於避免重蹈過去的大錯。

→ 法則八：抱持疑心。我心目中的一位英雄說過：「盲目的信心會害死我們。」學會質疑你聽到的話，追

求長期成就和生存時，培養批判性思考技巧十分重要。

→ 法則九：要由上而下、也要由下而上。2008 年的重要教訓之一是：由上而下和由下而上的觀點都很重要，沒有一種觀點可以定於一尊。

→ 法則十：對待客戶時要推己及人。任何投資的終極考驗絕對是 —— 我是否願意拿自己的錢來這樣投資？

第 16 章

注重過程而非結果：
賭博、運動與投資！ [1]

> 觀看奧運轉播記者對多位成功運動員的專訪時，他們最常
> 問的無聊問題之一是：「比賽前你的心裡在想什麼？想金
> 牌嗎？」答案始終是運動員專注過程，不注重結果。從事
> 投資也應該如此，我們無法控制結果，卻可以控制過程。
> 結果當然很重要，但是專注在投資過程，可以盡量提高得
> 到好結果的機會。

　　不久以前，我看到迪波德斯塔（Paul DePodesta）2008 年
6 月 10 日在他的部落格上的貼文，對於看過麥可‧路易斯
（Michael Lewis）小說《魔球》（*Moneyball*）的人來說，我
不需要介紹迪波德斯塔，對沒有看過這本小說的讀者們，不妨
迅速瀏覽一下維基百科，略微了解這個人。

　　多年前的某個星期六晚上，我在拉斯維加斯一家擁擠的賭
場裡玩 21 點。我坐在第三個位置，那時候坐在第一個位置玩
家的賭博狀態很不好，他一定是喝多了免費的酒，每隔 20 分
鐘，他都要伸手到口袋裡，掏出更多現金。

1　本文刊於 2008 年 9 月 1 日出版的《心理很重要》雜誌，其中討論的材料在出版時確實正確無誤。

在某一手牌中，發牌員發給這位玩家的頭兩張牌點數是17點，在發牌員準備發下一張牌時，她跳過了這位玩家，這位玩家阻止她並開口：「發牌員，我要來一張好牌！」她停下來，半信半疑地說：「先生，你確定嗎？」他說：「沒錯。」於是發牌員就發給他牌，果不其然，那張牌是四點。

　　整個場子都瘋了，人人額手稱慶，歡聲雷動，但你知道發牌員怎麼說嗎？她看著這位玩家，誠心誠意地說，「這張牌要得好。」

　　我心想，「要得好嗎？對賭場來說，或許是要得好，對這位玩家來說，這樣子要牌卻很可怕！不能因為他的決定發生效用，就證明這個決定很好。」

　　噢，因為我玩21點時把錢輸光了，那個週末剩下的時間裡，我都在賭場四周閒逛，思考不同賭法的運作方式。事實上，所有賭場都擁有贏錢的程序，因為機率是以對賭場有利的方式安排。雖然這不表示他們會贏每一手牌或每一次擲骰子，但是他們贏的次數經常占多數。別誤會我的話，賭場絕對關心結果。但是，他們確保得到好結果的方法是像雷射光一樣，精準地集中在過程上……這種精神一直貫徹到堅忍無情的賭博區總管身上。

　　我們可以用同樣的角度來看棒球，棒球確實是以結果為準的事業，因為我們每年要承擔輸贏162次的責任（偶爾是163次）。此外，我們知道我們不可能贏得每一場比賽，事實上光是能贏得六成賽事就是戰果輝煌的球季，勝率遠超過賭場在大部分賭法中的贏錢比率。棒球像賭場一樣，完全是只看結果的運動，但是，只要想想一場球賽、甚至只是一次打數中經歷的

所有過程，就夠了。

多年前，我與傑作《魔球投資學》（*More Than You Know*）
作者麥可・莫布新（Michael Mauboussin）討論這件事時，他
讓我看一個非常簡單的矩陣，魯梭（Russo）和蘇馬克
（Schoemaker）在大作《贏在決策》（*Winning Decisions*）中，
用這個矩陣解釋下述觀念。

	良好結果	差勁結果
良好過程	理所當然成功	運氣不佳
差勁過程	狗屎運	合理報應

我們全都希望落在左上角，得到良好過程帶來的理所當然
成功，賭場通常就處在這種地位上。我希望在正常球季中，奧
克蘭運動家隊和聖地牙哥教士隊都能落在這個絕妙位置。然
而，我們身處由不確定性主導一切的行業，必須面對右上角的
嚴苛現實。在現實世界裡，良好過程可能帶來不好的結果，事
實上，這種事情經常發生。玩家拿到 17 點的牌，又補到好牌，
變成 21 點，贏到賭場的錢時，就是這樣。我希望運動家隊和
教士隊在季後賽中，碰到這種事情。

良好過程和差勁結果的組合雖然令人難過，但與左下角差
勁過程加良好結果的情況根本不能相比，這是披著羊皮的狼，
會形成一次性的成功，卻幾乎總是會破壞持續成功的所有機
會，讓玩家不能一直拿到 17 點，又補到 4 點。癥結在於勝利
之後要自我承認這不過是運氣好的作法，困難無比。然而，如
果你沒有這樣的體認，差勁的過程會持續下去，偶一出現的良

好結果將難以碰到。我要相當坦白地說，這件事正是奧克蘭運動家隊總經理比利・比恩（Billy Beane）絕頂高明的地方，他會立刻看出藏在好結果中的幸運，拒絕自誇自讚。

而教士隊希望贏得每一個階層中的每一場比賽，希望我們針對每一位球員做的決定都正確無誤，我們也清楚事情發展並不會如我們所願，因為其中有太多不確定性了⋯⋯多到我們不能控制情勢。雖然如此，我們卻可以控制過程。

冠軍隊伍偶爾會碰到差勁的過程和良好的結果，但是冠軍隊的組織卻完全身處在矩陣的上半部，在某些年裡，可能落在右半部，但大部分的歲月裡，應該是落在左邊。亞特蘭大勇士隊停在左上角十四年之久——這可能是我們一生中所見過職業運動組織遭到最嚴重低估的輝煌成就。總之，我們希望成為得以製造很多冠軍隊伍的冠軍組織。

今後一、兩天裡，我將在文中更詳細地討論我們的草案，但是我要說的是，我們自傲於自己的過程與對過程的嚴格執行，但這能將一切導致良好的結果嗎？我們不能確知。但是我們對自己的系列選擇有信心，而且我知道，我們的比賽過程每一年持續變得越來越好。我們期許明年能更加進步。

我覺得上述狀況跟投資顯然極為類似，我們這一行沉迷於我們無法直接控制的結果，然而，我們的確可以控制自己的投資過程，這才是我們應該注重的事情。你不可能管理報酬率，風險管理是幻想，但是，過程絕對是我們可以發揮影響力的地方。

過程心理學

　　注重過程、而非注重結果的需要在投資中至為重要。在我們所處的投資天地，結果十分不穩定，因為結果跟時間因素密不可分。實際上的情況可能是，從五年的角度來看時，某種結果可能十分「正確」，從半年的角度來看卻「不正確」，反之亦然。

結果偏誤

　　大家經常根據最後結果來判斷過去的決定，而不是根據做出決定時的時空環境來判斷決策的品質，這就是結果偏誤（outcome bias）。例如，英國國會曾經制定法令，如果你在汽車上使用手機時害死人，那麼你得到的判決，應該不同於使用手機卻沒有害死人的人。

　　1988 年，貝倫（Baron）和賀希（Hershy）曾經記錄了一些範圍廣泛實驗的結果偏誤，例如，實驗要求受測者針對下述案例，評估醫師決策過程（而非結果）的健全程度：

　　一位 55 歲的男性患有心臟病，他因為胸口疼痛而必須停止工作，但他喜歡自己的工作，不想停工，疼痛也影響到了他的旅遊愛好和其他休閒活動。動繞道手術應該可以消除他的痛苦，把他的壽命從 65 歲提高到 70 歲，但是有 8% 的人在手術過程中死亡。醫生決定替他手術，結果手術成功。請你根據下述量表，評估這位醫師的決定：

3 分——顯然正確，相反的決定應該不可原諒；

2 分——考慮所有因素後，這個決定正確；

1 分——正確，但相反的決定應該也算合理；

0 分——這個決定和相反的決定同樣正確；

–1 分——不正確，但並非不合理；

–2 分——考慮所有因素後，這個決定不正確；

–3 分——不正確，而且不可原諒。

受測者也必須進行另一項相同評估，只是情境變成手術失敗、病人死亡。現在這位醫師的決策正確性，應該不能成為結果的函數，因為醫師術前顯然不可能知道手術的結果。然而，圖 16.1 顯示大家對醫師決策的評估卻受到結果嚴重影響。

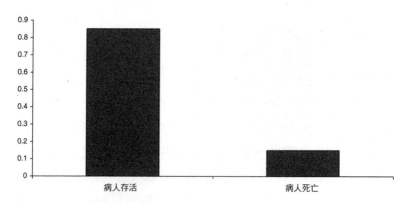

圖 16.1　醫師決策健全度的平均評分

貝倫和賀希提出另一個賭博的例子，請考慮下述情況：

一位 25 歲擁有穩定工作的未婚男性收到一封邀請函，請他拜訪他考慮許久的平湖小築，為了獎勵這位男性去看屋，對方提供他兩個選擇：

選項一：獎金 200 美元
選項二：有 80% 機會贏得 300 美元，20% 機會一無所得。
他必須事前郵寄回函，說明自己的決定，而且不論他是否選擇選項二，對方都會告訴他選項二的結果。

如果受測者理性行動，他應該接受賭博的選項，因為這個選項可以獲得比較高的期望結果，當然，結果還是不應該影響大家對他決策過程的評分，但是圖 16.2 顯示，他賭贏時，大家對他的評分高於他賭輸時！
在我們的世界，沉迷於結果和結果偏誤的影響顯而易見。

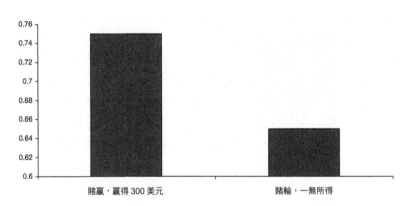

圖 16.2　賭博決策過程的平均評分

為結果負責

此外，心理學研究的證據顯示，注重結果可能造成各式各樣不必要的行為，例如，在短期績效重於一切的情況下，基金經理人最後可能會買進他們發現容易向客戶解釋的標的，而不是買進代表最好機會的標的。

冷納（Lerner）和泰特洛克（Tetlock）1999 年在一項後設分析中說明要求大家對結果負責，通常會造成下述結果：

一、提高大家規避含糊情境的程度（提高對風險相同、但比較不含糊選項的偏愛）；

二、增加收集和應用所有資訊（包括有用和無用的）；

三、強化大家對妥協方案的偏好，也增加大家選擇在各方面功能平平無奇的產品、不選擇功能好壞兼備的產品（選擇四項功能平平的產品，不選各具有兩項優異功能、兩項差勁功能的產品）；

四、提高損失規避的程度。

這些特性都不可能有利於投資人，加總起來，這些特性顯示基金經理人根據結果衡量每一個決定時，可能會規避不確定的事物，追逐雜音，做出符合共識的從眾行為。我覺得，如此描述我們這一行的大部分狀況，不失傳神。

為過程負責

然而，如果我們把重點從結果轉移到過程，情形就會開始

好轉。席蒙森 (Simonson) 和史特洛（Straw）在 1992 年的研究提供了經典證據，證明注重過程比注重結果，能得到更好的決策。

他們要求受測者考慮的狀況是：美國一家啤酒廠計畫在歐洲推廣非酒精性啤酒和淡啤酒（我對這個構想敬謝不敏），受測者拿到的資料顯示，兩種產品在試銷期中的表現大致相當，受測者需要決定兩種產品中的哪一種，應該得到額外 300 萬美元的發展資金。他們得到的指示很清楚，根據額外資金對產品和公司可能帶來的利益，做出決定。

受測者寫下決定以及判斷理由的簡短說明後，拿到下述聲明：

你對分配額外 300 萬美元給（你所選擇的淡啤酒／非酒精性啤酒）的建議，已經獲得公司總裁採用，而且已經付諸實施。在下一頁中，你將會看到結果令人相當失望。

資料顯示，一開始時，受測者選擇的產品銷售和獲利都還不錯，然後日趨下滑，最後陷入銷售低落的常態。資料也顯示，在一開始時，另一種產品的銷售額和利潤上升，接著下降，最後卻變成目標顧客比較常選擇的產品。

接著，受測者得知公司已經決定額外投資 1000 萬美元，但是這次資金可能分為兩份投入兩種啤酒中。公司要求受測者把 1000 萬美元分配到兩種啤酒中。

此外，公司還分別告知受測者下列三點其一：（一）他們得到的資訊，足以讓商學院學生做出良好的決定（資訊充分到

能作為判斷基準）。（二）如果做出特別好或特別差的選擇，公司會把他們的表現告訴其他學生和老師。公司也告訴他們，他們的表現如何，要根據他們所做決定的結果來決定（這種情形叫作為結果負責）。（三）受測者得知，他們的表現會根據他們是否有效利用決策策略而定，不是根據結果而定。這一組也獲知，如果他們採用特別好或特別差的決策過程，公司會把這種情形傳遞給其他學生和老師（這種情形稱為過程負責）。

圖 16.3 顯示，這群人的資金分配結果大不相同。注重決策結果的這組人決定，平均把 580 萬美元分配給他們原來的選擇，這是沉沒成本謬誤（sunk cost fallacy）典型例子，讓過去無法回收的費用影響當下決策的傾向。

相形之下，基準組的受測者大致將資金平均分配，撥給自己原來的選擇 510 萬美元。然而，獲知要注重決策過程、不注重結果的受測者表現好多了，他們只分配 400 萬美元給他們原來的選擇，並把大部分的資金分配給比較受歡迎的啤酒。

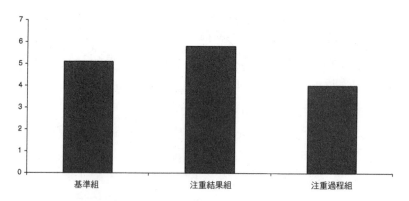

圖 16.3 分配給第一輪所選啤酒金額
（單位：百萬美元）

結論

在績效不佳的期間，逼迫你改變決策過程的壓力總是會逐漸升高。然而，健全的過程可能創造差勁的結果，如同不好的過程可能產生良好的結果。謹記已故大師坦伯頓說的下面這句話，對我們可能大有助益：「反映你投資方法的時刻，是你最成功的時候，不是你犯最多錯誤的時候。」或者就像葛拉漢的讚頌：「價值法天生就很健全……獻身於這條原則，堅持下去，不要走偏。」

重點摘錄

→ 聖地牙哥教士隊的保羅·迪波德斯塔和電影小說《魔球》的名聲，跟下面這個玩 21 點的故事有關。

　　一位玩家在某一手牌中，頭兩張牌分到 17 點，發牌員準備發下一張牌時，跳過這位玩家，這位玩家阻止她並開口：「發牌員，我要來一張好牌！」她停下來，半信半疑地說：「先生，你確定嗎？」他說沒錯。發牌員發牌，果然不錯，那張牌是四點，整個場子都瘋了，人人額手稱慶，歡聲雷動，但你知道發牌員怎麼說嗎？她看看這位玩家，誠心誠意地說：「這張牌要得好。」我心想，「要得好嗎？對賭場來說，或許是要得好，對這位玩家來說，這樣子要牌卻很可怕！不能因為他的決定發生效用，就證明這個決定很好。」

→ 心理學家早就證明了結果偏誤的傾向，這是依據結果，而對決策過程品質做出不同判斷的習慣。例如，如果有位醫生動手術，結果病人活了下來，大家給的評價，會遠高於相同手術後病人死亡的情況。醫生決策的正確性如何，當然不應該是結果的函數，因為醫生術前肯定不會知道結果如何。

→ 只強調結果、而不注重過程的想法，可能很有害。

證據證明，要大家為結果負責，通常會（一）促使他們偏愛比較沒有歧義的選項（即使涉及的風險相同，也是如此）。（二）增加資訊的收集和應用。（三）強化對妥協方案的偏好，寧願選擇性質平平凡凡的產品。（四）提高損失規避的程度。在投資上，這些特性會導致基金經理人規避不確定的事物，追逐雜音，做出符合共識的從眾行為。我覺得，聽起來不是能夠創造優異績效的好現象。

→ 好消息是，告訴大家注重過程（而且告訴大家要根據過程、而不是根據結果評估），會促成更高明理性的決策，一旦人們被告知決策過程是重點時，上面提到的陷阱便能減輕。在投資方面，我們無法控制結果，唯一能夠控制的是過程，因此專注過程確實有道理。

→ 表現差勁期間，要你改變過程的壓力總會持續增強，然而，健全的過程可能創造差勁的結果，如同差勁的過程可能產生良好的結果，記住坦伯頓的話，對我們可能大有助益：「反映你投資方法的時刻，是你最成功的時候，不是你犯最多錯誤的時候。」

第 17 章

不要低估無所事事的力量 [1]

面對罰踢的守門員和投資人有什麼共通的地方？答案是，他們都傾向採取行動，總覺得需要做點事情。然而，不行動也是一種決定，持有現金經常是大家十分願意接受的事情，但是對很多基金經理人而言，現金一直都是他們討厭的東西，薩繆森說過：「投資應該是很沉悶的事情，不應該會讓人興奮，應該比較像看著油漆乾燥或青草成長，如果你想追求興奮，帶 800 美元到拉斯維加斯去」，記住薩繆森的建議，肯定是利大於弊。

很多人可能不知道，在我小時候十分流行動感超人（Action Men），這是一款有著士兵模樣的玩具，曾是兒童喜愛的人物。動感超人是男性氣概的價值觀象徵，但是某一天我放學回家時，發現我妹妹綁架了我的動感超人，脅迫他跟她的灰姑娘洋娃娃一起玩家家酒，這件事對我的衝擊要等到一段時間過後，才會表現出來！但是，姑且不管我小時候的事情，先問問你，你希望由行動派的動感超人管理你的投資組合嗎？

1　本文刊於 2008 年 1 月 7 日出版的《心理很重要》雜誌，其中討論的材料在出版時確實正確無誤。

行動派的守門員

　　說到行動，守門員雖然不是球隊中的明星球員，一旦碰到罰踢時，頂尖的守門員就變成行動派。巴爾艾利（Bar-Eli）等人 2007 年的研究顯示，守門員在救球時，會出現一些令人困惑的模式。裁判在足球賽中（基本上，我對這項運動一無所知）判罰球時，球會放在距離球門 12 碼的地方，罰踢是守門員和罰球球員之間簡單的競爭，在球員踢到球之前，守門員不得在球門線上移動。

　　鑒於一場足球賽，平均會進 2.5 個球，有 80% 機率踢進的罰球可能嚴重影響球賽的結果，因此罰踢不同於許多心理學實驗，罰踢涉及的利益相當高。

　　巴爾艾利等人檢視了全世界頂尖足球聯盟和冠軍球賽中的罰踢後，找到了 311 次罰踢情景，並請來 3 位裁判，各自獨立分析踢球的方向和守門員移動的方向。為了避免困擾，所有方向（左邊或右邊）都從守門員的角度來決定。

　　表 17.1 顯示巴爾艾利等人揭露的踢球與撲球組合比率，非常粗略地說，踢向球門左邊、右邊和正中央的分配相當平均，大約各占三分之一。然而，守門員卻表現出明顯的行動偏誤，撲向左邊或右邊的比率達到 94%，幾乎難得選擇留在球門中央。

　　然而，為了評估最適當的行為，我們需要知道踢球與撲球組合的成功比率，表 17.2 所示，就是成功比率。最好的策略顯然是守門員留在球門中央，這樣大約可以救到 60% 射向球門中央的球，遠高於守門員撲向左邊或右邊時的救球成功比

率。然而,守門員很少遵循這種最適當的策略,留在球門中央的比率只有 6.3%!守門員所表現的行動偏誤顯然是低於最適水準的行為型態。[2]

表 17.1 撲球和踢球組合的分配

撲球方向		左邊	中央	右邊	總數
踢球方向	左邊	18.9%	0.3%	12.9%	32.2%
	中央	14.3%	3.5%	10.8%	28.7%
	右邊	16.1%	2.4%	20.6%	39.2%
	總數	49.3%	6.3%	44.4%	100.0%

表 17.2 擋下罰球的機率

撲球方向		左邊	中央	右邊	總數
踢球方向	左邊	29.6%	0.0%	0.0%	17.4%
	中央	9.8%	60.0%	3.2%	13.4%
	右邊	0.0%	0.0%	25.4%	13.4%
	總數	14.2%	33.3%	12.5%	100.0%

這種行動偏誤的原因似乎是來自大家認為這樣是標準。當守門員撲向左邊或右邊時,至少會覺得自己有付出努力,但是站在球門中央不動,看著罰球射向左邊或右邊,感覺糟糕多了。巴爾艾利等人利用問卷,詢問頂尖守門員,正好揭露了這種感覺,也證實了這一點。

---

2 當然只有在目前踢球分配的情況下,守門員留在球門中央才是最適當的作法,如果守門員全都開始留在球門中央,罰球球員應該會開始改變踢球分配,完全只踢向左邊和右邊。

投資人與行動偏誤

為了向你介紹投資人行動偏誤的證據,首先我必須介紹經濟學中實驗室的實驗領域,特別是介紹實驗性資產市場。

這是研究金融市場投資人行為的重要新方法,這種市場非常簡單,沒有任何複雜因素,只由一種資產和現金構成。資產是一檔股票,每期配發股息一次,配發多少股息要由世界情勢決定(有四種可能的情勢),每種情勢的權數相同,每一期的每一種情勢出現機率都是 25%。

表 17.3 顯示這檔股票的配息和機率,從這些資訊中可以輕易算出期望值(只要用配息乘以機率,再乘以剩餘的期數)。

表 17.3　實驗性資產市場中的機率與配息

機率	配息
0.25	57.5
0.25	37.5
0.25	27.5
0.25	17.5

圖 17.1 所示,是這種資產的基本面價值,期望值顯然會隨著時間的過去而降低,減少的金額就是每期預期會配發的股息。你現在可能認為,這是一種簡單的交易資產。然而,證據卻顯示不同的狀況。

圖 17.2 顯示這種資產市場的典型結果,一開始時,這種資產的價值被大幅低估,然後上漲到遠遠超過公平價值,然後在最後若干期中,再崩跌回基本面價值。這種情形只是代表簡

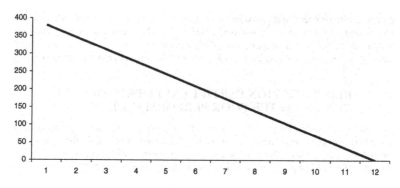

圖 17.1　實驗性市場中的股票基本面價值

單的泡沫形成和破裂，跟行動偏誤有什麼關係？噢，看看圖
17.2 取材自雷伊（Lei）、努賽爾（Noussair）和普羅特（Plott）
等人 2001 年時所主持的有趣實驗性資產市場。

　　在這個特別的遊戲版本中，一旦你買進股票，就不准轉
售。排除了推動泡沫的最後一隻老鼠理論。換句話說，因為你
不能轉售股票，就不可能發生用高於公平價值的價格買進、希

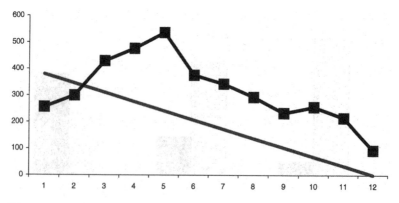

圖 17.2　實驗性市場中泡沫的形成

望自己獲得更高的獲利而把股票賣給某些人。事實上，參與者交易的目的只是打發煩悶無聊！因此看來投資人也有行動偏誤。

巴菲特論甜心球

行動偏誤瘋狂的地方，在於直接違反巴菲特等待甜心球的建議。他喜歡拿投資和棒球來比較，只是在投資領域中，沒有裁判判定壞球和好球，因此投資人可以站在本壘板上，光是看著投過來的球飛過去，不必被迫揮棒擊球。然而，柯拉曼在《安全邊際》一書中指出：「大多數機構投資人……會覺得被迫必須隨時要完全投資，他們的行為就像有一位裁判正在一旁喊著壞球和好球一樣——喊的大部分是好球，因此被迫幾乎對投來的每一球揮棒，為了打擊頻率，放棄打擊的選擇性。」

差勁表現出現後，行動偏誤特別明顯

行動偏誤的最後一點特別值得注意，就是輸球後（在我們這一行是一段績效差勁的時期後），通常行動偏誤會加強。席倫柏格（Zeelenberg）等人在 2002 年的研究以輸球為背景，說明不作為偏誤（inaction bias）變成行動偏誤的情形。

席倫柏格等人要求大家，考慮和下列狀況類似的情形：

史亭蘭（Steenland）和史特拉妥夫（Straathof）分別是兩支足球隊的教練，史亭蘭是藍黑隊教練，史特拉妥夫是 E.

D.O. 隊教練，兩位教練在上次球賽中皆以 3：0 比數結果輸球。這個星期天，史亭蘭決定採取行動，派了 3 個新球員上場，史特拉妥夫決定不改變陣容，這次兩隊都以 4：0 的戰績敗北，哪位教練感覺比較難過？是史亭蘭還是史特拉妥夫？

受測者所看到的敘述分成 3 組形式，第一組人看的是上面這種（即上次輸球的狀況），第二組人只看到上述陳述中的後半部（即沒有過去的資訊），最後一組人看到的是兩位教練前一周贏球、本周卻輸球的狀況。

圖 17.3 所示，是受測者回答哪一位教練會比較難過的比率。如果球隊上週贏球、本週輸球，90% 的受測者認為，改變球隊陣容的教練會比較難過（這是著名的不作為或忽略偏誤）。但是，如果情況變成球隊兩週都輸球時（如上所述），就會有將近 70% 的受測者認為，沒有採取行動的教練會比較難過，因此面對輸球時，尋求行動偏誤的衝動會特別強烈。

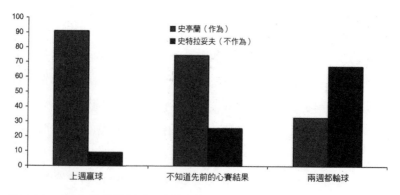

圖 17.3　評定某位教練會比較難過的比率

結論

　　心理學和實驗證據皆強烈顯示，投資人容易傾向行動偏
誤，畢竟他們從事的是「積極」管理，但是如果他們能記住不
作為也是一種決定，對他們應該也有好處。薩繆森說過：「投
資應該是很沉悶的事情，不應該會讓人興奮，應該比較像看著
油漆乾燥或青草成長，如果你想追求興奮，帶 800 美元到拉斯
維加斯去。不過，想在拉斯維加斯、邱吉爾唐斯賽馬場
（Churchill Downs）或美林證券（Merrill Lynch）裡發財，卻
也不容易。」

　　傳奇的大師鮑伯‧柯比在 1984 年寫的文章裡曾經談到「咖
啡罐投資組合」（Coffee Can Portfolio），說投資人必須把股
票放進咖啡罐裡，然後不再去碰——他把這種概念稱之為被動
性的主動，他是這樣說的：

　　我猜這種想法在投資經理人當中不會受歡迎，因為如果大
家普遍接受這種觀念，我們這一行的結構可能會產生劇烈變
化，也可能大幅減少靠著資金管理行業、維持豪奢生活型態的
經理人人數。

　　咖啡罐投資組合的觀念可以回溯到大西部的時代，當時大
家把寶貴的財物放在咖啡罐裡，藏在床墊下。這種咖啡罐可能
不需要交易成本、管理成本或任何其他成本，這種作法是否成
功，完全取決於一開始時，如何利用智慧和遠見選擇放在咖啡
罐裡的東西……

　　如果優秀的投資經理什麼都不做，到底會創造什麼樣的成

果？答案取決於另一個問題──我們是交易員還是投資人？大多數優秀的投資經理內心深處很可能是投資人，但是每天大量產出投資成果的資訊供應商、新聞機構和電腦，卻造成他們像交易員一樣行動。他們開始時都會根據比較長期的時間架構，用健全的研究，在具有發展前途的行業中找出極有吸引力的公司。然後，他們會根據每個月的新聞發展和各式各樣的大小謠言，每年交易這些股票兩、三次。

或許布萊茲·帕斯卡（Blaise Pascal）的看法最高明：「人類所有的不幸都源自於無法在一個房間內靜坐獨處。」

重點摘錄

→ 想像你是面對罰踢的守門員，你不知道罰踢球員會選擇從什麼方向踢來，你和罰球員其實是同時要假定，你應該撲向左邊、右邊，還是留在球門中央？

→ 大部分職業守門員通常會撲向左邊或右邊，事實上，撲向其中一邊是大家喜歡做的選擇，做出這種判斷的守門員高達94%。但其實這不是最好的解決之道，如果你看看救到罰球的比率，就會很清楚，假設罰球員的行為沒有改變，最適當的策略是留在球門中央！守門員展現出明顯的行動偏誤。

→ 實驗性市場透露的證據顯示，投資人也會展現行動偏誤。例如，在基本面價值很容易計算、而且股票禁止轉售的人為市場中，應該不會出現高於基本面價值的交易。然而，這種實驗一再顯示，市場中有大量高於基本面價值的交易，這種情形絕對沒有道理，因為股票轉售遭到禁止，大家不能希望利用最後一隻老鼠的心理進行交易，這些投資人是出於無聊，才進行交易——活生生地展現出行動偏誤！

→ 巴菲特談論投資時，他形容投資像是一場奇妙的棒球比賽，沒有裁判判定好球或壞球。基本上，投資人可以直接站在本壘板上，決定讓最多的投球飛過，等待甜心球出現在他的打擊甜蜜點上。然而，柯拉曼指出：「大多數機構投資人……會覺得被迫……

幾乎對投來的每一球揮棒，為了打擊頻率，放棄打擊的選擇性。」

→ 已故的鮑伯‧柯比曾經建議我們經營「咖啡罐投資組合」，投資人應該把股票放進去，然後就不再去碰──他說這叫做被動式的主動。然而，柯比指出，大家不可能普遍接受這種方法，因為這樣可能劇烈改變我們這一行的結構，也可能大幅減少靠著資金管理、維持豪奢生活型態的經理人人數。但我覺得這確實是好主意！

第 18 章

投資人的兩難：
樂觀偏誤與務實的憂鬱症 [1]

人類是樂觀的物種，大約 74% 的基金經理人認為他們的工
作成就高於平均水準，70% 的分析師認為他們在預測盈餘
方面，比同行高明，只有 9% 基金經理人的建議是賣出！
這種樂觀偏誤的原因之一，是我們傾向注意人生光明面的
天性，原因之二是自利偏誤（self-serving bias）和動機推
理（motivated reasoning）。對抗這種魅惑式召喚最好的
方法，可能是努力抱持實證上的懷疑精神，時常以現實情
況檢查你的信念。

　　樂觀主義似乎深植人心，我找了超過 500 位職業基金經理
人構成的樣本，並詢問他們當中有多少人自認工作表現高於平
均水準，高達 74% 的基金經理人給予肯定的答覆，事實上，
其中很多人還寫出：「我知道每一個人都認為自己表現優異，
但我真的是這樣！」

　　這種情形並非我們這一行獨有。我教書時，發現普遍 80%
的學生認為自己能在班上拿到前 50% 的成績！藍奇（Lench）

1　本文刊於 2008 年 2 月 12 日出版的《心理很重要》雜誌，其中討論的材料在出版時確實正確
　　無誤。

和逖托（Ditto）在 2008 年發表的論文中，就針對我們容易得到樂觀結論的傾向進行探討。

藍奇和逖托在第一項實驗中，交給受測者一系列人生未來事件的列表，每個事件都附了根據實證證據統計的發生機率，證據則是從反映受測者所屬團體中搜集而來（至少受測者獲知的情形是這樣）。然後主持人會要求受測者，根據 1 分到 9 分的量表（1 分代表非常不可能，9 分代表非常可能），評估自己碰到這種事件的可能性有多少（請參閱圖 18.1）。

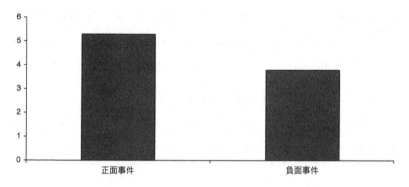

圖 18.1　碰到正面與負面事件的平均機率（1 分 = 非常不可能，9 分 = 非常可能）

第一組的受測者會拿到樂觀的實驗敘述，敘述分別是從高中低三種範圍中抓來的可能性，例如，60% 的人永遠不會碰到失業潮，或 40% 的人起薪會超過 6 萬美元，15% 的人會活到 90 歲以上。

第二組受測者則是收到負面的實驗敘述，因此他們知道的是 60% 的人會碰到失業潮，40% 的人起薪低於 3 萬美元，15% 的人會在 40 歲以前死亡。

樂觀偏誤顯示，雖然每一組事件都有類似的基本比率統計，正面事件發生的可能性所得到的評價，遠高於負面事件。

　　藍奇和逖托認為，樂觀主義很可能是人類天生的預設值，大腦很多這種系統實際上是通往決策快速而激烈的捷徑（請參閱《行為投資法》第 1 章中對這一點的更詳細探討）。為了釐清樂觀主義是否可能是這種行為，藍奇和逖托設計了一款他們可以改變時間壓力的實驗，在時間壓力下，X 系統的功能作用往往會脫穎而出，因此，如果樂觀主義是人類的預設選項，那麼在時間壓力很高的情況下，我們理當能看到這種選項激烈增加。

　　這次受測者坐在電腦螢幕前，螢幕顯示跟人生未來事件有關的陳述，附帶顯示事件發生頻率的基本比率，受測者可以選擇按下標明「不是我」或「是我」的按鍵。事件在螢幕上顯示的時間為 1 秒或 10 秒，顯示的正面和負面事件各為 6 件，圖 18.2 所示，是這項實驗的結果。

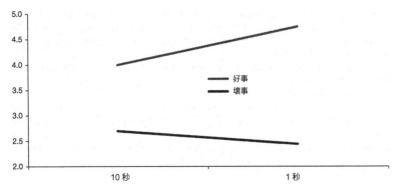

圖 18.2　時間限制對預測好事與壞事發生可能的影響

當受測者有時間考慮螢幕上的人生事件時，會預測自己將碰到 6 件好事中的 4 件，只會碰到 2.7 件壞事。而受測者承受時間壓力時，預測自己碰到的好事會上升到 4.75 件，壞事比例會降到 2.4 件！這種型態符合樂觀主義是天生預設答覆的想法。

麗絲·費爾普斯（Liz Phelps）和同事在最近的研究中發現了進一步的證據，證明人類樂觀態度深植人心的特性〔請參閱夏洛（Sharot）2007 年的研究〕。他們要求受測者想像過去與未來的好事和壞事，同時掃描受測者的大腦活動情形。當受測者想像未來的好事、而不是壞事時，腦部有兩個重要的區域會加強啟動——喙部前扣帶迴皮質（rostral anterior cingulate cortex）和杏仁核（Amygdaloid），這兩個區域皆與情緒的處理有關，而且一般也認為與 X 系統的神經相關（請參閱《行為投資法》第 1 章）。

金融界的樂觀偏誤

諸多證據顯示，我們這一行充滿樂觀偏誤。例如，圖 18.3 所示，是買進、續抱和賣出三種股票建議所占的比率。奇怪的是，所有建議中，大約91%的建議不是買進就是續抱，只有9%是賣出建議。

圖 18.4 根據分析師預測的未來五年成長率，簡單為股票分類，其中第一個五分位的預期成長率最低（年率大約為6%），第五個五分位的預期成長率最高（超過年率 22%）。黑色柱狀圖代表五年後的實際情形，在統計上顯示，第一和第五兩個五分位的實際結果並沒有顯著差別。

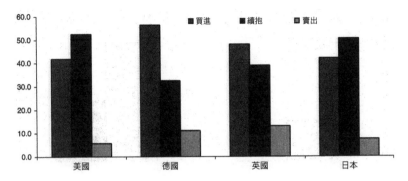

圖 18.3　不同類別建議所占比率

　　但是請注意，分析師最看好的股票結果最讓人失望！預測的平均長期成長年率大約為 13%，平均的實際結果大約為 8%，預測誤差高達 500 個基點！

　　在預測方面，買方分析師似乎也好不到那裡去。葛洛伊斯柏格（Groysberg）等人在 2007 年發表的論文中，探討買方和賣方分析師的表現，結果至少可以說相當吸引人。

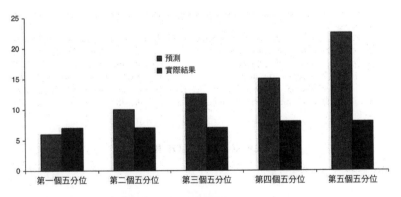

圖 18.4　長期盈餘成長率預測與實際結果
（單位：%，收益率）

從過去案例推論，照理說，買方分析師應該不像賣方分析師那麼偏頗。例如，買方分析師在企業金融研究上沒有利益衝突問題，他們也不太需要擔心跟公司接觸的問題，因為他們可以利用自己所管理的資產勸誘經營階層跟他們會唔。而且他們的推薦不會被公開，企業無從查考。

雖然如此，買方分析師仍然有自己的誘因問題需要處理。最近，我和很多避險基金經理人談話時，「如何應付在投資組合中沒有部位的分析師」話題一再出現，對於分析師的努力追逐，基金經理人很擔心。把分析師推薦的股票納入投資組合的問題，顯然不容忽視。

然而，對實證懷疑論者來說，凡事要實際體驗才能清楚說明。葛洛伊斯柏格等人的論文大有幫助，他們努力掌握了一家買方公司分析師的資料，每次買方分析師預測（或是發表看法）時，就拿賣方的共識意見來比較。當然，這裡有樣本數很小的問題，我們討論的只是兩家公司，但是基於有證據勝過沒有證據的道理，我們就這樣接受葛洛伊斯柏格等人所說的，「買方是備受尊敬、重視研究的大公司」，好好檢視葛洛伊斯柏格等人的發現吧。

葛洛伊斯柏格等人衡量預測的精確度時，用的衡量指標是絕對預測錯誤平均數（mean absolute forecast error），他們檢視買方和賣方分析師 1997 年至 2004 年間的獲利預測。

他們分別從兩種時間架構追蹤績效，短期以 0 到 3 個月為長度，長期期間 18 個月以上，結果顯示在圖 18.5。和賣方分析師相比，買方分析師不精確的程度高出很多，在短期時間架構中，買方分析師的平均預測錯誤比率為 27%，賣方分析師為

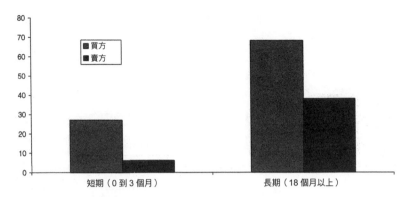

圖 18.5 平均預測錯誤比率
（單位：%）

6%。時間架構延長後，績效甚至更形惡化，在 18 個月以上的
時間架構中，賣方分析師的平均絕對預測錯誤比率為 38%，買
方的平均預測錯誤高達 68% ！

樂觀態度的來源

先天演化：提高人類生存的可能

事實上，樂觀偏誤的來源可以分為兩種，一種是先天與生
俱來，另一種跟後天經驗有關。我們從先天說起，人類大腦是
由演化過程設計的，不幸的是，演化的速度超級緩慢，因此我
們的頭腦很可能適用於十五萬年前的非洲草原，但絕對不適用
現代的世界。

今日我們擁有很多偏誤大致具有一些演化上的優勢〔不過
有些可能是史蒂芬・古爾德（Stephen Jay Gould）所說演化副

產品的「拱肩」〕。樂觀在我們的物種演化過程，又能發揮什麼作用呢？

萊昂內爾・泰格（Lionel Tiger）在大作《樂觀：希望的生物學基礎》（*Optimism: The Biology of Hope*）一書中主張：早期人類離開森林變成獵人時，很多人死亡和受傷，泰格認為，人類通常會放棄不利於後果的工作，因此在生物的適應上發展出樂觀的意識。畢竟，要挑戰乳齒象（像大象一樣的史前超大野獸）需要很大的勇氣，坦白說，沒有幾個悲觀主義者會想到要這樣做。

他也提出，當人受傷時，身體會釋出腦內啡（endorphin）。腦內啡具有兩種特性，一種是止痛（減輕痛苦），一種是產生幸福愉快的感覺。泰格認為，生物適應性讓我們的祖先在受傷時，經歷正面的情緒，而不是負面的情緒，因為這樣才能強化他們未來出獵的傾向。

就像很多演化上的論證，其中都有一種類似吉布齡（Kipling）《原來如此故事集》[2]（*Just So Stories*）中的因素。然而，樂觀主義的確可能賜予我們若干優勢。事實上，雪莉・泰勒（Shelley Taylor）和喬納森・布朗（Jonathan Brown）發現，面對生病的可怕消息和一大堆其他問題時，樂觀主義者應付起來似乎高明多了——請參閱他們兩人 1988 年的研究。因此樂觀主義很可能是面對生活的重要策略，但這當然不代表樂觀能成為重要的市場策略。

2　對不熟悉這位大文豪《原來如此故事集》的人稍作解釋，這些故事是撰述各種動物如何變成現在模樣的創意軼事，例如，故事中的大象最後會長出長長的象牙，是因為大象不聽媽媽的話，跑到坐滿鱷魚的河裡喝水，一條鱷魚咬住他的鼻子，大象往後退時，象牙拉長，就成了我們今天知道的可愛形狀。

後天發展：自利偏誤與動機推理

　　心理學家經常談到「自利偏誤」，當人帶有這種偏誤時，容易根據支持本身利益的方式行動（詳情請參閱《行為投資法》第 51 章）。

　　在穆爾（Moore）等人的研究中，可以看到自利偏誤的好例子。他們找來 139 位職業會計師進行實驗，發給每位受測者 5 個審計案子，請他們查核。這些案子的會計處理中各種具有爭議性的問題，例如，有案子涵蓋無形資產的認列、關於費用的認列，還有一個跟費用的資本化和支出有關。主持人告訴這些會計師，這些案子彼此互不相關，再隨機分配這些會計師去替一家公司工作，或是替一位考慮投資這家公司的外界投資人服務（請參閱圖 18.6）。

　　相比那些獲知替外界投資人服務的會計師，得知自己將替這家公司工作的會計師，接受各種可疑會計作法的可能性高出 31％！而且這項實驗是在恩隆公司會計弊案爆發後才做的！

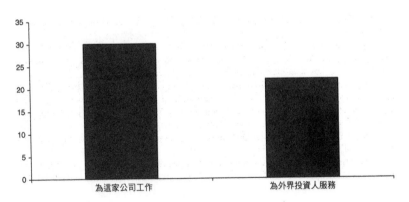

圖 18.6　容許各種可疑會計措施過關的會計師比率

可嘆的是,這種動機推理太常見了。例如,早晨我們跳上浴室的磅秤時,如果磅秤顯示的是我們不喜歡的數字,我們通常會走下來,然後再試一次(只是要確定我們沒有站歪)。然而,如果磅秤上的數字低於我們的預期,我們會跳下磅秤,開始沖澡,感到日子很美好。

奇怪的是,我們在生活的其他領域中,也能看到一模一樣的行為傾向。1992 年,狄托(Ditto)和羅培茲(Lopez)為了檢查這種行為,特別設計了一個巧妙的實驗。受測者獲知,要被測試自己身上有沒有硫代乙醯胺(TAA)酵素存在。其中一組人獲知 TAA 酵素有益(比起體液中不含 TAA 的人,TAA 測試呈現陽性的人患有胰臟疾病的可能性少 10 倍);另一組人則被告知 TAA 有害(TAA 測試呈陽性,得胰臟疾病的可能性提高 10 倍)。

主持人要求半數受測者在接受測試前,先填答一套問題,另一半的受測者卻要在測試後才填答問題。其中有兩個問題特別重要,第一個問題敘述提到,多種因素(如睡眠不足)都可能影響這項身體測試,要求受測者列舉測試前一週自己所經歷的類似因素。另一個問題,要求受測者依據從 0 到 10 分的量表(10 分代表完美的測試),評估 TAA 酵素測試的精確度。

圖 18.7 和 18.8 顯示狄托和羅培茲所發現的結果。在提供測試結果之前,獲知 TAA 酵素有益與有害的兩組受測者回答的答案幾乎沒有不同。然而,一旦主持人說出測試結果後,兩組受測者的答案大相逕庭。

獲知這種酵素有益,而且在獲知測試結果後才回答問題的人,答案中舉出的生活異常狀況比較少。而他們對這項測試的

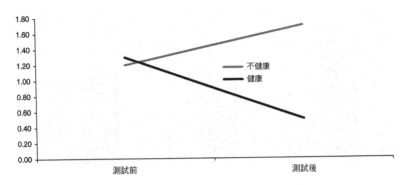

圖 18.7　受測者所列舉影響測試的生活異常狀況數目

精確性認定，高於另一組「在測試結果前先回答問題」的評分。

　　同樣的，獲知這種酵素有害，而且在獲知測試結果後才回答問題的人，提供的生活異常狀況數量更多，而且認為這項測試不可靠的程度，多於另一組「在測試結果前先回答問題」的人。兩組人的行為跟我們站在浴室磅秤上的表現，如出一轍。由此證明，我們的確非常善於接受自己想聽、同時忽視和積極

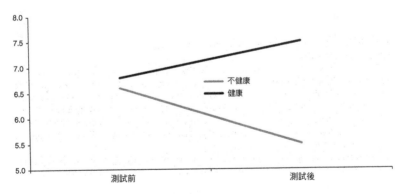

圖 18.8　硫代乙醯胺酵素測試精確性的認定

辯駁我們不想聽的資訊。

有趣的是，魏斯登（Westen）等人在 2005 年的研究中，發現動機推理跟大腦控制情緒的腦區相關，而不是跟控制邏輯的腦區有關（也就是與 X 系統具有關連，而不是 C 系統）。在新的實驗設計中，他們提供小布希、凱瑞和一位中立人士的聲明，給忠貞的民主黨和共和黨人閱讀，然後再讓他們看一件牴觸這些聲明的行為，證明這些總統候選人的言行自相矛盾，並請受測者根據 1 到 4 分的量表，評估言行不一的程度。然後再發一份免責聲明，對言行不一的原因略加解釋，最後要求受測者根據免責聲明，評估言行不一的情況現在看來是否還是這麼糟糕。（請參閱圖 18.9）。

例如，受測者得知下列聲明是小布希 2000 年時所說：「首先，肯恩・雷伊（Ken Lay）是我的支持者，我愛這個人，我認識他很多年了。他曾經慷慨捐助選戰經費給我，我出任總統後，計畫像執行長經營公司一樣管理美國政府，雷伊和恩隆公

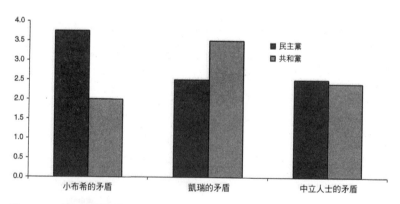

圖 18.9　對總統候選人言行不一的矛盾程度評估（1 至 4 分的量表，分數越高越矛盾）

司是我的行為楷模。」

接著，受測者會看到聲明主角言行不一的型態。例如，小布希避免提到雷伊，當有人問起恩隆公司時，他會批評這家公司。最後，受測者看到免責聲明和其他文字敘述，例如，「認識總統的人表示，總統覺得遭到雷伊背叛，當他發現恩隆公司領導階層涉及貪腐時，十分震驚。」

奇怪的是，和民主黨人相比，共和黨人認為小布希言行不一的程度比較輕微，而考慮凱瑞言行不一的程度時，想法卻正好相反。問到免責聲明是否可能減輕言行不一的矛盾程度時，也有同樣的發現。

魏斯登等人發現，和動機推理有關的神經，與大腦處理情緒活動的部分連結密切，甚於處理邏輯分析的活動。他們指出：「從素質的角度來看，和動機推理相關的神經資訊處理的素質，相較結論缺少強烈情緒投入的推理，似乎有所差異。」

此外，魏斯登等人發現，在言行不一的矛盾情緒衝突解決後，大腦歡愉中心之一腹側紋狀體會爆發一波活動。換言之，一旦達成情緒一致的結果後，大腦會獎勵自己。魏斯登等人斷定：「一旦受測者有充足的時間，達成偏頗的結論，負面影響減少……加上正面影響或獎勵增加……顯示為什麼動機性的判斷這麼難以改變（即這些東西得到雙重強化）。」

傑福瑞・黑爾斯（Jeffrey Hales）曾經針對投資人從事動機推理的傾向進行研究。在實驗中，他要求參與者預測一家真正在紐約證券交易所上市（但沒有說出名字）的公司盈餘，每位參與者都會拿到這家公司獲利、新聞報導、一套分析師預測和評論的歷史資料，當參與者預測正確時，就會得到獎勵。

定向偏好（投資人是否會從股價漲跌中受益）經過隨機化，半數參與者分配的是多頭部位，半數參與者分配到空頭部位。他們拿到的資訊也經過處理，半數參與者的資訊暗示他們的投資部位可能產生正報酬率，另外半數參與者的資訊暗示他們可能得到負報酬率。

結果顯示，即使預測正確會得到獎勵，投資人對未來獲利的期望，還是會受到他們願意相信的事情影響。圖 18.10 顯示這項實驗的結果，共識的獲利數字暗示參與者的投資會獲利時，他們的預測相當接近共識值。

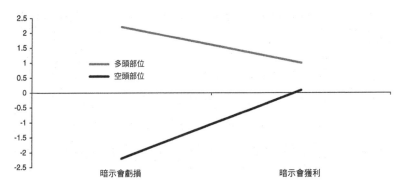

圖 18.10　動機推理對盈餘預測的影響（背離共識值的程度）

然而，共識信念暗示會虧損時，參與者便開始提出暗示自己的部位會獲利的預測，因此，抱著多頭部位的人最後會提出樂觀的預測，抱著空頭部位的人會預測股價將短暫下跌！

黑爾斯指出，「顯示投資人的投資可能賺錢的資訊，投資人通常會輕率地同意，卻不同意顯示他們可能虧損的資訊。」動機推理的力量發揮到最高峰！

懷疑論是最佳對策

這種動機推理要怎麼抵銷?和平常一樣,光是揮揮魔棒,偏誤不會消失。鑒於證據證明樂觀主義和動機推理都出自下意識的 X 系統,我們經常不知道自己已經受 X 系統控制。

然而,證據顯示,用懷疑論處理動機推理可能相當有效。心理學中有一句話:「如果你無法消除偏誤,那就重新調整偏誤吧。」這樣說只是表示,如果 X 系統是在我們的認知無法接觸的下意識層面運作,或許我們能把偏誤化為有利的工具。

道生(Dawson)等人在 2002 年的研究中指出,結合這種策略和動機推理,可以改善決策。他們採用華生選擇任務(Wason selection task)說明。現在,在你面前放了 E, 4, K, 7 四張牌,每張牌的其中一面有一個字母,另一面也都有一個數字(這一點十分正確,你可以相信我的話)。你要接受的測驗是:如果一張牌上面有個 E 字,另一面應該是 4,這時你願意翻哪一張牌,看看這個命題是否正確呢?

一般人說出正確答案的比率大約只有 10%,在我的基金經理人樣本中,答對的人只有 5% 而已,創下我所問問題答對比率的最低比率!

大部分人都去翻 E 和 4 的牌,正確答案是 E 和 7。如果你翻 E 這張牌,背後的字卻不是 4,你就證明我在說謊;如果你翻 7 這張牌,背後卻出現 E 字,你也證明我在說謊。不幸的是,4 這個數字不能告訴你任何事情。因為我說 E 的背面是 4,並不是說 4 的背面是 E,人們翻了 4 的習慣叫做驗證性偏誤,這種偏誤會促使你經常去找符合自己想法的資訊、而不是找出證

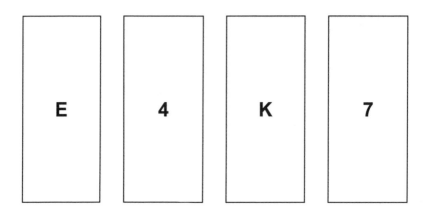

明我們錯誤的資訊。

　　道生等人利用這種測試的變化形，要求參與者接受衡量他們情緒反應和流動性的測試。然後，告訴他們結果，並提供一些近期研究的片段文字，說明這項測試的績效跟早死有關。第一組人得知早死和得到低分有關，第二組人得知早死和高分有關。

　　接著，他們會收到這項研究所用的樣本，也得知他們必須查驗先前的結果，他們收到的樣本像前面測試一樣，由四張牌構成，但是牌上標注的是低分、高分、早死和晚死。

　　有趣的是，大家面對威脅性狀況時，通常可以用輕鬆多了的方式解決問題。例如，得到低分、又得知低分可能導致早死的人當中，有 55% 的人翻到正確的牌。得到高分的人卻只有 10% 的人解決了問題。得到高分的人得知高分可能導致早死時，結果則恰好相反（請參閱圖 18.11）。

　　道生等人指出，要解決這個問題就如同反問自己：「我必須相信這一點嗎？」而不是提出輕鬆又常見的的疑問：「我可

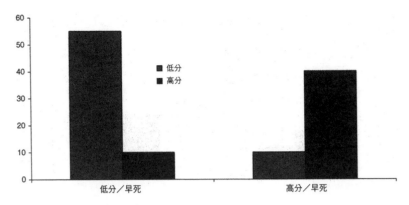

圖 18.11　選擇正確牌張比率

以相信這一點嗎？」。在第一個問題上，舉證責任比第二個問題沉重多了，我們身為投資人，必須學會怎麼問第一個問題，而不是依賴第二個問題。

　　的確如此，在研究一些價值型投資大師時（請參閱《行為投資法》），我認為他們都是詢問「必須」問題、而不是問「可以」問題的專家。我提到的關鍵是，因為他們操作的投資組合通常都很集中，他們的預設立場是：「為什麼我應該擁有這項投資？」然而，基金經理人沉迷於追蹤誤差和職涯風險時，預設問題變成了：「為什麼我不應該擁有這檔股票？」

根據證據投資的理由

　　最優秀的價值型投資人似乎把懷疑論當成自己的預設選項，然而，如同我以前的文章中說的，懷疑論很罕見，我們的大腦似乎天生喜歡相信、不喜歡質疑，因此，我們需要學習用

實證現實來對抗我們的信念（請參閱《行為投資法》第 16 章
中的深入研究）。

　　這正是我稱之為「根據證據投資」（Evidence-Based
Investing）的基礎奠定。醫學領域有一派思想，認為我們應該
用研究引導醫療，這種運動叫做實證醫學（Evidence-Based
Medicine），我認為我們的投資需要類似的東西。我希望我們
不只是主張某些事物為真而已，還希望大家拿出證據，證明這
種東西確實是真的。

　　例如，我不希望大家只是告訴我，未來十年內股票每年可
以成長 40%，還要從龐大的公司樣本中，拿出證據給我看，檢
視結果的分布。或是，如果你相信你的股票可以維持現有的投
入資本報酬率，那麼請你看看歷史，看看一家公司有多少可能
做到這一點。成為實證上的懷疑論者（還是應該叫做懷疑論的
實證主義分子？）等於是強迫自己進行務實的查核。請努力記
住，要奉行福爾摩斯的下述建議：「在擁有資料前就作出結論
是重大錯誤。你會在不知不覺中，開始扭曲事實去配合理論，
而不是拿理論去配合事實。而且根據不足的資料形成不成熟理
論的誘惑，是我們這一行的禍根。」

務實令人憂鬱

　　研究樂觀主義時，最有趣的發現大概是：樂觀主義和正好
相反的悲觀主義，與憂鬱之間很有關係。很多研究專家發現，
只有客觀實際看待事情的人是憂鬱症患者！他們對自己的能力
一無幻想，而往往正是這種務實觀點害他們憂鬱。

艾洛伊（Alloy）與艾布蘭森（Abramson）在 1979 年的一項實驗，請受測者進入一間裝有燈光和開關的房間裡。在第一種情況下，受測者按按鈕時，燈光有 25% 的機率會點亮，沒有按按鈕時，也有 25% 的機率會點亮。在第二種狀況中，受測者按下按鈕時，燈光有 75% 的機率會點亮，在沒有按按鈕時，也有 75% 的機率會點亮。

　　受測者參加實驗後，主持人詢問他們能控制燈光的時間有多少，圖 18.12 所示，就是他們的答案。不同於其他人，在悲觀主義測試中得到高分的受測者，沒有顯示出半點不切實際的控制幻想。

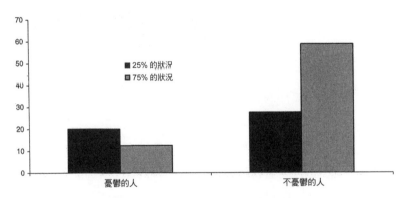

圖 18.12　控制幻想：你控制燈光的時間所占比率

　　或許這樣會讓投資人面臨不值得令人羨慕的選擇：不是變成務實看待世界的憂鬱症，就是成為懷抱幻想的快樂人士。我個人猜想，最好的解決之道是，工作像個憂鬱症患者行事，回家帶著快樂的幻想。（噢，反正這樣做對我有用！）

重點摘錄

→ 巨蟒劇團的電影《萬世魔星》（Life of Brian）結束時，掛在十字架上的人開始吟唱，「總是樂觀看待人生的光明面」，看來絕大多數的人都接受這種價值觀，每一個人似乎都認為，好事可能發生的機率高於壞事。

→ 這種樂觀偏誤從何而來？一部分來自大自然。也就是說，演化很可能把人類強力生成樂觀的天性，畢竟，石器時代的悲觀主義者很可能懶得起床，去獵捕乳齒象。例如，天性樂觀的人面對生病的壞消息時，應付起來會比天生悲觀的人高明多了。事實上，大腦中許多產生樂觀偏誤的區域，似乎跟演化比較久的 X 系統有關（即決策中比較情緒化的部分），而不是跟講求邏輯的 C 系統有關。

→ 自利偏誤和動機推理會強化這種樂觀天性，例如，早晨我們跳上磅秤時，如果磅秤顯示出我們不喜歡的數字，我們通常會走下來再試一次，好確定自己沒有站歪。然而，如果磅秤上的數字低於我們的預期，我們會跳下磅秤，跑進浴室，欣喜感到日子很美好，這就是動機推理，我們非常善於接受合乎內心預期的資訊，質疑不含我們心意的資訊。

→ 設法控制動機推理最好的方法（這種動機似乎又是植根在下意識的 X 系統中），是利用實證的懷疑論。

也就是說，如果你相信某種東西是真的，那就拿範圍廣泛的實證資料來測試這些信念。看看你的公司在未來十年內，到底有多少可能每年創造 40% 的盈餘成長率。

→ 最後值得一提的是，證據顯示，憂鬱症病人是用真實的眼光看待世界，他們對自己的能力沒有任何幻想，因此才會覺得憂鬱！投資人似乎必須面對這毫無魅力的選擇時，要不是因為務實的理性看待而備感憂鬱，就是因為過度樂觀而輕信。我個人猜想，最好的解決之道可能是工作時擁有理性的憂鬱，回家後帶著快樂的幻想！

第19章

你不是無所不能的超級電腦 [1]

[
我們花太多時間，想對事情了解得越來越多，得到的卻越
來越少，直到我們對一切一無所知為止。我們卻難得停下
來，問自己真正需要知道的是什麼東西！
]

今年初，我曾經針對行為決策問題，跟一位客戶進行了兩
小時「你問我答」式的會議。會議結束，主人陪我走出去時問
我：「如果你必須找一個詞說明你的主張，你會選擇哪個字
眼？」我的答覆是：「簡化」。

我曾經寫過文章討論「知識的錯覺」（illusion of
knowledge）[2]，我出席會議時，我花了相當多時間與篇幅去談
論人們花太多時間，想對事情了解得越來越多，得到的卻越來
越少，直到最後對一切一無所知。卻很少停下來，問自己真的
需要知道什麼，再實際做出投資決定。

過去我曾利用保羅・史洛維奇（Paul Slovic）的研究，說
明更多的資訊不見得是更好的資訊。然而，史洛維奇的作品是
1973 年出版的，為了複製和強化論點起見，我很樂於宣布最
近有 3 位專家證明了史洛維奇發現的相同型態。

---

1 本文刊於 2007 年 12 月 3 日出版的《心理很重要》雜誌，其中討論的材料在出版時確實正確
無誤。
2 請參閱《行為投資法》第 2 章與第 11 章。

越多真的越好嗎？

克萊爾・蔡（Claire Tsai）等人在 2008 年發表的論文中，再度顯示，除非是低到很低水準的情況下，否則多餘的資訊會轉化成過度自信和靜態持平的精確性曲線。他們測試美式足球球迷在 15 場全美大學體育協會球賽中預測結果和得分差距的能力，他們以隨機順序分成 5 回合提供訊息（由負責監督、但沒有參與球事的球迷選擇的資訊），每一回合提供 6 則他們稱之為「提示」的資訊。

提供的資訊刻意剔除球隊名稱，因為球隊名稱太具引導力量了。這些資訊涵蓋與足球有關的廣泛統計，包括搶得本隊丟球次數、失誤差距和前進碼數。

受測者是芝加哥大學的 30 位大學生和研究生，他們平均大約花了 1 小時時間完成實驗，換取 15 美元的固定津貼。此外，主持人承諾，會發給表現最好的受測者 50 美元獎金。受測者必須通過測驗，顯示他們的大學美式足球知識豐富，才能參加這項研究計畫。

為了從對應標竿的角度來看，更多的資訊是不是就等於比較好的資訊，球賽採用實際測試時沒有採用的逐步邏輯迴歸（stepwise logit regression）的方式運作，這句話聽起來極為複雜，其實只是表示每一回合的新資訊都會提供到電腦模型，複製模擬參與實驗者面對的狀況。

圖 19.1 所示即為結果，只供應第一套資訊的 6 條提示時，模型的精確度大約為 56%。隨著資訊逐漸增加，直到所有可用資訊全數提供完畢時，預測的精確性會升高到 71%。

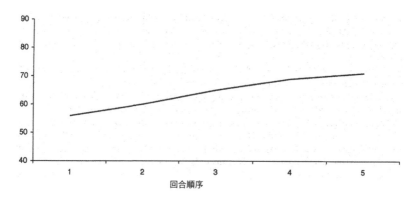

図 19.1　電腦模型呈現的預測精確性

　　因此，從統計模型的角度來看，比較多的資訊的確是比較好的資訊。然而，相較於電腦統計模型，處理人類受測者時，卻揭露一個大不相同的結果。圖 19.2 所示，就是受測者的平均表現，不論提供的資訊多寡，精確性大致在 62% 上下走平。受測者表現在先前若干回合優於模型 —— 在統計上並非如此 —— 但在後來的回合中受測者的預測表現低於電腦模型。

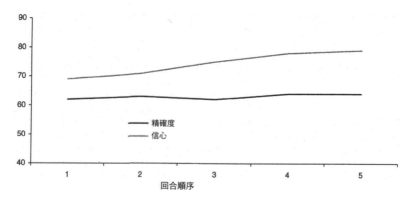

圖 19.2　受測者的預測精確度與信心

然而，增加更多的資訊後，受測者的信心也隨之飛躍上升。一開始有 6 則提示時，信心水準為 69%，獲得 30 則提示時，信心會升到接近 80%。因此這項實驗和史洛維奇原始的研究一樣，隨著資訊數量增加，信心會提高，但是精確性不會提高。

　　這項發現反映人腦所受到的認知極限。就像喬治·米勒（George Miller）1956 年的發現，一般人正常能運用的平均記憶容量（你也可以稱之為大腦便利貼），可以處理 7 則（加減 2 則）資訊。

　　早在米勒發現這種認知極限之前，柯南道爾爵士（Sir Arthur Conan Doyle）就寫下眼光銳利的福爾摩斯說的一段話：

　　我認為人腦像原本空無一物的小閣樓，你必須選擇家具之類的東西塞進去，傻瓜會把自己看到的各種雜物都堆進去，導致本來可能對他有用的知識遭到排擠，否則，頂多是和其他東西亂堆在一起，害他難以找到。但是技巧高明的工匠對放在大腦閣樓的東西，的確抱持非常謹慎的態度，只放可能有助於他工作、又數量繁多的工具進去，但是所有工具都會以最整齊的方式擺放。大家不能誤以為這個小房間的牆壁有彈性，可以被無限擴展，看房間的大小而定，你總是會碰到某些時刻，每次多加一些知識到小房間，就會有一些以前你所知道的事情被你忘記。因此，最重要的事情是，不要拿沒有用的事實，排擠有用的東西。

　　　　　　　　　　——《血字的研究》（*A Study in Scarlet*）

　　事實很簡單，我們不是擁有無限力量的超級電腦。別想擴

展大腦的認知極限，而是設法盡量利用我們的天賦，因此我們不該去收集所有可以收集到的資訊，應該花更多時間研究真正重要的東西是什麼，然後把心力集中在上面。

認知極限

狄克思特修斯（Dijksterhuis）等人在 2006 年的研究中，為認知極限提供了更多的證據。他們要求參與這項研究的人在 4 種不同的車款中選擇，參與者要面對兩種其一的狀況：得到 4 種車款的 4 種性能（低負載），或是得到 4 種車款的 12 種性能（高負載）。兩種情境，都會有一款車的性能明顯「勝過」其他車款，這款車有 75% 的性能屬於優異性能，另外兩款車擁有 50% 的優異性能，最後一款車只有 25% 的優異性能。

圖 19.3 所示，是參與者在每一種資訊狀況中選擇「最好」車款的比率，在低負載的資訊情境，將近 60% 的受測者會選擇最好的車。但是面對資訊超載時，卻只有 20% 的人選擇最

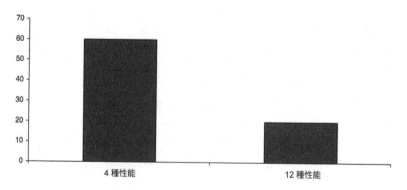

圖 19.3　參與者選擇「最好」車款的比率

好的車！

心臟病的啟示

1995 年，李·葛林（Lee Green）和葉慈（Yates）針對這個領域進行初始研究。發生問題的地方是密西根州的一家醫院，這家醫院的醫生通常會把大約 90% 有嚴重胸痛的病人，送進心臟科加護病房，造成心臟科加護病房過度擁擠，照護標準降低，成本上升。

決定把這麼多病人送進加護病房，反映了醫師擔心假陰性的代價（假陰性指拒絕應該收住院的病人住院）。你可能會說，好啊，這樣勝過另一種狀況啊。但是這等於忽視了住進加護病房的潛在風險，美國每年大約有 2 萬人死於院內感染，加護病房裡院內感染的風險遠高於一般病房。

密西根州這家醫院的醫生最該挨罵的地方，是把 90% 主訴胸痛的病人收進加護病房，其中大約 90% 的病人並不需要住進加護病房，他們的作法根本沒有比依據機率的決策好！

為什麼判斷失準？

這種表現迴避的問題是：醫生為什麼如此難以區分需要特殊照顧和不需要特殊照顧的病患？葛林和葉慈正是想探討這個問題。

他們研究的基準是醫生看到了錯誤的資訊，他們通常重視「風險因素」，例如，家人有早發性冠心症的病史、年齡、男

性、吸菸、糖尿病、血清膽固醇升高和高血壓等因素。

　　然而，這些因素雖然有助於評估病人心肌缺氧的整體可能性，卻幾乎沒有診斷力量，不是有效的資訊提示，或是像葛林和葉慈說的一樣是「假診斷事項」，也就是「跟考慮中的診斷有關、會影響決策者機率判斷的額外資訊，但在區分確切診斷和其他可能性時，沒有客觀價值。」

　　醫生可以找到更好的診斷線索。研究顯示，病人病徵的性質與位置、缺血症病史、以及某些特殊的心電圖發現，都是急性缺血症、心肌梗塞和和死亡率最有力的預測指標。

可以改善嗎？

　　葛林和葉慈提出的構想是利用層疊卡。卡片上注明和診斷資訊對照的各種機率，醫生可以利用這些表格，根據病徵和檢驗發現，乘以機率，以便估計心臟疾病的整體可能性。如果可能性高於設定的門檻，病人就應該送進心臟病加護病房，否則住在設有監視器的普通病床就夠了。

　　使用這種輔助決定的工具後，醫師的決定過程明顯改善，仍然能夠抓到高比率的問題病例，但不需要住進加護病房的病人卻送進加護病房的比率急劇降低。

　　這當然可能表示輔助工具有效，但是，葛林等人是優秀、認真的科學家，他們要查核看看實際情形是否如此。他們的作法是在若干星期裡，發給醫生決策輔助工具，若干星期裡卻不發給。顯然，如果這個工具是醫生表現改善的原因，那麼醫生無法使用輔助決策工具的期間，診斷表現應該會出現某種程度

的惡化。

但是實驗結果卻顯示了一些讓人驚訝的地方。不論醫師有沒有使用這種工具，決策效能似乎都有改善！這種令人驚訝的改變出自什麼原因？是因為醫師已經記得卡片上的機率，即使卡片不在手邊，仍然可以利用機率協助醫療判斷嗎？

這樣似乎不太可能，因為卡片上的各種排列組合並不容易記住。葛林和葉慈進行快速的測試後，顯示是另有原因。事實上，醫師已經懂得設法提取正確的提示，換句話說，藉著讓醫師知道診斷時應該利用什麼正確工具，醫師的重點已經從假診斷資訊，轉移到真正具有資訊價值的因素。他們開始正確看待事情，試著找出對的線索了！

簡單是關鍵

葛林和梅爾（Mehr）1997 年根據這經驗，設計了一個非常容易使用的決策輔助工具，由一系列是／否的問題（比原來

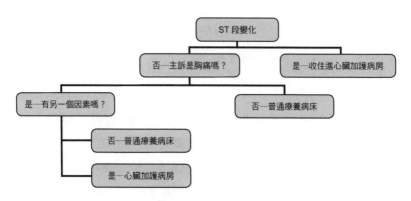

圖 19.4　疑似心肌梗塞患者收住院決定過程

以機率為基礎的方法容易好幾級）組成。圖 19.4 所示，是這種輔助工具的構造。

如果病人呈現特殊的心電圖異常（ST 段變化），就要立刻收住進加護病房，如果不是，就要考慮第二個提示：病人是否有胸痛？如果答案是肯定，還是要收住進加護病房……

對醫生來說，這樣會使決定的關鍵因素變得明顯而透明化，在實務上也運作得特別順暢。圖 19.5 顯示此處所討論標準的精確性，座標軸代表我們所討論問題的兩個層面，其中縱軸是正確診斷、送進加護病房的心臟病患比率，橫軸為非心臟病患也送進加護病房的比率。

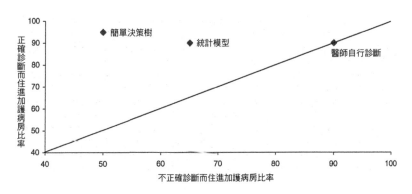

圖 19.5　不同群組醫師心肌梗塞診斷的表現
（單位：%）

45% 的斜線代表純粹的機率，高於斜線代表表現勝過機率，低於斜線代表績效比純運氣還差。

醫師起初的表現像前面說的一樣，比純運氣稍差一點。複雜的機率模型是為不同的權衡樣態做準備，但是選擇最適當的權衡樣態，確保醫師能夠正確診斷出最高比率的心臟病。醫師

自行診斷的部分明顯改善，顯示他們正確診斷出更多的心臟病患，大大降低了不必要的加護病房收院病人數目。

然而，簡單決策樹的表現更好，不僅提高正確診斷比率，更能大大降低不必要的收住院，因此在這方面，快速簡單的決策賺到最大的效益。

專家關注關鍵資訊

芮納（Reyna）和羅伊德（Lloyd）對各級專家心臟病診斷問題的探討，也值得注意。他們發現，專業層級越高，做出精確診斷所需要的資訊越少，專家基本上只重視最重要的關鍵資訊，不會為無關的雜訊分心。

圖 19.6 所示，是不同知識水準的群體對心肌梗塞（心臟病發作）和冠狀動脈疾病機率之間相關性的看法。醫學院學生所做的收住院決定，受冠狀動脈疾病和心肌梗塞風險嚴重影

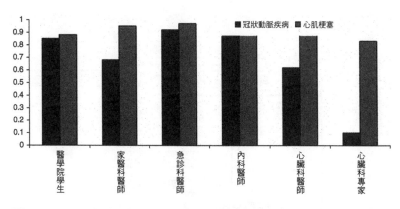

圖 19.6　心肌梗塞風險、冠狀動脈疾病機率和收住院機率之間的相關性

響，事實上，一直到心臟科醫師層級幾乎都是維持這種診斷型態，而專業水準最高的心臟病專家只在乎心肌梗塞風險。這項發現再度凸顯，重要的是，思考什麼事情攸關緊要，念念不忘獲得更多資訊並沒有益處。

從急診室到投資市場

讓我們回到投資領域，有沒有可能也為投資人設計類似的東西？行為投資學之父理察·泰勒（Richard Thaler）最近提到這件事時，把這一點當成「選擇架構」來看，基本目標是協助大家藉著重新調整偏誤，做出良好的決定，而不是消除偏誤。我經常敦促投資人，思考對投資真正重要的因素，我們可以輕易地想像如圖 19.7 一樣，做出一種快速而省錢的簡單決策樹，幫助投資人注重真正重要的事情。

投資人最好記住巴菲特的智慧結晶：「投資很簡單，卻很不容易！」

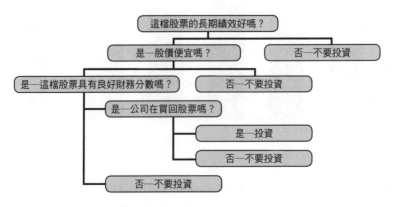

圖 19.7 簡單的反向投資決策樹

重點摘錄

→ 我們這一行沉迷於細節中的細節。分析師説：「我不知道」時，經常感覺嚇壞了，但我個人從來不覺得這一點是問題！常見的誤解是：為了做出良好的決定，我們需要大量的資訊，但是，沒有什麼事情比這一點更偏離事實了！

→ 多倫多大學克萊爾・蔡教授等人在一篇論文中，研究美式足球迷設法預測球賽結果時的信心和精確度。他們發現，球迷擁有 6 項資訊時所做的預測，跟擁有 30 項資訊時一樣精確！但是信心（在各種資訊水準，信心都高於精確度）會隨著資訊量的增加而大幅上升。

→ 我們無法處理大量資訊，代表大腦認知功能有其極限，事實很簡單，就是我們的大腦不是擁有無限計算能力的超級電腦，我們不應該困在認知極限中，而是要設法利用我們的天賦。因此我們不應該搜集無窮無盡的資訊，應該多花時間，釐清到底什麼東西是真正重要，再把心力集中在上面。

→ 談到資訊超載，醫學和投資有著相似的地方。例如，在密西根州的某家醫院裡，醫生大約把 90% 主訴嚴重胸痛的病人，送去心臟加護病房，但其中 90% 的病人根本不需要住進加護病房，他們的作法不會比依據機率假定還好。

→ 醫生這樣做，主因似乎是看到了錯誤的資訊——其實他們看的是範圍廣泛的「風險」因素，如年齡、性別、體重、吸菸與否等因素，這些因素可以決定病人心臟病發作的機會，卻不是良好的診療工具，並不能幫助醫生判斷病人實際上有沒有心臟病。

→ 醫院引進一套複雜的統計圖表工具，協助醫生做出更好的決定，但是，拿走這些圖表後，醫生仍然能做出良好的決定，因為他們已經學會注意能讓他們做出最佳決定的資訊暗示。他們採用簡單的決策樹狀圖，創造出最好的結果。同樣的東西也可以方便的移用在投資天地裡，就像巴菲特說的一樣：「投資很簡單，卻很不容易。」

第 20 章

反向投資與深度超值的
黑暗時代 [1]

最近是深度超值投資的黑暗時代,今年到目前為止,我們
在歐洲投資的一籃葛拉漢式股票已經下跌 24%,績效與很
多最高明的長期價值型投資人選股類似。在長期注意力不
足過動症投資人主導的環境裡,絕大部分投資人最後都是
在追逐自己的尾巴,採取長期觀點幾乎一定會碰到績效不
佳的時期。投資人應該保持信心,相信價值型投資並未死
亡。科技、媒體、電訊泡沫帶來的教訓之一是:投資人對
假冒成長股的循環股失去信心時,價值股光榮的日子就會
回來。看看礦業股和新興市場的情況,就會了解這一點。

　　我最近的行銷之旅只證實了外界有很多反向投資者心煩意
亂,而且超值投資的情勢十分艱困。從我自己的深度超值股投
資組合的表現來看,我對這種情形毫不訝異。

　　我對深度超值投資機會分類時,是採用葛拉漢 1970 年代
去世前不久才設計的篩選標準。這份標準清單由詹姆斯·里亞
(James Rea)發表於 1977 年的《投資組合管理學報》上,里
亞並補上自己的 3 項規定,聲明要符合深度超值投資機會的股

1　本文刊於 2008 年 7 月 30 日出版的《心理很重要》雜誌,其中討論的材料在出版時確實正確
　　無誤。

票，必須達到下列標準：

一、落後收益率大於 AAA 級債券殖利率 2 倍；
二、本益比不及以 5 年移動平均盈餘為基準計算的高峰本益比
　　的 40%；
三、股利率至少等於 AAA 級債券殖利率的三分之二；
四、股價不到有形資產淨值的三分之二；
五、股價不到流動資產淨值的三分之二；
六、負債總額不到有形資產淨值的三分之二；
七、流動比率大於 2；
八、負債總額低於（或等於）流動資產淨值的 2 倍；
九、10 年複合盈餘成長率至少 7%；
十、過去十年內，年度盈餘衰退 5% 以上的情形少於兩年。

　　葛拉漢投資之道的核心觀念是適度的安全邊際，也就是
說，投資人買股票時，應該盡量找真值和市價之間折價很大的
股票。事實上，葛拉漢最喜歡的標準是股價不到流動資產淨值
的三分之二（上述第五項標準）。
　　今時今日的世界情勢，這種「淨流動資產價值股票」已經
越來越稀少，目前我在全球股市的大型股中，只能找到泰勒溫佩
（Taylor Wimpey）和巴萊特開發公司（Barratt Developments）
兩家英國住宅建商。顯示投資人或許正在利用訂價的方式，看
衰這一行！的確如此，分析師把泰勒溫佩、巴萊特開發和柿子
公司（Persimmon）放在一起，預測這些公司今年和明年的獲
利會減少 60%，長期成長率會變成 -17%！這種看法是不是真

的過於悲觀？

如果葛拉漢找不到淨流動資產價值股票，那麼，他會認為第一、三、六項標準特別重要，第一和第三項標準其實是評價限制，第六項標準可以確保即使公司遭到清算，可能還會有一些股權價值。目前我在美國找不到符合這些超值限制的大型股，在歐洲找到 15 檔，在日本找到 20 檔。

超值投資的黑暗時代

表 20.1 和 20.2 顯示，這兩個籃子裡的股票今年創造的絕

表 20.1　通過第一、三、六項標準的歐洲股票

公司名稱	收益率	股利率	一個月總報酬率	三個月總報酬率	六個月總報酬率	今年以來總報酬率
英國貝爾維（Bellway PLC）	11.7	3.5	7.4	−26.5	−38.4	−37.1
瑞典波立登礦冶（Boliden AB）	16.5	4.9	−33.0	−42.4	−30.6	−53.2
德國漢莎航空（Deutsche Lufthansa AG）	13.9	6.9	4.7	−7.6	3.0	−8.3
義大利埃尼（ENI S.p.A）	10.9	5.2	−6.8	−7.2	3.6	−9.1
家庭零售集團（Home Retail Group PLC）	13.1	5.7	3.9	0.7	−13.2	−26.2
西班牙國家航空（Iberia Lineas Aereas de Espana S.A）	11.5	5.7	2.3	−29.3	−23.2	−40.4
芬蘭奧托昆普（Outokumpu Oyj）	16.6	5.7	−32.0	−45.9	−18.0	−21.6
義大利帕瑪拉特（Parmalat S.p.A）	14.4	6.0	−3.3	−22.3	−24.2	−32.7
英國柿子公司（Persimmon PLC）	17.2	6.4	−1.8	−44.3	−55.7	−54.3
芬蘭羅奇鋼鐵（Rautaruukki Oyj）	11.2	6.7	−24.1	−27.1	−11.8	−19.4
西班牙國家石油（Repso YPF S.A.）	10.7	4.1	−12.8	−16.1	4.1	−8.3
殼牌 A 股（Royal Dutch Shell Class A）	12.6	3.6	−7.9	−4.8	−4.3	−17.6
英國湯姆金斯（Tomkins PLC）	11.5	7.7	−16.1	−27.0	−19.9	−19.9
法國道達爾石油（Total S.A.）	10.3	3.6	−7.5	−5.8	−1.1	−13.0
法國瓦盧瑞克（Vallourec S.A.）	10.2	3.8	−13.8	7.2	38.6	0.7
平均值			−9.4/b	−19.9	−12.7	−24.0

對報酬率很差，歐洲股票下跌 24%，日本股票下跌近 15%。當然，用相對報酬率來看，這種報酬率和整體市場大致吻合，然而，長期閱讀我文章的讀者都知道，我並不特別喜歡相對報酬率。

表 20.2　通過第一、三、六項標準的日本股票

公司名稱	收益率	股利率	一個月總報酬率	三個月總報酬率	六個月總報酬率	今年以來總報酬率
天田（Amanda Co. Ltd）	9.7	2.9	−8.8	−3.3	−7.9	−17.2
旭化成（Asahi Kasei Corp.）	9.6	2.5	−4.7	−6.1	−15.7	−25.1
安斯泰來製藥（Astellas Pharma Inc.）	9.1	2.8	−0.4	8.4	0.7	−6.2
豪雅（Hoya Corp.）	8.1	2.8	−9.1	−22.1	−32.7	−34.6
伊藤忠技巧解決方案（Itochu Techno-Solutions Corp.）	7.7	2.7	2.5	6.1	15.4	−2.4
鐘淵化學（Kaneka Corp.）	8.8	2.6	−1.4	−0.7	−11.4	−21.6
牧田（Makita Corp.）	10.2	3.1	−1.7	12.3	−0.3	−13.8
三菱瓦斯化學（Mitsubishi Gas Chemical Co. Inc.）	12.3	2.3	−10.1	3.8	−25.5	−34.4
三菱麗陽（Mitsubishi Rayon Co. Ltd）	7.5	3.4	10.0	6.0	−17.5	−34.3
日新製鋼（Nissin Steel Co.Ltd）	10.3	2.3	−8.0	−11.6	−3.7	−13.2
NTT 都科摩（NTT DoCoMo Inc.）	7.5	3.2	5.0	3.7	−1.1	−11.2
恩瓦德集團（Onward Holdings Co Ltd）	7.5	2.9	3.7	0.0	15.1	6.5
三共（Sankyo Co. Ltd.）	7.9	2.5	−8.7	7.5	28.4	28.9
積水化學（Sekisui Chemical Co Ltd）	7.7	2.5	−2.5	1.3	3.9	−4.4
新光電氣工業（Shinko Electric Industries Co. Ltd）	7.5	2.4	3.9	−2.6	−17.7	−35.8
昭和殼牌石油（Showa Shell Sekiyu K.K）	9.4	2.9	3.4	8.1	24.5	−3.6
勝高科技（Sumco Corp.）	12.7	2.4	4.0	−5.7	−9.2	−22.4
武田製藥（Takeda Pharmaceutical Co. Ltd）	8.4	3.4	−2.3	−3.4	−14.8	−15.9
TDK 東電化（TDK Corp.）	9.4	2.2	−2.5	−4.6	−1.9	−20.0
平均值			**−1.4**	**−0.1**	**−3.8**	**−14.8**

超值投資長期才會發揮作用

　　這是篩選標準用在回測（其實也涵蓋即時存在期間）樣本中，所得到最糟糕的績效記錄。幸好超值投資法長期一定會發揮作用（請參閱圖 20.1）。過去二十年的大部分時間裡，如果你在歐洲買進通過第一、三、六項標準的股票，可以獲得的報酬率幾乎是大盤報酬率的 2 倍。

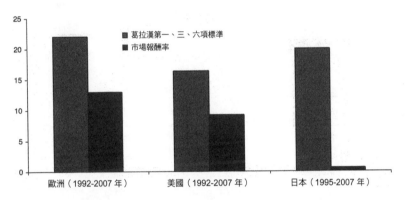

圖 20.1　超值投資長期會大力發揮作用
（單位：年度報酬率 %）

　　美國和日本股票的報酬率同樣可觀。在某些年度裡，我在這兩個市場都找不到能同時通過 3 項標準的股票，在這種年度裡，我假設當年報酬率為 0，要是我假設有現金報酬率，那麼整體報酬率應該還會更高！

價值股失寵

不是只有我的篩選標準碰到困難而已，根據大師焦點網站（Gurufocus）的說法，很多長期表現優異的頂尖價值型經理人過去一年買進的股票，都出現嚴重的虧損。表 20.3 所列的經理人去年買進的股票，今年以來平均已經下跌 19%（其中很多人當然也一直持有龐大的現金部位）。

其中，可能有些人並不太擔心這件事，畢竟他們都是長期投資人，通常認為價格下跌是買到更多股票的機會（假設基本面毫無變化）。

表 20.3　基金經理人一年來所買股票的平均績效
（單位：%）

Bruce Berkowitz	－9	Mohnish Pabrai	－38
Charles Brandes	－29	Richard Pzena	－21
David Dreman	－19	Robert Rogriguex	－33
Dodge and Cox	－16	Ruane Cunniff	－16
Glenn Greenberg	－10	Seth Klarman	－9
Jean-Marie Eveillard	－7	Tom Gayner	－18
Martin Whitman	－35	Tweedy Browne	－13
Michael Price	－14	**平均值**	**－19**

短期績效不佳是理智投資過程的副產品

短期績效不佳經常是理智投資策略的副產品。例如，人人都急急忙忙，努力猜測下一季的盈餘數字，你用的卻是長期時間架構，你很可能會發現自己處在績效不佳時段的錯誤一方。

事實上，布蘭迪斯研究所（Brandes Institute）[2]指出，最高明的基金經理人必然會定期碰到績效明顯不佳的狀況。他們評估大約591位美國基金經理人、147位歐澳遠東基金經理人後，從中選出十年期間績效最佳的經理人。表現最優異的美國經理人在這十年裡，績效平均每年勝過 S&P 500 股價指數 2.5%；表現最優異的歐澳遠東基金經理人，勝過摩根士丹利資本國際公司歐澳遠東指數的幅度達到 4.6%。

　　雖然他們創造如此可觀的長期優異績效，卻根本無法免於短期績效不佳的負擔，這些美國的基金經理人在他們表現最差的一年裡，平均績效落後大盤指數 20 個百分點，歐澳遠東基金經理人則落後 13 個百分點。（請參閱圖 20.2）

　　另外，或許你想知道這些長期明星和競爭對手相比的表現如何，圖 20.3 和圖 20.4 所示，是這些長期績效最佳基金經理

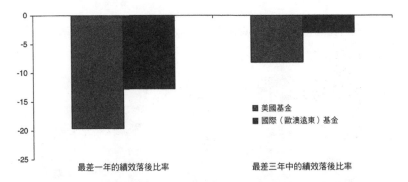

圖 20.2　績效最優異頂尖基金經理人在艱困歲月中績效慘澹
（單位：%）

2　請參閱布蘭迪斯研究所（www.brandes.com/institute/）2007 年 2 月和 7 月的 Death, Taxed and Short-Term Underperformance

人落在績效底部十分之一位下方的比率。因此，以季為單位衡量績效時，幾乎每一位基金經理人都落在半數十分位下方，以一年為準來比較，75% 績效最佳基金經理人敬陪末座。即使以三年為準，20% 到 30% 的最優異長期經理人還是落在半數十分位下方！

上週一位美國基金經理人說：「你要求我對客戶提供長期

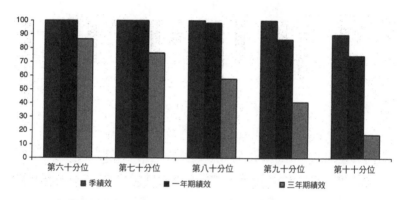

圖 20.3　美國最佳長期投資專家落在較低半數十分位的比率

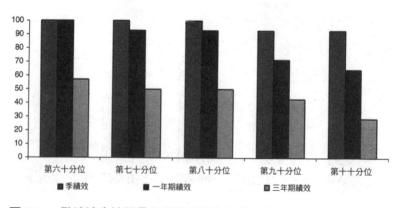

圖 20.4　歐澳遠東地區最佳長期投資專家落在較低半數十分位的比率

投資的協助，而我現在其實做得很糟糕。」

價值型投資光明在望了嗎？

　　幸好價值型投資並未死亡，圖 20.5 所示，是從 1960 年以來，簡單價值型投資法（買進高現金流量股價比的股票）兩年績效嚴重低於買進熱門股（低現金流量股價比股票）的期間。有趣的是，目前的情況實際上比網路股風潮歲月還糟糕！

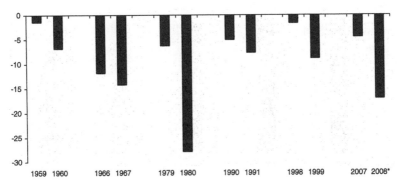

圖 20.5　1960 年至 2008 年間，美國價值型投資年度績效落後比率
（價值型投資減熱門股投資）[3]

　　幸好價值股經歷如此糟糕的兩年期間後，通常都會反彈回來。圖 20.6 顯示，從熱門股暴漲結束，到下一波暴漲開始前，價值股的績效會超越熱門股。熱門股火紅期間結束後，價值股的年度績效超越熱門股將近 17%（平均期間為 7 年）。

　　價值型投資恢復昔日榮光的契機出現了嗎？科技、媒體、

3　2008 年指截至本文發表時為止的當年績效。

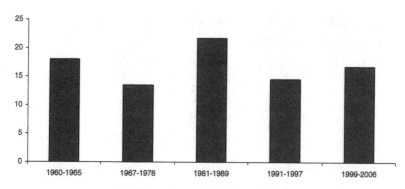

圖 20.6　美國價值型投資績效勝過熱門股投資期間的比率

電訊泡沫期間的經驗或許可以提供指引。圖 20.7 顯示，要等
到投資人最後放棄科技、媒體、電訊股票後，價值股才會重新
流行。

　　這點顯示，最後一張循環性風險骨牌倒下前，價值股不會
重新流行，對我們來說這代表的是礦業股和商品／新興市場相
關熱潮，只有在投資人對這些循環股化身的結構性成長題材失

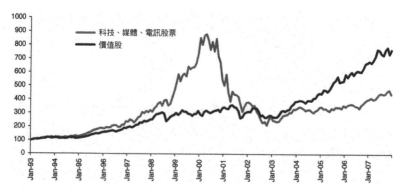

圖 20.7　科技、媒體、電訊股票和價值股指數互爭雄長
（1993 年 1 月指數訂為 100）

去信心後，我們才可能看到美好的老式價值股恢復往日榮光。
好消息是：這種日子可能快要來了（請參閱圖20.8）。

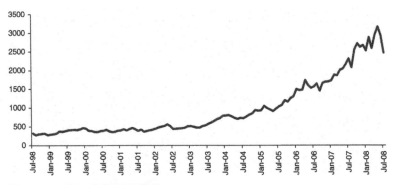

圖20.8　世界礦業類股指數

　　已故的投資大師坦伯頓指出：「多頭市場在悲觀中誕生，在懷疑中成長，在樂觀中成熟，在興高采烈中死亡。」阿塞洛米塔爾鋼鐵集團（ArcelorMittal）老闆拉克希米·米塔爾（Lakshmi Mittal）最近宣布：「我可以相當確定地說，盛衰循環波動的歲月已經成為過去，我們成功地把自己轉型成永續獲利的產業了。」我覺得這些話聽起來的確十分興高采烈！

　　空頭市場和衰退環境或許可以適時提供你機會，讓你儲備備受討厭和忽視的深度超值股票。當然坦伯頓也說過：「在別人垂頭喪氣賣出時買進，在別人貪得無厭買進時賣出，這需要絕大的勇氣，卻終會得到最大的報酬。」

重點摘錄

→ 在最近的客戶會議上，證實我們的超值投資篩選標準正在上升：對遵循理智投資方法的人來說，目前的情勢十分艱難。有些最高明的長期價值型經理人的選股投資績效反映了這個觀點，因為今年以來，他們的持股大約下跌了 19%。他們也經常持有相當高水準的現金，傾向於把股價下跌，當成買進更多心愛股票的機會（先決條件是假設基本面毫無變化）。

→ 不幸的是，在長期注意力不足過動症投資人主導的環境，長期價值型經理人因為短期績效不佳遭到嚴厲的懲罰。然而，績效不佳很可能是理智投資策略的副產品。布蘭迪斯研究所指出，最高明的長期（十年）基金經理人，目前正碰上績效明顯不佳的時代。最佳經理人在歷來最差勁的一年裡，平均績效落後對應指數將近 20%，即使從三年的角度來看，還是有將近 40% 的最高明經理人，列在表現最差的十分位中。

→ 幸好保持信心的人已經看到希望之光，如果價值股繼續像今年上半年一樣表現不佳，和熱門股相比，價值股就會變成表現最差勁的一年，甚至不如科技、媒體、電訊泡沫時的瘋狂歲月！對於有耐心的人來說，得到的補償將會超過這種痛苦，每一次價值型投資績效極度差勁的期間過去後，價值股通常都會

強勁反彈，創造比熱門股高出大約 17% 的年度報酬率（平均期間 7 年）。

→ 科技、媒體、電訊泡沫的經驗或許可以提供若干教訓，讓我們可以預期超值股何時能恢復往日榮光。答案是，投資人對假冒為成長股的循環股完全喪失信心時。這次假冒為成長股的股票，是礦業和新興市場相關股票等循環股，這些股票的好日子大概快要結束了，就像坦伯頓說的名言：「多頭市場在悲觀中誕生，在懷疑中成長，在樂觀中成熟，在興高采烈中死亡。」拉克希米·米塔爾最近所說「我可以相當確定地說，盛衰循環波動的歲月現在已經成為過去」的話很可笑，我覺得其中興高采烈的意味相當濃厚。

PART 4

實證證據

第 21 章

全球性價值型投資打破疆界 [1]

> 在最近參加的一次會議上，有人問我是否看過全球性價值型投資的研究，因此我決定調查一番，看看我原來認為價值型投資可以跨越國界操作的信念，是否能夠得到資料的支持。好消息是情形確實如此，從理論和實務觀點來看，不論投資人身在何地、不論產業經營環境如何，投資人都可以尋找便宜貨的作法，的確都很有道理。在這個為基金經理人加上標籤和嚴密限制的世界上，這種作法會跟凡俗不同，但是坦伯頓說得好，「除非你的作法跟大多數人不同，否則不可能創造優異績效。」

　　我最近參加一場會議時，有一位與會人士問我：「價值型投資是否可以在全球推動？」這個問題讓我沉思不已，我看過、做過很多區域性價值型策略的研究，卻沒看過多少全球性的研究。

　　當然，好幾位極為傑出的價值型投資人，如坦伯頓和艾維拉德都曾經在實務上證明可以進行全球性價值型投資。坦伯頓說過：「如果你要尋找不尋常又優異的便宜貨，不能只在加拿大尋找似乎已經是常識了。如果你只在加拿大尋找，你會找到

一些這種標的，如果你只在美國尋找，你也會找到一些標的，但是你為什麼不到所有的地方尋找呢？我們這樣做了幾十年，我們在世界上的任何地方尋找。」（來自坦伯頓 1979 年的演講。）

理論上，擴大機會組合的確對價值型策略不會有什麼傷害，但是國際價值型投資也可能帶來問題，不同的會計標準就是問題之一。在恩隆等公司爆發弊案前，對會計素質的關切的確是美國投資人最常談到的問題之一。

從我個人作為實證懷疑派的角度來看，關鍵的問題是：證據證明了什麼？沒有限制的全球性價值型投資行得通嗎？我不喜歡自己的機會組合受到限制，諸如「不得持有若干部門多少％」或「不得持有某國股權多少％」，因此我的興趣在於評估沒有限制的價值型策略。為了評估這些問題，我評估的是 1985 年以後的所有已開發國家和新興市場國家。為了避免小型股效應的混淆，我訂定的最低總市值標準是 2 億 5000 萬美元，我也用美元計價衡量所有的報酬率。

我不喜歡只採用 1 種便宜的定義，而是選擇 5 種定義作依據，包括本益比、股價淨值比、股價現金流量比、股價銷售比和息前稅前獲利率企業價值比。每一種衡量標準都在整個投資標的範圍中排序，然後把每一檔股票的排名加總起來，得到的總分再按照我們的價值因素排名。在第一個例子裡，價值的定義是在這種多項價值因素範圍中 20% 最便宜的股票。

歐洲的證據

圖 21.1 所示，是在歐洲一些大國的價值股績效勝過熱門股的證據。我也在歐洲所有國家中，標出無限制投資方法得到的價值溢酬，這樣會提供我們第一個暗示，證明打破邊界有助於改善投資績效。在我研究的個別國家裡，價值股績效每年平均勝過熱門股 8%，在所有歐洲國家中，價值股年度績效勝過熱門股的幅度略微超過 10%。

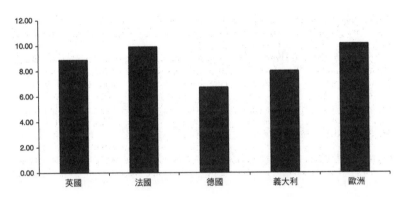

圖 21.1　1985 年至 2007 年間，長期價值策略勝過短期熱門股策略年度績效比較（單位：%）

我不喜歡用標準差來衡量風險，寧可採用葛拉漢所用「風險是本金的永久性喪失」的定義。然而，姑且不論我個人的偏好，這樣不但造成報酬率提高，也使報酬率的波動性降低。在所有個別國家裡，長期價值型策略報酬率的平均標準差接近 25%（請參閱圖 21.2），整個歐洲的長期價值型策略的年度報酬率標準差接近 18%！

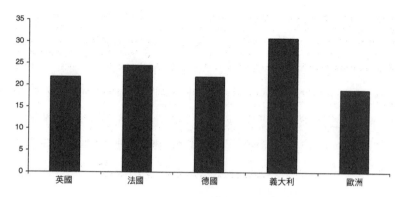

圖 21.2　1985 年至 2007 年間年度報酬率標準差
（單位：%）

已開發市場的證據

　　如果我們把這種分析延伸到所有已開發市場，我們同樣會發現類似的證據。在六大已開發市場中（我們選的歐洲四國加上美日兩國），價值股績效每年平均大約比熱門股多出 9%，但在所有已開發市場中，價值股績效每年比熱門股高出 12%（請參閱圖 21.3）。

　　報酬率的增加再度獲得報酬率波動性降低的支持，個別國家長期價值型策略的年度平均標準差幾乎都是 25%。然而，所有已開發市場長期價值型策略的年度標準差都略低於 16%（請參閱圖 21.4）。

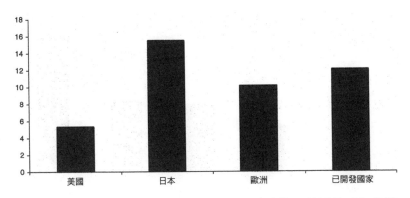

圖 21.3　1985 年至 2007 年間，已開發國家市場價值型策略年度報
酬率（單位：%）

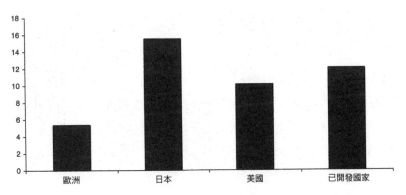

圖 21.4　1985 年至 2007 年間，價值型策略年度報酬率標準差
（單位：%）

新興市場的證據

如果我們納入新興市場，會看到什麼情形？首先，值得查
證的是價值型投資在新興市場中是否行得通。圖 21.5 顯示，
就像在已開發國家市場中一樣行得通。最便宜的股票年度績效

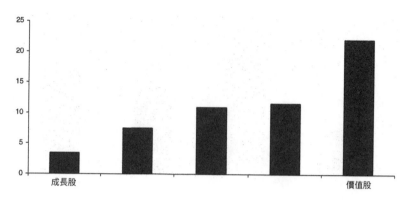

圖 21.5　1985 年至 2007 年間，價值型策略在新興市場同樣有效
（單位：年均收益率％）

勝過最貴的股票 18% 以上，比大盤報酬率大約高出 11%。

　　然而，新興市場的長期報酬率標準差超過 40%，比已開發市場高多了，這點當然只是反映新興市場的波動性，大致比已開發國家市場高（兩者的標準差分別為 32% 和 16%）。

　　如果我們把新興市場和已開發市場結合，成為單一市場，我們會發現價值型策略還是一樣行得通。圖 21.6 所示，是這個市場價值五分位的報酬率，最便宜的 20% 股票，不論屬於什麼產業或位在什麼地方，平均都能創造 18% 的報酬率，全球最貴股票的平均年度報酬率卻低於 3%，因此全球價值型投資績效超過熱門股 15%，和相同加權的股票相比，這樣表示每年平均績效高出 7%。

　　每年長期績效標準差約為 19%，遠低於新興市場的價值型策略，但實際上比已開發國家市場高不了多少。

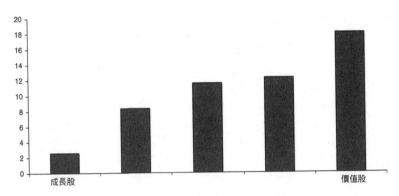

圖 21.6　1985年至2007年間，全球性無限制價值型策略同樣有效！
（單位：年均收益率％）

耐心仍然是美德

　　就像我前面說的一樣，耐心是價值型投資人的重要美德
（請參閱《行為投資法》第30、31章）。葛拉漢說過：「忽
視或偏見造成的低估可能持續很久。」但是價值型部位建立
後，你可能永遠不會知道潛在的報酬率會走向哪一個方向，事
實上，所有價值型部位都可以分成下列三類：

一、在市場普遍了解錯誤訂價後，獲得重新評等的股票。
二、透過股利率創造較高報酬率、卻沒有獲得立刻重新評等的
　　股票。
三、根本沒有復原的股票──價值陷阱股。

　　因此，只要我們處理的是頭兩種股票，耐心就是價值型經
理人的先決條件，卻是處理第三種股票的主要問題。圖 21.7

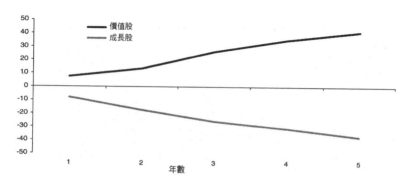

圖 21.7　耐心是美德：不同持有期間的累積超額報酬率

顯示，處理全球性價值型投資時需要耐心。

　　第一年裡，價值型策略績效通常會比大盤高出 7%，如果你再持有一年，報酬率會另外增加 6%。然而，持有較長時間的確會創造機會，第三年再超越大盤的幅度會高達 12%，第四年會再增加 8%。

　　檢視長期成功價值型經理人的平均持股時間時，會看到實際的證據支持這一點，他們的平均持股時間大約為 5 年，和一般共同基金的殺進殺出截然不同。

集中型投資組合

　　對大多數價值型投資人來說，上述事項多數很有道理，然而，有一件事會顯得奇怪，上述策略實際上是作多市場上最便宜的 20% 股票，這種股票的數目可能很多，例如 2007 年底時，最便宜的股票有 1800 檔，如果我們操作由其中最便宜的 30 檔股票構成的集中型投資組合，結果會怎樣？（請參閱表 21.1）。

表 21.1　全球最便宜的 30 檔股票

公司	市值 （單位：百萬美元）	所屬類股	國別	排名
Solomon Mutual Savings Bank	294.2	金融	南韓	1
Primorskoye Morskoye Parakhodstvo A.O.	332.3	運輸	俄羅斯	2
Nacional Telefonos de Venezuela C.A.	903.1	電信	委內瑞拉	3
西北航空（Northwest Airlines Corp.）	3383.6	運輸	美國	4
僑興環球電話 （Qiao Xing Universal Telephone Inc.）	255.3	電子	中國	5
冠軍科技集團 （Champion Technology Holdings Ltd.）	358.9	科技服務	香港	6
加拿大航空 Air Canada（CI B）	1209.7	運輸	加拿大	7
BRIT Insurance Holdings PLC	1424.1	金融	英國	8
Allco Equity Partners Ltd	365.7	雜項	澳洲	9
Jereissati Participacoes S/A	477.9	商業服務	巴西	10
Electricidad de Caracas C.A. S.A.C.A	368.0	電力	委內瑞拉	11
Macquarie DDR Trust	991.1	金融	澳洲	12
Custodia Holding AG	1008.2	金融	德國	13
Nafco Co.Ltd	417.1	零售	日本	14
British Airways PLC	5365.2	運輸	英國	15
Bashneft	806.3	能源礦業	俄羅斯	16
Invista Real Estate Inv Management Hold. PLC	238.6	金融	英國	17
互太紡織（Pacific Textiles Holdings Ltd）	285.4	製程產業	香港	18
Sumitomo Pipe & Tube Co.Ltd	253.8	製造業	日本	19
全美航空（US Airways Group Inc.）	1351.3	運輸	美國	20
京西重工（Norstar Founders Group Ltd.）	375.3	消費耐久財	香港	21
Toenec Corp.	451.2	工業服務	日本	22
Taihei Kogyo Co.Ltd	273.5	工業服務	日本	23
達美航空（Delta Air Lines Inc.）	4351.2	運輸	美國	24
Sanei-International Co.Ltd	372.9	非耐久 消費財	日本	25
Koenig & Bauer AG	461.6	製造業	德國	26
Vaudoise Versicherungen	456.9	金融	瑞士	27
Turk Hava Yollari A.O.	1285.3	運輸	土耳其	28
Zeleziarne Podbrezova a.s	258.9	製造業	斯洛伐克	29
Cemex Venezuela S.A.C.A	715.9	非能源礦業	委內瑞拉	30

答案是這種策略會繼續表現優異，只要挑選 30 檔最便宜
股票，不管這些公司設在哪裡、經營什麼業務，只要用相等加
權的方式建立投資組合，每年都會創造將近 25% 的報酬率，
代表報酬率超過整個市場將近 15%。

圖 21.8 至 21.10 所示，是這個投資組合和市場報酬率相比
的絕對與相對年度時間系列，其中絕對績效呼應我最近所說價
值股策略近年績效不佳的問題，從歷史觀點來看，這種情形跟
1998 年、1990 年的情形一樣。

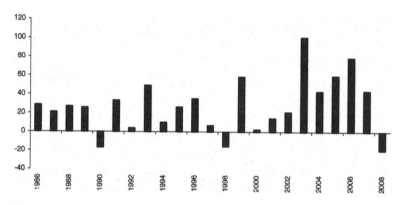

圖 21.8　全球最便宜 30 檔股票絕對報酬率
（單位：%）

在相對績效方面（這並不是我從長期觀點看事情最愛的方
式），今年以來這種策略繼續保持優異績效，報酬率和一般股
票大致相同。例如從 1999 年的年度角度來看，納入新興市場
的好處顯而易見（請參閱圖 21.9），在整體價值股策略績效十
分優異的情況下，30 檔最便宜股票的表現特別優異，這些股
票絕大多數是巴西股票。

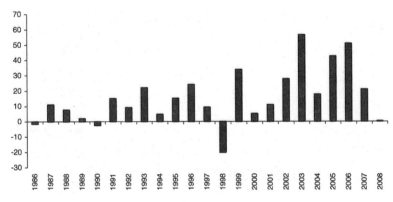

**圖 21.9　相對報酬率──全球最便宜 30 檔股票和全球相等加權對應
指數相比**（單位：%）

　　集中型投資組合報酬率的波動性比整體股票高出相當多，
以這個投資組合的性質來看，這樣應該是理所當然的情形。我
當然應該再度指出，對價值型投資人來說價格波動性不等於風
險，事實上看看出現完全負報酬率年度的次數，可以看出集中
型投資組合在回測期間，只碰到這種情形 3 次，相形之下整體
市場卻碰過 6 次──根本不算是我所想像風險過高的證據！

　　上一節指出，耐心和價值型投資關係緊密，圖 21.10 顯示，
操作集中型投資組合和操作完整價值型投資組合時，這點也是
完全相同。報酬率需要花時間創造。

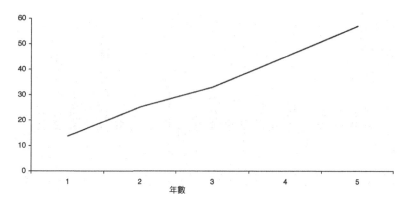

年數

圖 21.10　不同持股期間的累積超額報酬率
（單位：%）

投資組合目前的態勢

　　因此，沒有限制的全球價值型投資行得通，我們也可以利用價值投資組合（這次採用全部 1800 支股票的版本），看看由下而上分析是否能夠從由上而下的角度，揭露任何資訊。圖 21.11 和圖 21.12 顯示，價值型投資組合中幾個國家和類股的情形。為了讓這些圖表清楚好懂，我只畫出代表背離相等加權股市 100 個基點的部位。

　　就國家部位而言，最重要的特徵是中國所占權數極為不足，顯示那裡沒有什麼價值型投資機會。權數高估最多的國家是日本（高估將近 300 個基點），其次是南韓（高估 200 個基點），台灣和泰國也列在高估名單中。

　　就類股部位而言，金融股的高度高估並不意外（不過我在第 28 章裡會指出金融股可能是價值陷阱）。把國家和類股部

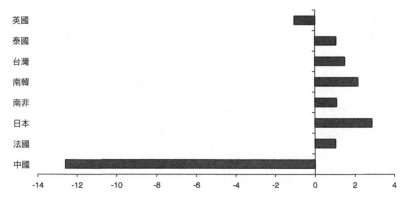

圖 21.11　價值型投資組合中暗示的國家狀況（和對應指數背離的百分點
數）

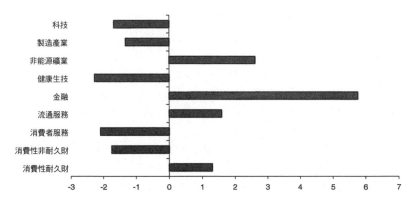

圖 21.12　價值型投資組合中暗示的產業狀況（和對應指數背離的百分點
數）

位合在一起來看，會看出日本若干金融股看來是良好的價值股
（前面已經提到這一點）。非能源礦業通常是指亞洲的水泥和
鋼鐵生產商。在權數低估的類股中有很多科技股、消費性非耐
久財和消費者服務類股。

結論

　　關鍵是沒有限制的全球性價值型投資行得通，從理論和實務上來看（請參閱表 21.1），讓投資人尋找設在任何地點、經營任何產業的便宜貨都很有道理。在大家似乎趨向於把基金經理人限制在特定框架的世界上，這種作法一定會與眾不同。但是，就像坦伯頓所說：「除非你的作法跟大多數人不同，否則不可能創造優異績效。」

重點摘錄

→ 經常看《心理很重要》雜誌的人都知道，我最愛反向投資法，這種偏愛反映在兩個信念上，一是我認為應該容許投資人利用任何時間、任何地點出現的機會，二是風險無法用標準差之類的數字衡量，因為這種數字會害大部分「風險管理」變成徒勞無功，也表示追蹤誤差不具意義。

→ 然而，我也經常稱讚以實證證據反駁各種信念的好處，因此我理當證明我的信念和現實並不衝突。這麼說來，以價值為導向、沒有限制的投資方法真的有效嗎？我很高興能告訴你，的確如此。例如，環視主要已開發國家的個別表現，價值股投資每年的績效，通常比熱門股投資高出 9%。然而，不加限制、投資整個已開發國家市場的話，年度報酬率會上升到 12%（還附帶了波動性低於個別國家的好處）。

→ 納入新興市場股市會進一步提高報酬率的展望。不論什麼產業、不論地理位置，所有股票中最便宜的 20% 股票（根據 5 種價值型標準衡量），在 1985 年至 2007 年年間，平均都創下 18% 的報酬率，比最貴股票的報酬率多出 15%，比指數高出 7%。

→ 當然，關鍵是耐心，價值型投資需要長期的時間架構，畢竟我們永遠不可能知道股價和真值什麼時候才能趨於一致。耐心得到的超額報酬率很可觀，如

果持股期間為 1 年，全球價值股的年度報酬率可能
勝過大盤 7%，持股時間為 5 年時，超額報酬率會變
成 40%！

→ 到目前為止，我們只談到買進市場上最低 20% 股票
的簡單策略，但是，這樣卻可能代表一大堆股票，
例如，2007 年時，最便宜 20% 股票的市場大約就涵
蓋 1800 檔股票。然而，如果我們操作集中型投資組
合，沒有限制的全球性價值型投資策略仍然可行。
買進 30 檔最便宜股票會產生將近 25% 的年度報酬
率，報酬率的波動幅度當然會比較高，但是波動性
不等於風險。

→ 全球價值型投資組合也可以用來協助由上而下的投
資人，讓他們從由下而上的角度，了解價值的來源。
目前台灣、日本、南韓是很多價值型機會的來源。

第 22 章

葛拉漢的淨流動資產價值投資法是過時還是優異？[1]

> 葛拉漢最愛的估價信號是股價低於流動資產淨值（股價低於「公司扣除全部舊有債務後的淨營運資金」）。葛拉漢的方法經常被人批為時代錯誤，但是我們找到的證據不但不認為葛拉漢的方法過時，反而還顯示，買進淨流動資產價值股票似乎是可行的獲利策略。1985 年到 2007 年間，買進一籃全球淨流動資產價值股票，平均每年會產生超過 35% 的報酬率。目前，我們所能找到的淨流動資產價值股票中，日本的小型股占一半。

　　從葛拉漢到巴菲特，再到比爾・米勒（Bill Miller），都是價值型投資人，我是葛拉漢的忠實信徒。巴菲特曾經把葛拉漢 的 方 法 說 成 是「 雪 茄 菸 屁 股 投 資 法 」（cigar butt investing），基本想法是葛拉漢喜歡的股票像是街上看到、還在冒煙的雪茄菸屁股，可以拿來抽個最後一、兩口。這點很吸引我心中的小氣鬼（不過我樂於說，我還不必流落街頭，尋找雪茄菸屁股……但是在我們這一行裡，也許終有一天我會淪落

1　本文刊於 2008 年 9 月 30 日出版的《心理很重要》雜誌，其中討論的材料在出版時確實正確無誤。

到坐在公園長椅上，對著陌生人痛罵現代投資罪惡十足的地步，或許只是時間早晚而已）。

大家早已知道，以便宜為基礎（依據本益比、股價淨值比或股利率之類的變數衡量）的策略，通常會產生優異績效。然而，葛拉漢經常偏愛以資產負債表（資產價值）為基礎的估價方法。

葛拉漢特別喜歡淨流動資產價值股票，就是：

最容易看出來的便宜貨，是股價低於扣除公司所有舊債後僅存淨營運資產的股票，這點表示，買主完全不必為固定資產付錢——不必花錢買廠房、機器或可能存在的商譽。終極價值低於僅存營運資本的公司非常少，但是偶爾可以找到幾家。當市場上可以買到極多根據這種便宜貨標準評價的企業，反而才是令人驚訝的事情。

這種股價顯然遠低於以未上市公司身分存在的企業價值，不會有企業東主或大股東想用這麼離譜的低價，出售自己擁有的東西……所有便宜貨股票都有各種方法，變成獲利企業，平均年度報酬率會比其他大多數投資的報酬率豐厚多了。

葛拉漢提到淨營運資本時，主要是指扣除所有負債後的流動資產。買進股價低於淨流動資產價值的股票，當然不能讓葛拉漢滿意，他要求更大的安全邊際，他會勸告大家，買進價格低於淨流動資產價值三分之二的股票（進一步提高安全邊際）。這是我們在下面操作時所依據的定義，然而在我們檢討自己的證據前，要先看看葛拉漢本人的成果。

葛拉漢在大作《智慧型股票投資人》（*The Intelligent Investor*）中，提供了一張表（請參閱表 22.1），顯示在 1957 年 12 月 31 日，買進通過淨流動資產價值股票檢篩標準的 85 家公司各 1 股，然後持有兩年所得到的報酬率。

表 22.1　1957 年至 1959 年間，低估公司獲利經驗（單位：美元）

交易所	公司數目	每股淨流動資產價值合計	1957年12月負債合計	1959年12月負債合計
紐約證券交易所	35	748	419	838
美國證券交易所	25	495	289	492
中西部證券交易所	6	163	87	141
店頭市場	20	425	288	433
合計	85	1831	1083	1904

葛拉漢指出，「這段期間裡，整個『投資組合』的漲幅為 75%，標準普爾 425 種產業的漲幅為 50%。比較值得注意的是，沒有一檔股票大跌，7 檔持平，78 檔漲幅可觀。」

1986 年，亨利・歐本海默（Henry Oppenheimer）在《財務分析師期刊》發表論文，評估 1970 年至 1983 年間買進股價等於或低於淨流動資產價值 66% 股票的報酬率，持有 1 年，投資組合存在期間，最少包括 18 檔股票，最多包括 89 檔股票，這種策略的年度平均報酬率為 29%，大盤的年度平均報酬率為 11.5%。

全球化淨流動資產價值的投資成果

我決定以全球為基礎，測試買進淨流動資產價值股票的績

效，我以 1985 年以後的已開發國家市場為樣本（報酬率以美元計算）。如圖 22.1 顯示，超值淨流動資產價值投資法的報酬率，至少可以說是很可觀。相等加權的一籃淨流動資產股票，平均每年能創造 35% 的報酬率，相形之下，大盤每年的報酬率為 17%。

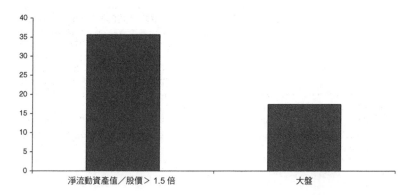

圖 22.1　1985 年至 2007 年間，全球淨流動資產價值股票年度平均績效（單位：%）

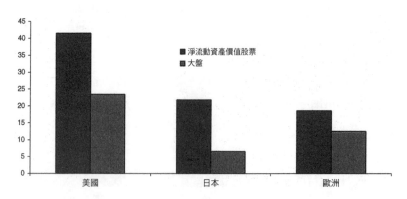

圖 22.2　1985 年至 2007 年間，淨流動資產價值股票每年的表現（單位：%）

淨流動資產價值策略不但適用於全球，也適用於區域內
（只是適用的程度不同），例如，用在美國、日本和歐洲，分
別可以創造高出大盤 18%、15%、6% 的績效（請參閱圖
22.2）。

淨流動資產價值投資法的現狀

　　當然，你其實不能指望找到大量股價低於流動資產淨額三
分之二的股票，但是結果我們每年在這種投資組合中找到的中
位數股票檔數為 65 檔（平均為 134 檔）。圖 22.3 所示，是每
年出現在這個籃子裡的股票檔數。值得指出的是，2003 年出
現價值股強而有力的由下而上信號——有超過 600 檔股票的股
價低於淨流動資產價值的三分之二（要是我們聽信自己的模型
提示就好了！）今年股市雖然下跌，也還有 176 檔股票屬於淨
流動資產價值股票。

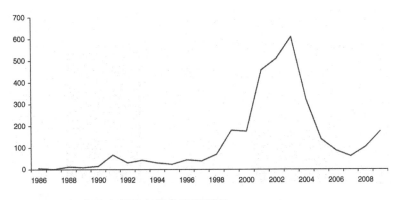

圖 22.3　全球淨流動資產價值股票檔數

當然，淨流動資產價值股票投資法通常是屬於小型股策略，事實上，目前這種股票的總市值上限只有2100萬美元（平均總市值為1億2400萬美元）。

目前淨流動資產價值股票的地理分布也很有趣，圖22.4顯示，目前日本以極大的差距領先，是淨流動資產價值股票最大的來源，其次是美國，然後是英國。這點清楚顯示，日本目前是由下而上挑選價值股最好的來源。

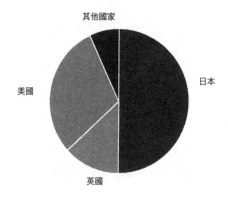

圖22.4　目前淨流動資產價值股票的區域性分配

本金的永久性損失

葛拉漢當然也關心本金永久性損失的危險，從這種角度來看，淨流動資產價值策略如何自立自強呢？從微觀的角度來看，淨流動資產價值策略的績效不是這麼好。如果我們把本金的永久性損失，定義為一年內下跌90%，那麼我們會看到5%的淨流動資產價值股票，會遭逢這種命運，相形之下大盤只有2%股票會碰到這種命運（請參閱圖22.5）。

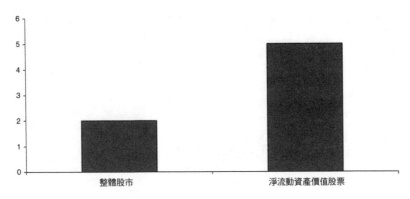

圖 22.5　股票遭遇「本金永久性損失」的比率

　　這種相對差勁的表現，或許可以說明投資人避開淨流動資產價值股票的原因，如果投資人注意投資組合中的個股表現，而不是注意投資組合本身（通稱狹窄框架），那麼他們會比遵循宏觀市場策略時，更常注意到龐大的損失。我們知道大家通常都有損失規避的傾向，因此他們對虧損的感受比對獲利的感受更深刻，這種不均衡的反應和狹窄框架湊在一起，表示投資人要操作淨流動資產價值策略，需要一一克服好幾種行為上的偏誤。

　　如果你從更廣闊的觀點，注意整體投資組合的表現，情勢會光明多了。在我們回測的整個樣本中，淨流動資產價值策略只有 3 年出現虧損，相形之下，大盤出現負報酬率的年度大約有 6 年（請參閱圖 22.6）。

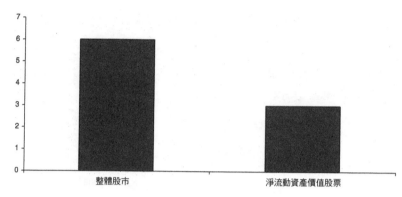

圖 22.6　出現負報酬率年度次數

結論

雖然大家普遍認為葛拉漢偏愛的策略過時，我們卻發現對於準備應付某種程度流動性不足問題的人來說，這種策略仍然提供絕佳的機會。

葛拉漢說過：「我們根據分散投資原則，選擇這種投資型態上的經驗一直都很好……我們可以毫不猶豫地斷言，判定和利用股價低估狀況是安全的賺錢方法。」一路上，我們追隨葛拉漢的腳步前進時，極為頻繁地逐一碰上他所說的情況，我們對他的說法，再也不能多加一詞了！

重點摘錄

→ 巴菲特曾經把葛拉漢的方法說成是「雪茄菸屁股投資法」，基本想法是葛拉漢喜歡的股票像是在街上看到、還在冒煙的雪茄菸屁股，可以拿來抽個最後一、兩口，我心中的小氣鬼深受這個概念吸引。

→ 眾所周知，以便宜為基礎（依據本益比或股價淨值比之類的變數衡量便宜與否）的簡單策略，長期通常可以產生優異績效。但是，就像我說過的，葛拉漢偏愛以資產負債表為基礎的估價方法，尤其喜歡股價不到流動資產淨值三分之二的股票。

→ 經測試，這種深度超值投資方法應該是高度獲利的策略，1985 年至 2007 年間，買進全球性淨流動資產價值股票組合，每年會創造超過 35% 的報酬率，相形之下，相等加權的大盤組合只能創造 17% 的報酬率。

→ 大家其實不敢奢望找到大量股價低於流動資產淨額三分之二的股票。淨流動資產價值股票投資組合每年涵蓋的股票中位數為 65 檔。這種投資組合偏向小型股取向，是無可否認的事情，事實上，對於淨流動資產價值股票的總市值中位數為 2100 萬美元，絲毫不會讓人訝異。

→ 目前我在全球市場中，大約可以找到 175 檔淨流動資產價值股票，有趣的是，超過一半比例的股票在

日本，這點清楚顯示，日本的小型股是由下而上價值型概念最好的來源。

→ 操作淨流動資產價值股票投資組合，所需要的勇氣可能超過大部分人的勇氣能耐。如果我們把企業完全倒閉，定義為股票在一年內下跌 90% 以上，那麼淨流動資產價值股票投資組合中，大約有 5% 股票會碰到這種事情，而在大盤市場中，大約只有 2% 股票會碰到這種事。

→ 然而，如果有人能夠避開「狹窄框架」和損失規避的傾向，這種投資組合在我們的樣本中，只有 3 年出現虧損，相形之下，整體市場卻會出現 6 年的下跌虧損。葛拉漢說得好，「我們根據分散投資原則，選擇這種投資型態上的經驗一直都很好⋯⋯我們可以毫不猶豫地斷言，判定和利用股價低估狀況是安全的賺錢方法。」我們對他的說法，再也不能多加一詞了！

PART 5

價值型投資的黑暗面：放空

第 23 章

投資的格林童話 [1]

> 床邊故事在睡前閱讀起來非常動人，但拿來當選股技巧就
> 太不妙了。要為故事題材股定義可能很難，但是高股價銷
> 售比的股票是上上選，畢竟如果一樣東西的價格跟本身的
> 營收相比顯得很貴，你最好相信你得到的一切只是華麗題
> 材而已。然而，這種股票的績效注定非常差勁，因此應該
> 避之唯恐不及！

　　在眾多可用的價值型衡量指標中，我通常會避開的指標是
股價銷售比，因為我認為運用這個指標的人是絕望地想在損益
表中，找到一個好看的低倍數。[2]

　　用歸謬法可以顯示這個指標非常荒謬。想像一下，我設立
一家企業，用 19 英鎊的價格，把 20 英鎊的鈔票賣出去，我的
生意可能十分興隆，卻總是不會有利潤，但是只要市場用股價
銷售比評估我的事業，我就不會在乎這一點。

　　但是別相信我的話，看看 2002 年 4 月美國《商業周刊》
（*Business Week*）專訪昇陽公司（Sun Microsystems）執行長
麥克尼利（Scott McNealy）的內容，當時昇陽公司的股價約為

1　本文刊於 2007 年 4 月 4 日出版的《全球股票策略》雜誌。其中討論的材料在出版時確實正確
　　無誤。
2　投資人十分可能深深錨定在比較常見的價值衡量指標數值中，例如，本益比。因此，拿低股
　　價銷售比和不正確的對應指標比較時，會產生有利的看法。

5.68 美元。

但是兩年前，我們的股價是營收的 10 倍，每股為 64 美元。以 10 倍的股價銷售比來計算，為了讓你 10 年還本，我必須連續 10 年，把營收的百分之百當成股息發放給你，這樣是假設我可以得到股東的同意；假設我賣的產品成本為零元，對電腦公司來說，這一點很難做到；這樣是假設我的費用為零，對擁有 3 萬 9000 個員工的我們來說，這一點是難上加難；這樣也要假設我不必繳稅，這一點也很難；還假設你的股息不必繳稅，同時未來 10 年內，我們不支出任何研發費用，卻可以維持目前的營收。做完所有這些假設後，你們還有誰願意用 64 美元的價格，買下我的股票嗎？你知道這些基本假設多荒謬嗎？你不需要透明度，不需要任何附注，你到底是怎麼想的？

謝正彥（Jim Hsieh）和華克林（Ralph A. Walkling）在 2006 年發表的論文探討高股價銷售比的害處，並把這種東西叫做概念股，我更喜歡稱之為題材股。

這些股票的題材萬分迷人，提供眾人成長的誘惑，簡單的題材是打動大家行動的強大力量，是對我們大腦情緒性的 X 系統訴求，而不是向邏輯性的 C 系統訴求。

題材股的陰謀

的確如此，克里斯多福·布克（Christopher Booker）在他深具娛樂性的大作《七大陰謀》（*Seven Basic Plots*）中，認

為白手起家是最常見的題材陰謀。他指出,「我們看到一位人人認為無足輕重、平平凡凡的小人物,突然踏進舞台正中央,搖身一變成為卓越超群的人。」在投資領域中,題材股等於白手起家的童話,同樣的心態促使大家去買樂透彩券,不過這種作法要得到高報酬率的機率低得出奇。

謝正彥和華克林把題材股定義為:在股市中,股價銷售比處在最高 10% 的股票。圖 23.1 所示,是美國最高十分位股票的股價銷售比中位數(我們更新了謝正彥和華克林截至 1999年的資料)。網路股泡沫時,股價銷售比飛躍上升到接近 48倍,清楚證明了當時真正瘋狂的程度!另外,值得注意的是,目前的股價銷售比超過 10 倍⋯⋯這時真該重新看麥克尼利的上述說法!在整個樣本期間,平均值略低於 9 倍,和中位數股價銷售比的平均值相同。然而,這個數值遭到了泡沫歲月數值的扭曲。如果我們看看 1967 年到 1995 年間的樣本,會發現股價銷售比平均值只有 5.5 倍。

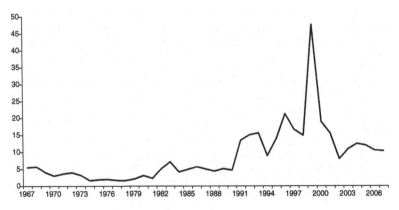

圖 23.1 美國最高十分位股票的股價銷售比中位數
(單位:倍數)

另外也值得指出的是，長久以來，美國股市的股價銷售比中位數平均值一直緩步走高，即使大略看看圖 23.2，都可以立刻清楚看出這一點，現在的股價銷售比為 1.8 倍，整個樣本期間的平均值為 0.9 倍，1967 年到 1995 年間的平均值為 0.6 倍。

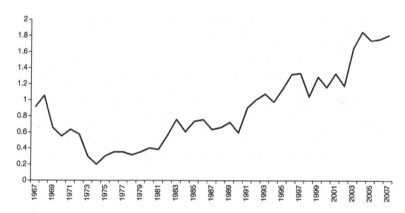

圖 23.2　美國股市中位數股價銷售比
（單位：倍數）

投資人可能認為，題材股是少數產業發揮的天地，然而，謝正彥和華克林的研究顯示，題材股可能在各式各樣的產業中出現，例如，油氣業、金屬礦業、化學工業、健康生技業、甚至連公用事業，都先後成為市場的焦點。最新的題材總是變化多端，投資人追逐最新的熱門概念時，就會像個善變的怪獸反覆無常。

高股價銷售比的題材股通常是殺進殺出派的最愛。圖 23.3 所示，是長久以來投資人的持股時間，所有股票的平均持股時間皆大幅下降（前面我們已多次指出這種現象），但是題材股（或概念股）的持股時間收縮得更為激烈！ 1973 年至 1981 年

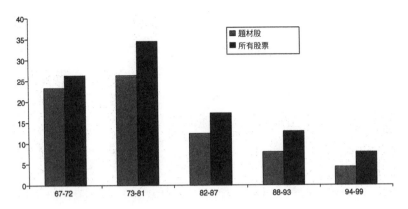

圖 23.3　平均持股時間（月數）

間，普通股的平均持股時間接近 35 個月，直到謝正彥和華克林研究樣本期間結束時，平均持股時間只剩 8 個月。1973 年到 1981 年間，題材股的平均持股時間為 26 個月，到謝正彥和華克林研究樣本期間結束時，已經降到只剩 4 個月。

　　為了避免你認為這一切全都是網際網路泡沫惹的禍，圖 23.4 所示，是多家國際交易所的平均持股時間，其中那斯達克

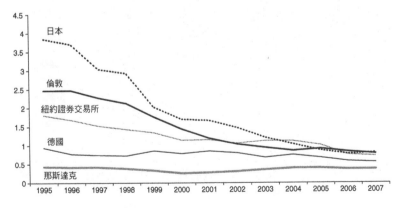

圖 23.4　平均持股時間（年數）

股票的平均持股時間仍然只有 4 個月而已！

　　謝正彥和華克林提出證據，證明高股價銷售比股票績效嚴重落後其他股票。噢，或許你會說，這點只是價值溢酬的另一種代表而已。謝正彥和華克林為了說明這一點，為每一檔題材股，找了另一檔在規模和股價淨值比方面盡量接近的股票，作為對照的對象。實際上他們也考慮到規模和風格，因此題材股的績效可以透過其他因素，進行半獨立的監視。

　　圖 23.5 顯示，即使考慮到風格和規模因素，題材股要創造優異績效還是困難重重，1981 年以後，題材股在績效方面，第一年落後對照組的股票 5%，到第四年，績效落後程度達到高峰，落後 24%。

　　具體證據並非美國獨有。2007 年，柏德（Bird）和卡薩維加（Casavecchia）評估歐洲國家的股價銷售比後（經過國家調整），證明歐洲也有類似情形。圖 23.6 所示，是低股價銷售比、

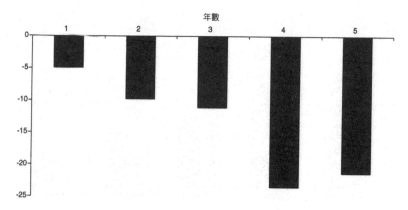

圖 23.5　1981 年至 1999 年間，題材股和規模與風格相近的股票相比，題材股績效落後（單位：%／年）

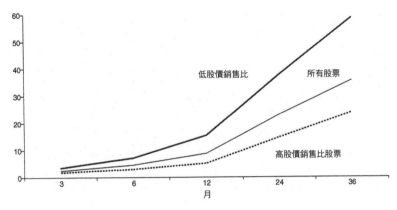

圖 23.6 1989 年至 2004 年間，歐洲題材股績效落後
（單位：月平均收益率%）

題材股和一般公司的績效，題材股的發展情形與美國類似，績
效嚴重落後低股價銷售比股票（三年期間落後 35% 以上！）。
同樣的三年期間，題材股也落後大盤將近 12%，因此題材股績
效差勁的問題似乎普遍存在所有市場。

　　重點是，投資人應該避開高股價銷售比股票，這種股票所
附的題材可能很動人，就像海妖賽蓮的歌聲對奧德修斯一樣。
奧德修斯能夠存活下來，靠的當然是命令水手把他綁在桅桿
上，向他們下令不論他怎麼哀求，都不能解開他；水手能夠存
活下來，靠的是在自己的耳朵裡塞滿蜜蠟。

　　投資人碰到經紀人的電話、或是看到研究報告宣稱下一樣
新奇事物時，最好不要受到題材誘惑，學習把重點放在事實
上，或許還需要把麥克尼利絕妙的警告釘在桌旁，警示自己。

重點摘錄

→ 眾多可用的價值型衡量指標中，我認為使用股價銷售比簡直毫無道理。我總是覺得運用股價銷售比的人，是飄蕩在損益表中，拼命尋找一些讓股票看來不會這麼便宜的東西。但是在我看來，忽視獲利觀念的指標是件異常危險的事。

→ 我（至少有一次）並不孤獨。2002 年 4 月，昇陽公司執行長史考特‧麥克尼利痛批願意以每股 64 美元，也就是以股價銷售比 10 倍的價格，買進他們公司股票的投資人荒謬可笑。他嘲笑投資人支持的隱含假設，例如，他不必支付員工薪資、不必納稅，他的結論是：「你知道這些基本假設多荒謬嗎？你不需要任何透明度，不需要任何附注，你到底是怎麼想的？」

→ 雖然有這麼坦白的說法，投資人似乎繼續崇愛著題材股。例如，根據股價銷售比排名的美國股價最高十分位的股票中，股價銷售比中位數超過 10 倍。看來還是有很多題材股潛伏在旁邊。

→ 然而，題材股似乎注定績效不佳，謝正彥和華克林的研究顯示，在四年期間內，高股價銷售比股票和類似總市值、類似股價淨值比的股票相比，績效落後將近 25%！因為這些股票的股價淨值比相當，這種情形不只是成長股失敗的另一個例子而已，題材

股對投資人財富的危害更大！

→ 柏德和卡薩維加發現歐洲股市也有類似的證據。在三年期間，題材股績效落後低股價銷售比股票的幅度，高達 35%，同時也落後大盤將近 12%。因此題材股績效差勁似乎是所有市場的普遍情形。

→ 題材股似乎也是喜歡殺進殺出派股民的最愛，根據謝正彥和華克林的研究，投資人持有題材股的時間只有 4 個月，相形之下，紐約證券交易所所有股票的平均持股時間為 11 個月。

→ 題材很動人，題材訴諸於我們直覺的 X 系統，而不是邏輯 C 系統。但是，投資人最好遵照神話中奧德修斯的作法，把蜜蠟塞在水手耳中，再把自己綁在桅桿上，以免聽到極為動人、卻會帶來滅頂禍患的海妖歌聲。

第 24 章

加入黑暗面：
海盜、間諜與空頭 [1]

在良好的放空標的中到底應該尋找什麼特性？這個問題表面上很容易回答，但是多數分析師似乎都不喜歡回答這個問題，從他們的建議中只有 10% 到 15% 是賣出建議，正好證明了這一點！我們針對 3 個相當能夠代表放空機會的因素進行檢視，基本上我們尋找的是股價高估、基本面惡化、資本紀律不佳的跡象，這 3 大汙點造成過去的空頭組合每年大約下跌 6%。今天我們動用這個篩選標準時，發現通過放空標準的股票檔數，創下空前最高記錄，或許現在該是加入黑暗面的時候了。

　　每一次大公司的股價下跌時，空頭就會突然被人說成是金融界中的精神變態，這種事一直令我匪夷所思也備感荒謬，大家不去檢視公司所做出的極為差勁（偶爾甚至屬於犯罪）決策，反而痛罵空頭。正如《紐約時報》最近帶給我的提醒，汙蔑空頭不是新鮮事。

　　在橫帆大帆船往返東方的香料航路之際，荷蘭人就已經查

1　本文刊於 2008 年 5 月 13 日出版的《心理很重要》雜誌，其中討論的材料在出版時確實正確無誤。

禁可能掠奪自己新獲得財富的造反派分子。

這些麻煩製造者既不是北非巴巴里海盜,也不是西班牙間諜,而是阿姆斯特丹股票交易所的某些交易者,他們的罪行是放空荷蘭東印度公司股票,據說這家公司是世界第一家發行股票的企業。

從此以後,放空股票之類的資產、希望股價下跌的空頭,就一直遭到痛罵。十八、十九世紀的大部分期間,英國都禁止空頭操作;拿破崙認為空頭是國家的敵人;德國最後一位皇帝甚至徵召空頭攻擊美國市場(也可能是有一些美國人擔心他們會這樣做)。

——珍妮·安德森《紐約時報》2008 年 4 月 30 日

從我自己由下而上的價值型研究發現,目前可以利用的投資機會非常少,這點顯示目前市場上主要的機會可能落在空方,因此我猜想自己現在也許該加入黑暗面的陣營!

這一點似乎是分析師深惡痛絕的事情,圖 24.1 顯示,賣

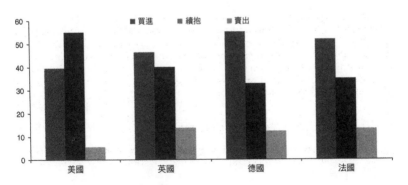

圖 24.1　分析師的投資建議比率

出建議的比率仍然低得可憐。事實上，我的研究主管叫我看看圖 24.2，讓我知道在所有投資銀行中，法國興業銀行（Societe Generale）提出的賣出建議比率最高。（看到興業銀行高高列在肯定空頭的名單最上方，是令人高興的變化！）

這一切都讓我聯想到，應該如何看出潛在的放空標的。為了配合第 19 章（根據有限資訊）的規定，我希望只注重在我認為是績效差勁主要原因的幾項關鍵因素。

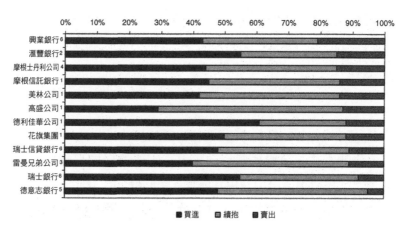

圖 24.2　投資銀行／券商的投資建議

評價

我認為，績效不佳最明顯不過的主要原因是股票的評價偏高（基於我的價值型取向，這一點不足為奇）。當然，評估股票的方法有百百種，但是從空頭賣方的角度來看，最有用的方法是股價銷售比。

把重點放在高股價銷售比股票上，可以鎖定題材股這種完

全脫離現實的股票。投資人興奮莫名時，經常出現在損益表上不斷搜尋、設法「壓低」股票價值倍數的傾向。的確如此，網路股熱潮期間，大家用來評估股價的標準，居然包括每位用戶平均營收、點擊次數和眼球數！

因此，每次我聽到有人用股價銷售比來證明一檔股票上漲有理時，就會忍不住想到，他們到底是想隱藏什麼東西。但我一如往常，支持以證據為基礎的投資，因此我一定要看到實際的證據，這麼說來，股價銷售比策略到底能否行得通？

圖 24.3 所示，是 1985 年至 2007 年間，歐洲股市股價銷售比五分位的績效，不足為奇的是，最便宜的股票表現勝過最昂貴的股票。

為了查證這項估價標準，我們拿一個多空股價銷售比投資組合的報酬率，與摩根士丹利歐洲指數的價值減成長報酬率比對，進行迴歸分析後，發現明顯的「超額報酬」，因此股價銷售比會在股價淨值比上，添加額外的東西。

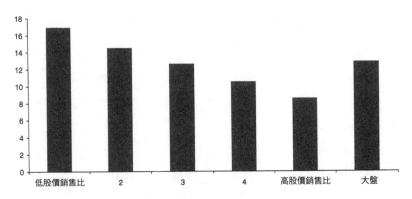

圖 24.3　股價銷售比五分位的績效比較
（單位：年均收益率 %）

財務分析

　　我的放空策略第二項因素是檢視公司的財務分析，大家偶爾把我對分析師的直率批評，當成我認為財務分析是在浪費時間，這實在是完全偏離事實的大誤會。讓我十分絕望的是，分析師浪費了極多的時間，設法完成預測盈餘之類的不可能任務。但我一直都熱愛優秀、實在、以基本面為導向的研究。

　　我過去主張採用約瑟夫·皮爾托斯基（Joseph Piotroski）設計的 F 分數（F-Score），作為簡單、高效率的量化基本分析方法。皮爾托斯基在 2000 年發表的原始論文，應用一種基本分析篩選標準，幫助大家分辨優秀的價值股和價值陷阱。並在 2004 年後續論文，探討簡單的財務篩選標準是否能夠提升各種風格股票的績效。

　　他發展出來的篩選標準是由 9 種會計指標構成的簡單計分系統，表 24.1 所示，是這個系統計算時所用的基本變數。實際上，他是利用財務分析 3 種領域中的指標，評估基本面背景有沒有改善的可能性。

　　當期營業利潤和現金數字提供的資訊，顯然和公司內部產生資金與發放股息的能力有關。正面的獲利趨勢也代表公司的基本面表現改善。注意現金流量和申報盈餘之間的關係，也可以掌握獲利的品質。

　　接下來的「融資、流動性與資金來源」3 個變數意在衡量資本結構和整體償債能力。你可以拿這些衡量指標，評估破產的可能性，把資產負債表納入總分的計算中。

　　皮氏 F 分數最後兩個因素跟營運效能有關，其中所用的變

表 24.1　皮爾托斯基篩選標準

變數	分數
獲利能力	
資產報酬率	如果資產報酬率大於 0，得 1 分，否則為 0 分
資產報酬率變化	如果資產報酬率變化大於 0，得 1 分，否則為 0 分
營運現金流量	如果營運現金流量大於 0，得 1 分，否則為 0 分
應計項目	如果營運現金流量大於資產報酬率，得 1 分，否則為 0 分
融資、流動性與資金來源	
融資	如果長期負債占資產總額比率變化小於 0，得 1 分，否則為 0 分
流動性	如果流動比率變化大於 0，得 1 分，否則為 0 分
增資	如果新股發行量小於 0，得 1 分，否則為 0 分
營運效能	
毛利率	如果毛利率變化大於 0，得 1 分，否則為 0 分
資產周轉率	如果資產周轉率變化大於 0，得 1 分，否則為 0 分

數，熱愛杜邦公司（Du Pont）分析的投資人會很熟悉，因為兩個變數都出自傳統的資產報酬率分析。依據表 24.1 評估這些指標後，一家公司的 F 分數只是各種個別變數的得分總和（一定介於 0 分到 9 分之間）。

　　皮爾托斯基檢視 1972 年至 2001 年間美國股市的分數後，以圖 24.4 顯示他的主要發現。他根據整體 F 分數，畫出原始報酬率，顯示如圖。F 分數低落的公司（0–3 分），平均原始報酬年率為 7.3%（經過市場調整後 –5.5%）；F 分數中等的公司（4–6 分），平均原始報酬年率為 15.5%（經過市場調整後 3%）；F 分數高分的公司（7–9 分），平均原始報酬年率為 21%（經過市場調整後 7.8%）。這種情形確實顯示基本分析可能是超額報酬的來源！

　　我發現歐洲股市也有類似的證據。F 分數低落的公司（0–3

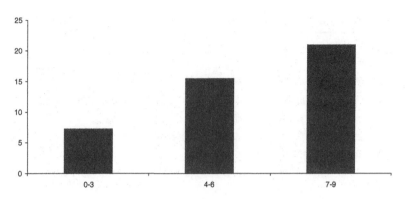

圖 24.4　1972 年至 2001 年間，皮爾托斯基篩選標準在美國的表現
（單位：年均收益率 %）

分），平均原始報酬年率為 4.4%（經過市場調整後 -8%）；F
分數中等的公司（4–6 分），平均原始報酬年率為 13.1%（經過
市場調整後 0.5%）；F 分數最高的公司（7–9 分），平均原始
報酬年率為 15%（經過市場調整後 2.5%）（請參閱圖 24.5）。
　　皮爾托斯基也把他的衡量標準，應用在價值股和成長股

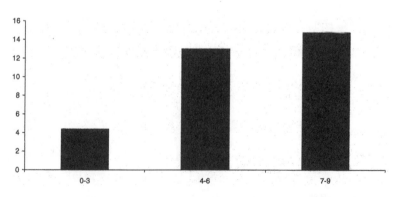

圖 24.5　1985 年至 2007 年間，皮爾托斯基篩選標準在歐洲的表現
（單位：年均收益率 %）

中，探討 F 分數評估投資績效的能力，他指出：

投資人很難利用根據財務報表分析所制定投資策略中的獲
利，又符合每個股價淨值比投資組合中預期偏向的方式，有系
統地看出有意義的低估熱門股（或高估價值股）。F 分數符合
這些公司的預期表現時（熱門股公司表現強勁、價值股公司表
現差勁），每個投資組合的獲利會接近市場報酬率。實際上，
期望可能已經潛藏在價格中，證實這種期望的財務信號會快速
納入價格中。同時，市場（通常）在收到未來的證實性消息前，
會先考慮反方向的訊息，因此熱門股公司的歷史性好消息無法
產生超額報酬率，但價值型公司的歷史性好消息卻是交易機
會。反之，交易機會也能以壞消息為條件。

圖 24.6 顯示，我們的歐洲資料證實這項發現，擁有高分 F
分數的價值股策略表現特別優異（每年原始報酬率超過 20%，

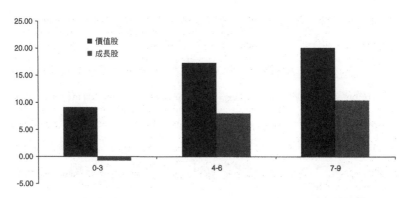

圖 24.6 皮爾托斯基篩選標準在歐洲價值股和成長股中的表現
（單位：年均收益率 %）

勝過一般價值股大約 4%）。然而，擁有低分 F 分數的成長股表現特別差（每年原始報酬率為 -0.7%，比一般成長股大約少 9%）。

在我們篩選放空標的的情況下，這點暗示我們最好注意高價股，並結合頭兩個因素後，應該就足以得到不錯的可能放空標的清單。然而，我希望再檢視一個重要事項，再提出最後清單。

資本紀律

我尋找潛在空頭標的的最後一個因素是缺乏資本紀律。麥肯錫公司（McKinsey）推動的調查[2]（他們終於推出一些有用的東西！）顯示，企業對自己資本紀律不佳心知肚明，針對「公司高階經理人」所做的訪調表示，「他們公司投資項目，17% 資本流向績效不佳、應該中止，16% 從一開始投入資金階段就是錯誤。」比較接近第一線的管理階層（事業單位領導和前線經理人）甚至認為，有更多的計畫根本不該批准，每一類別各有 21%！

這項訪調也詢問經理人，他們在企業投資的各個層面的預測精確度如何，例如，完成計畫所需時間、對銷貨成本的影響等事項。結果顯示在圖 24.7 中，將近 70% 的經理人表示，他們預測完成計畫所需時間時太樂觀（這是廣為人知的規畫謬誤證據）。有 50% 的受訪者認為，他們預測投資對銷售所產生

2　麥肯錫季刊（*McKinsey Quarterly*）《企業如何花錢：麥肯錫公司全球調查報告》（How Companies Spend Their Money: A McKinsey Global Survey）。

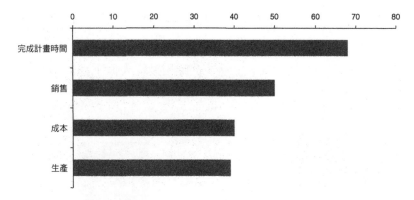

圖 24.7　經理人認為他們公司在有關投資的各個層面上太樂觀的比率

的影響時太樂觀。而超過 40% 的人覺得他們對涉及成本的預測也太樂觀！

　　訪調透露，將近 40% 的受訪者表明，經理人提出資本投資建議時會隱藏、限制或錯誤陳述資訊！此外，受訪者也強烈指出，發表異議的同事容易遭到阻撓。而超過 50% 的受訪者表示「盡量避免牴觸上司」這點相當重要。

　　從這種角度來看庫柏（Cooper）等人 2006 年的發現，也就不會讓人震驚了。庫柏等人針對總資產成長率預測股票報酬率的能力高低，進行研究（請參閱圖 24.8），根據資產總額預測的好處當然是能夠提供整體投資的全貌。

　　庫柏等人在涵蓋 1968 年到 2003 年間的美國樣本中，發現以相等加權的方式比較，低資產成長率公司每年表現優於高資產成長率公司的幅度，竟然高達 20%。即使考慮市場、規模和風格等因素，低資產成長率公司的表現每年仍然比高資產成長率公司高出 13%。

歐洲的證據也同樣驚人（請參閱圖24.9）。我們發現，1985年到2007年間，低資產成長率公司的表現每年大概勝過高資產成長率公司10%。重點是企業和投資人似乎都非常不關心資本紀律。

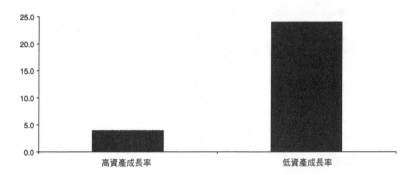

圖 24.8　1968 年至 2003 年間，不同資產成長率股票在美國股市的表現（單位：年均收益率 %）

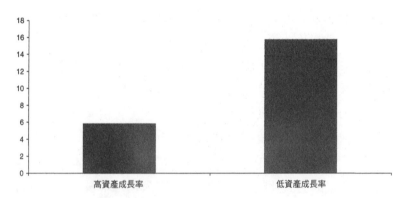

圖 24.9　1985 年到 2007 年間，不同資產成長率股票在歐洲股市的表現（單位：年均收益率 %）

綜合評述

我們已經探討過放空構想的三個可能來源,如果我們把三項因素綜合在一起,會有什麼結果?我用來定義放空機會的參數是:股價銷售比大於 1,F 分數小於 3,總資產成長率達到兩位數字。

事實證明,以這種定義的投資結合威力強大。1985 年到 2007 年間,由這種股票構成的投資組合經過每年再平衡後,每年會下跌 6% 以上,相形之下,歐洲股市每年上漲 13%(請參閱圖 24.10)!我們在美國股市中也有類似的發現,只是我沒有在這裡把結果列出來。

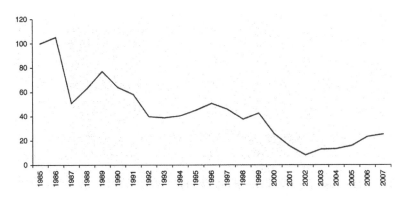

圖 24.10　我們的歐洲空頭投資組合的絕對表現(以 1985 年為基年,指數訂為 100)

這一籃放空股票每年創造的負超額報酬超過 20%,風險係數為 1.3。在二十三年期間,這一籃股票有十年出現絕對負報酬率(占 45% 的比率)。和指數相比,這一籃股票在二十三

年期間，有十八年出現不如指數的績效（占 81% 的比率）。

　　依據這種模型選擇的一般股票每年下跌 8%（中位數跌幅為 9.6%）。利用這種篩選標準挑出來的股票，大約有 60% 股票出現絕對負報酬率。因此這種模型偶爾也能選出在多方表現特別優異的股票——這點對空方不是好消息。因此，引進停損作法可以大幅改善我們這個空方股票籃子的表現。例如，納入 20% 的停損，可以把每年的報酬率從 –6%，提高為 –13%（請參閱圖 24.11）。

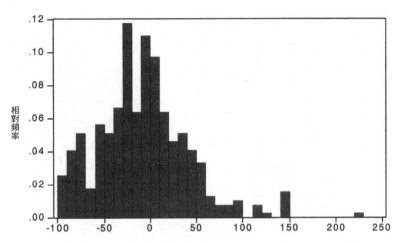

圖 24.11　1985 年到 2007 年間，歐洲股市報酬率的分布狀況

　　我經常把從 2002 年底開始這段大多數的時間，說成是具有超買、超漲特性的時間。從圖 24.12 中，可以清楚看出這一點。2003 年時，空頭的報酬率勝過大盤 6% ！ 2005 年和 2006 年這種情形又再次重複出現，只是超額報酬的幅度比較小。

　　雖然近年這個投資組合步履蹣跚，我卻認為這種作法還是

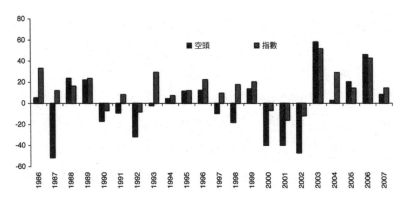

圖 24.12　歐股空頭投資組合與指數的年度報酬率
（單位：％／年）

尋找放空標的的好方法。如果我們的看法正確，如果大部分機
會現在可能都落在空方，那麼這個方法將來一定會很有用。

　　最後兩張圖呼應我在本章開始時說的一點，顯示通過我們
篩選標準的放空標的股票有多少。在歐洲股市中（請參閱圖
24.13），每年我們的樣本平均大約由 20 檔股票構成，目前我
們動用篩選標準時，發現這種股票的檔數創下空前最高記錄，

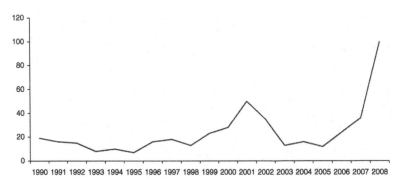

圖 24.13　通過我們空頭標的篩選標準的歐洲股票檔數

接近 100 檔股票通過我們的篩選標準。

在美國股市中（請參閱圖 24.14），納入我們空頭股票籃的平均股票檔數大約為 30 檔。今天我們的篩選標準發現，至少有 174 檔股票通過這個標準，這點清楚顯示我在本章開始時提到價值不足的現象，而且也確實顯示現在機會穩穩落在空方。

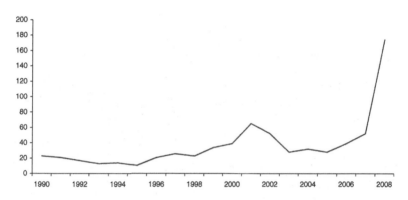

圖 24.14　通過空頭標的篩選標準的美國股票檔數

重點摘錄

→ 幾乎從古代開始，空頭就一直遭到大家汙衊，這點總令我匪夷所思，這不是等同處罰警探，卻縱放罪犯嗎？這種怪異的結果可能因此阻止很多人利用放空方法。然而，從我個人由下而上的價值型研究顯示，便宜貨股票沒有幾檔，我們猜想，分布在空方的機會可能比較多。

→ 良好放空標的有哪些特徵？我們建議要觀察 3 大汙點：高股價銷售比、基本面惡化（根據低落的皮爾托斯基 F 分數衡量）和資本紀律不佳（根據高總資產成長率衡量）。這 3 種特性各具明顯的跡象，但是放在一起綜合評估時更加有力。

→ 1985 年至 2007 年間，在歐洲市場，這種股票構成的投資組合經過每年再平衡後，每年下跌的絕對值超過 6%，（為了對照起見，我們要指出，這段期間大盤每年上漲 13%）。這個投資組合在二十二年期間，有十年出現絕對負報酬率，有十八年的績效表現落後大盤。我們在美國股市也有類似的發現。

→ 過往幾年這種策略碰到的遭遇並不太好，但是過去五年，我們的空頭籃子有三年的績效勝過大盤！證實了我們所見到的盛極轉衰現象的極端性質。

→ 有趣的是，我們看到，通過空頭籃子篩選標準的股票檔數，創下空前新高記錄。一般而言，我們的歐

洲空頭籃子大約包括 20 檔股票。今天，通過放空篩選標準的投資組合應該接近 100 檔了。在美國方面，空頭籃子平均數量為 30 檔股票，今天卻有 174 檔通過放空篩選標準。這樣的結果也大致反映我的由下而上價值型研究的發現，也就是現在可以利用的深度超值投資機會非常少，目前機會正站在空方、而不是多方，或許現在是時候該加入黑暗面了。

第 25 章

作假帳，海盜旗繼續飄揚 [1]

> 日子順遂時，很少人會注意獲利品質和附注之類乏味的問
> 題。然而，如此不注意細節，通常會使投資人在市場逆境
> 時遭到反噬。但是，這條通則有些值得注意的例外，空頭
> 往往是最注重基本面的投資人。事實上，大部分空頭根本
> 不是造謠生非的人，反而更像是會計警察。為了協助投資
> 人評估會計詐欺，我設計了作假分數（C-score，C 代表作
> 假帳或欺騙），這種分數結合高估指標後，特別適用於看
> 出放空標的。

　　企業獲利經過五年的多頭奔馳後，投資人碰到的風險是過
度忽視虛增盈餘的重要。日子順遂時，很少人留意關心獲利品
質和附注之類的乏味問題，雖然看似多此一舉，卻是不容忽視
的細節。遇上市場逆境時，這種特性通常會重新流行成風。

　　然而，在多數分析師更關心預測未來五年每季盈餘到小數
2 位、又忙著寫公司新聞稿的情況下，他們實際分析企業的能
力似乎岌岌可危，即將失傳。

　　空頭無疑是我所見過最注重基本面的分析師，整體而言他
們確實很認真看待自己的分析（他們也應該如此，因為他們的

1　本文刊於 2008 年 6 月 30 日出版的《心理很重要》雜誌，其中討論的材料在出版時確實正確
　　無誤。為免你對本章的章名（海盜旗繼續飄揚）覺得奇怪，我必須指出，本章章名意在呼應
　　第 24 章《加入黑暗面：海盜、間諜與空頭》。

下檔風險實際上毫無限制）。因此，認為空頭是造謠生非陰謀分子的持續反彈，只會讓我困惑地搖頭。我只能假設，說這種話的人不是迎合遭到放空企業的決策官員，就是遭到放空的公司本身。根據我個人的經驗，空頭不但不是市場中的惡勢力，反而更像是會計警察。

企業說謊、空頭警告的證據確鑿

2003 年拉蒙特洞察一切的研究證實了這種觀點，當時在芝加哥大學任教的他寫了一篇論文，檢討空頭和遭到放空公司之間的爭戰。他檢視 1977 年到 2002 年間這種在美國爆發的爭鬥，重點放在遭到放空的公司力辯無辜，認為自己是空頭或陰謀打壓的目標，不然就是宣稱空頭說謊。他也探討一些公司，他們會要求主管機關調查空頭、敦促股東不要把券借出去、甚至制定股票買回計畫（想來目的是要軋空）。

拉蒙特發現的結果顯示，空頭扮演的角色很有用，圖 25.1

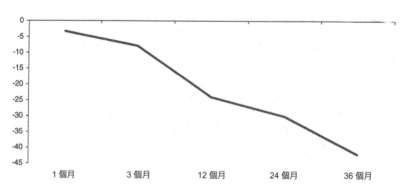

圖 25.1　經過市場調整的累積報酬率
（單位：%）

顯示遭到放空股票的累積平均報酬率。在多空之爭開始後的12個月裡，這種股票的績效平均比大盤少24%，三年後，累計落後大盤的幅度高達42%！空頭說對了，說謊和陰謀詐騙投資人的往往是公司派，不是空頭！

偵察誰在作假帳

　　我們在上一章裡探討過篩選放空標的的方法，然而，我想到辨認潛在的放空標的時，比較偏重會計的篩選標準可能也很有用，例如，注意那些很可能作假帳的公司，或是盡一切力量確保公司可以勝過分析師每季盈餘預測的企業。

　　因此，我開發出C分數（C代表作假帳或欺騙），幫助衡量企業試圖矇騙投資人的可能性。作假分數分成6項要素，每項要素皆意在抓出常見虛增盈餘行為：

一、淨利和營運現金流量的差距擴大。一般說來，經營階層在
　　左右現金流量方面，不像左右盈餘那麼有彈性。盈餘包括
　　大量高度主觀的估計，包括壞帳、退休金報酬率等等。淨
　　利和現金流量差距擴大，可能也表示更積極地要把成本資
　　本化。

二、平均銷售日數增加。這一點當然代表應收帳款的增加速度
　　高於銷售成長率，這個指標的真正目的是要找出塞貨行為
　　（把存貨塞給顧客）。

三、存貨銷售日數增加。存貨增加可能代表銷售緩慢，這一點
　　絕對不是好現象。

四、營收的其他流動資產增加。精明的財務長可能知道投資人
　　經常會注意平均銷售日數或是存貨銷售日數，因此可能利
　　用這種涵蓋一切的項目，協助隱瞞他們不希望投資人注意
　　的東西。

五、折舊對不動產、廠房及設備減少。為了超越每季獲利目標，
　　企業可以輕易改變估計的資產耐用年限。

六、資產成長率居高不下。有些公司變成系列併購業者後，會
　　利用併購來的事業，扭曲公司的盈餘，資產成長率居高不
　　下的公司在這項因素中會得分。

　　這些因素以簡單的二進位方式計分，如果一家公司的存貨
銷售日數增加，就會得一分，然後加總所有因素的得分，得出
最後的作假分數，最低分是 0 分，代表沒有操縱獲利的證據，
最高分為 6 分，代表出現所有警訊。

作假分數有用嗎？

　　作假分數只是分析公司是否作假帳的第一步，然而這個衡
量標準似乎相當有效，圖 25.2 和圖 25.3 所示，是 1993 年到
2007 年間，歐美股市用作假分數判定的空頭股票的表現（投
資組合在 6 月建立，持有期間 1 年）。

　　美國作假分數偏高的股票績效大約比大盤落後 8%，每年
創造的報酬率大約只有 1.8%；歐洲作假分數偏高的股票績效
大約比大盤少 5%，每年卻仍然能創造大約 8% 的絕對報酬率。

　　作假分數和某些價值指標一起使用時，當然可能比較有

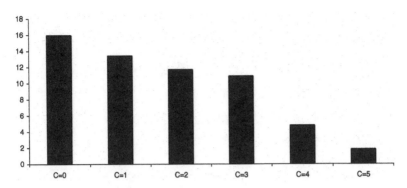

圖 25.2 1993年至2003年間，美國不同作假分數投資組合的表現，
市場報酬率為每年10%

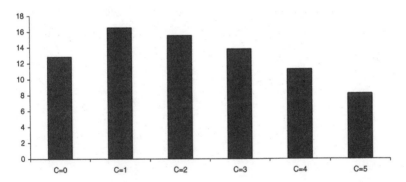

圖 25.3 1993年至2003年間，歐洲不同作假分數投資組合的表現，
市場報酬率為每年13%

效，畢竟和價值股相比，飆股（也可能是高價股）公司經常更
容易受到誘惑，比較想改變呈現獲利的方式，以便維持高成長
的地位。一旦飆股「露出馬腳」，受到的懲罰也比低價股嚴厲
多了。

　　證據證明這一點，我們綜合作假分數和股價銷售比大於2

這兩個因素分析時，報酬率會大幅下降。把這樣的結合應用在美國股票，每年會產生 4% 的絕對負報酬率（每年中位數股票報酬率為 −6%，有 54% 的股票出現負報酬率。在歐洲，偏高的作假分數和大於 2 的股價銷售比結合後，每年也會產生 4% 的絕對負報酬率（中位數股票報酬率為 −10%，有 57% 的股票出現絕對負報酬率）。

重點摘錄

→ 愚蠢的民粹看法認為,空頭是造謠生非的陰謀分子,但實情正好相反。實際上,空頭是我所見過最重視基本面的投資人。從我的經驗來看,他們不是市場中的惡勢力,反而更像是會計警察,做的是過去大家認為證券交易委員會理當要做的事情!

→ 上市公司經常指控空頭說謊、搞陰謀,結果公司派反而經常是有罪的一方。芝加哥大學歐文‧拉蒙特檢討了 1977 年到 2002 年間的公司派和空頭之爭,最後發現空頭才是站在正確一方的人,在多空之爭開始後的三年內,遭到放空的股票績效總共比大盤落後 42%。

→ 在空頭注重基本面的啟發下,我創造了作假分數,試圖抓出企業在 6 種常見的虛增盈餘行為中,一共做了多少種。當然,作假分數只是分析公司有沒有作假帳中的第一步而已。

→ 雖然如此,作假分數似乎能夠抓出績效長期差勁的企業,美國和歐洲股市中,作假分數居高不下的公司在 1993 年到 2007 年間,每年的績效分別比大盤少 8% 和 5%。

→ 作假分數結合若干評價指標後,會變得更有效。畢竟飆股公司更容易受到誘惑,比較會設法用「欺騙」的方法,維持自己的地位。證據說明了這一點,在

歐美股市中，作假分數 5 分、股價銷售比大於 2 的
股票，往往會出現 4% 的絕對負報酬率。作假分數
辨認出來的股票中，大約 50% ～ 60% 出現負報酬
率。

第 26 章

爛公司：
基本面放空與價值陷阱 [1]

> 我在前面的章節，主張完美的放空標的有下列 4 大特徵，
> 包括股價高估、基本面惡化、資本紀律不佳和會計帳有問
> 題。然而，我忽略了良好放空機會更經典的「基本面」特質，
> 我認為這些特性可以併為 3 種因素：差勁的經營者、爛公
> 司和差勁的策略。這些因素彼此顯然並不互相排斥。對不
> 能或沒有放空的人來說，這些因素應該有助於分辨價值型
> 投資機會和價值陷阱之間的差別。

空頭股的分類

　　在前面的章節探討過良好放空標的的量化特點，我認為 4
大特性構成良好的放空機會，包括股價高估、基本面惡化、資
本紀律不佳和會計有問題。

　　綠燈資本公司（Greenlight Capital）的大衛·艾恩洪描述
他的空頭投資組合時說：

1　本文刊於 2009 年 5 月 12 日出版的《心理很重要》雜誌，其中討論的材料在出版時確實正確
　　無誤。

這些公司有著各種嚴重問題：有些公司的經營作法不好，不然就是玩弄會計花招，有些公司的股價是預期盈餘的很多倍，實際卻不可能達成這種預期。還有一些公司的事業模式大有問題，長期下來不可能繼續存活。

　　布魯斯‧柏克維茲（Bruce Berkowitz）從略微不同的角度，處理了相同的領域。他是個只作多的基金經理人，然而，柏克維茲是我所發現最善於在投資過程中對抗驗證性偏誤的人，他並不尋找支持投資標的的資訊，反而是設法「殺害這家公司」。他說過：

　　我們檢視各家公司，計算現金數量，然後設法破壞這家公司……我們花很多時間，思考一家公司在什麼地方會出問題——不論問題出在經濟衰退、停滯膨脹、利率高升，還是骯髒炸彈爆發。我們試著用各種方法，蹂躪最好的構想。如果我們無法破壞這個構想，或許我們就找對了什麼東西。如果你支持的企業已經為了艱難時刻做好準備，尤其是企業經理人正在為艱困時刻做好準備，那麼你當然希望這種時刻到來，因為這種時刻會播下創造偉大成就的種子。

　　柏克維茲最近接受《傑出投資人文摘》（*Outstanding Investor's Digest*）專訪時，提出一張清單說明「公司如何死亡，以及如何遭到破壞」的方式。

　　下面是你引發內爆的幾種方式：你無法創造現金，你持續

燒錢，你舉債過多、你在玩俄羅斯輪盤賭，你們的經營者是白癡，還有很糟糕的董事會，你推動「完全惡化」的投資，你用太高的價格買股票，你依據一般公認會計準則作帳時說謊。

無可爭辯的放空之王吉姆·查諾斯（Jim Chanos）2005年接受《價值型投資人洞察》專訪時，概略說明他搜尋的4大類放空標的：

第一種也是最有利可圖的放空標的，是盛極而衰的股票。我們在舉債融資的資產泡沫、而不是一般的資產泡沫上，操作最成功。從有債務需要償還的觀點來看，從有人在破產或標售過程中，走在股東前面的角度來看，這種資產中有一些定時炸彈。「舉債融資」的區別很重要，這一點促使我們在1990年代避不放空網際網路股──那是最貨真價實的評價泡沫。

第二類放空機會的成因是：

科技過時。經濟學家相當正確地談論「創造性破壞」的好處，在這種情況中，新科技和創新會促進人類進步、增進國內生產毛額的成長。但是這種變化也會造成整體產業過時……現在演出的劇碼是從類比的天地，轉換為數位的天地。[2]

查諾斯的第三種來源是在會計帳上胡作非為的公司。

---

2 查諾斯建議大家閱讀克雷頓·克里斯汀生（Clayton Christensen）的大作《創新的兩難》（*The Innovator's Dilemma*），因為這本書是這個主題的傑作。

這種作法涵蓋了從簡單的虛報盈餘……到十足的詐欺。我們努力尋找經濟現實嚴重背離企業會計帳所呈現面貌的股票。

放空機會的最後一大類……

應該是消費熱潮股，這種股票是源於投資人會利用最近的經驗，把顯然一次性的成長暴增，推演到無限期的未來，而大家始終過於樂觀……例如，1980 年代的捲心菜娃娃（Cabbage Patch kids），1990 年代初期的諾迪克跑步機（NordicTrack）、尚品公司（Salton）的拳王智烤爐（George Forman grill）。

這些描述有很多重複的地方，但是我最後要花一點時間，探討有問題的事業模式和差勁經營者的類別。

差勁經營者

由於我們這一行非常喜歡跟公司的經營者會晤（我對這件事當然十分懷疑），卻沒有人對差勁經營者的性格方面多加著墨，真是令人訝異。

有關企業倒閉的書籍中，席尼・芬克斯坦（Sydney Finkelstein）的大作《從輝煌到湮滅》（*Why Smart Executives Fail*），是我最愛的書籍之一，不同於大部分討論成功故事的管理書籍，芬克斯坦喜歡探索企業的慘劇。

芬克斯坦談到特定差勁經營者的個性時，他舉出一套常見的性格。我把這種性格叫做「大有問題經營階層的七大習

慣」，分析師最好看看，他們喜歡會晤的企業經營者身上到底命中了多少項這種特徵。

大有問題經營階層的七大習慣

一、他們認為自己和公司主宰本身所在的環境，而非單純因應這種環境的發展。

二、他們跟公司的認同極為徹底，以致於個人利益和企業利益之間沒有清楚的界限。

三、他們似乎掌握所有答案，所表現出快速、果斷因應挑戰性問題的樣子，經常讓人大為讚嘆。

四、他們會確保所有的人都跟在他們後面，殘酷無情地消滅可能危害他們所有努力的人。

五、他們是公司完美的代言人，通常會盡最大的力量，管理和發展公司的形象。

六、他們把令人害怕的困難問題，視為只需要消除和克服的暫時性問題。

七、需要重提當年把他們和公司推向功成名就的策略和戰術時，他們絕對毫不猶豫。

差勁經營者的行為基礎

思考差勁經營者的特質時，我開始設想這些人決策差勁的根本原因，這點促使我對差勁經營者的行為基礎進行大略分析。換言之，我要找出到底是哪些偏誤引導他們走上錯誤的道路。

一、過度樂觀、過度自信

　　最常見的行為偏誤可能是過度樂觀和過度自信，我猜想，企業經理人最容易大大展現這兩項特質。杜克大學財務長訪調是我最愛的過度樂觀範例。杜克大學固定每一季向財務長調查他們如何看待經濟展望（0 分代表特別悲觀，100 分代表特別樂觀）。同時，杜克大學也調查這些財務長對自己公司未來展望的樂觀程度。

　　圖 26.1 所示，是在優秀經理人和差勁經理人身上最常見到的錯覺。相較對整體經濟樂觀的程度，經理人對公司展望樂觀的程度較高。

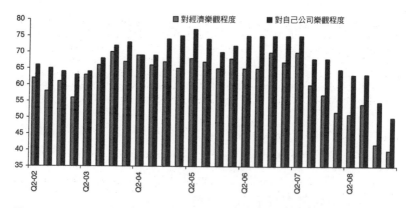

圖 26.1　杜克大學財務長調查報告：你的樂觀程度高低？

　　併購案可能是表現企業經理人過度自信的最好例子。根據 KPMG 會計師事務所一年兩次的最新全球併購調查報告（2008 年 10 月 15 日發布），93% 的企業經理人認為，自己公司的併

購案能替公司增加價值，樂觀的比率確實高得驚人。這的確是我所見過企業經理人過度樂觀、過度自信最具毀滅性的證據。

圖 26.2 所示，是併購案績效的客觀和主觀指標的比較，顯示企業推動併購案，而且在併購案完成後的兩年期間，股價表現超越同業的比率，以及經理人主觀相信併購案確實能增加價值的比率。

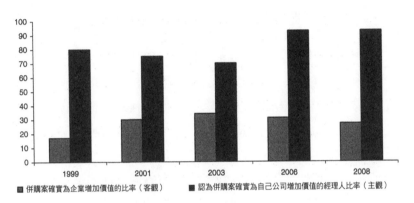

圖 26.2　併購案成功程度的客觀與主觀比例
（單位：％）

奇怪的是，經理人的信念程度總是遠高於客觀比率，例如，KPMG 會計師事務所在最新的訪調中，有 93% 的經理人認為自己公司的併購案可以增加價值，但是實際為公司增加價值的比率不到 30%。

這張圖也證明了另一種行為特質，我把這種特質稱為：我們從錯誤中學習的能力非常有限。如果你認為過去十年，經理人已經了解應該極為謹慎地處理併購案，那麼這種想法可以原諒。但是，沒有再比這更背離事實的事情了。事實上，跟併購

價值有關的企業錯覺似乎不減反增！

　　這點顯示，企業經理人根本沒有進行徹底的併購後續效分析，否則就是雖然分析過，卻完全漠視分析所得到的結果！提及不能客觀衡量併購後續效的錯誤，最典型的例子就是戴姆勒－克萊斯勒（DaimlerChrysler）併購案。從各種與營運有關的定義來看，這件併購案都是失敗的，摧毀的價值大致等於購買克萊斯勒汽車公司的價格。但即使戴姆勒賓士公司執行長爾根·施倫普（Jurgen Schrempp）承認這項可怕的結果，卻仍然為這件併購案辯護，聲稱這是「絕對完美的策略」。

　　不幸的是，人類這物種具有把信心和技巧混為一談的習慣。例如，如果你告訴醫生：「大夫，我出疹子出得很厲害。」醫生回答：「別擔心，我很清楚這是什麼，你把這些藥吃下去，一星期內就會好了。」你大概會高興地離開。相反的，如果醫生回答：「天啊！真可怕，我從來沒有看過這種病情，你覺得這會不會傳染呢？把這些藥吃下去，一星期後，如果你還活著，你再回來看我。」你可能不會太高興。同樣的，我們期望經理人看來自信滿滿，不幸的是，我們會因此透過神奇的光環效應（halo effect），給予他們的投資技巧高人一等的評價。

二、驗證性偏誤與偏見同化效應

　　跟我們多數人一樣，經理人通常會尋找支持他們的資訊，而不是尋找證明自己錯誤的資訊（這叫驗證性偏誤，本書序文中提過）。不但尋找支持自己的資訊，而且會以支持自己論點的方式解釋中立的資訊，一旦聽到可能會令我們改變心意的資訊時，反而更容易強化我們的決心，這種過程叫做偏見同化效

應（biased assimilation）。

三、保守主義

　　經理人經常受制於保守性偏誤（conservative bias）──
習於保有個人的看法過長時間。這一點似乎也常受到沉沒成本
的看法影響。1985 年，阿克斯（Arkes）和布魯默（Blumer）
在他們經典的沉沒成本心理研究報告，顯示一系列說明沉沒成
本謬誤的實驗，例如，請考慮下述狀況：

　　你是一家航空公司總裁，你們已經投資 1000 萬美元，推
動一項研究計畫，目的是要建造一架傳統雷達偵測不到的飛
機，也就是隱形飛機。這項計畫完成 90% 時，另一家公司開
始行銷一款雷達偵測不到的飛機，而且情況很明顯，他們的飛
機比你們公司正在建造的飛機速度快多了，也經濟多了。問題
是：你們應該把剩下的 10% 研究經費投資下去，繼續完成你
們的飛機嗎？（請參閱圖 26.3）

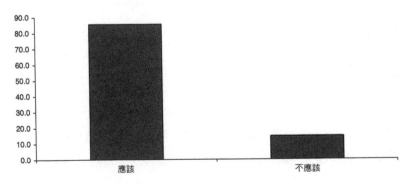

圖 26.3　你們應該投資最後 10% 的研究經費嗎？
（答案單位：%）

現在考慮下述情況：

你是一家飛機製造公司總裁，你收到一位員工的建議，建議動用研究經費中的最後 100 萬美元，開發一款隱形飛機，但是另一家公司剛剛開始行銷一款隱形飛機，而且情況很明顯，他們的飛機比你們公司可能建造的飛機速度快多了，也經濟多了。問題是：你們應該把最後的 100 萬美元研究經費投資下去，建造員工提議的飛機嗎？（請參閱圖 26.4）

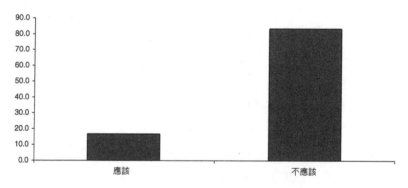

圖 26.4　你們應該投資最後 100 萬美元的研究經費嗎？
（答案單位：%）

四、代表性捷思

經理人可能落入從表相、而不是從實際情形來判斷事情的陷阱，過度依賴簡單的題材是這種管理思維的特徵，對綜效的希望（請見後文中的討論）經常是代表性捷思在作祟的絕佳範例。

五、從眾心理(Conformity)和團體迷思（Groupthink）

　　獨裁式經營管理風格多數時候是災難一場，異議經常是備受低估的管理工具，經理人必須足夠出乎尋常，才能刻意培養多元意見。然而，最常見的狀況是經理人自認自己懂得最多，並把那些樂於強化他們這種觀點的手下聚集在身邊。

　　事實上，部分強而有力的證據，證明經理人擁有的很多特質，與人格病態者相同（殺人傾向除外）——請參閱柏德（Board）和傅利森（Fritzon）2005 年的研究，以及巴比亞克(Babiak)與哈爾（Hare）2006 年的研究。《快速公司》（*Fast Company*）雜誌根據上述研究設計了一份簡易快速的測試，且看看你們的經理人是不是具有頂尖專家哈爾研究的人格病態者特質。每一個問題的答案如果是「正確」可以得 2 分，如果是「大概」或「可能」得 1 分，如果是「不對」得 0 分。

（一）、他是否個性圓融、看起來相當迷人？

　　他的個性可愛又能說善道嗎？說話有趣又有說服力，卻可能有一點太世故圓滑了？在業務會議上，即使他對主題所知不多，是否仍然能夠以公認專家的身分，矇騙過去？他善於奉承嗎？他很有誘惑力卻不誠懇嗎？他吹噓自己的過去時，會不會說些有趣卻不可能發生的事情呢？他是否能夠說服同事支持某種立場，一星期後卻拿出同樣讓人信服的說服力，說服同事支持相反的立場呢？如果他是執行長階層職位，他上電視時是否大致善於迴避，不回答訪問者的直接問題？或是避免說些真正有內容的答案呢？（**得分：＿＿＿＿**）

（二）、他是否具有強烈的自尊意識？

他善於吹噓嗎？性格高傲嗎？有優越感嗎？盛氣凌人嗎？自認超越適用「小人物」身上的規則嗎？行為好像一切都以他為中心嗎？他是否淡化自己的法務、財務或個人問題，說一切只是暫時性問題，或是把問題怪罪別人呢？（**得分：_____**）

（三）、他是病態的騙子嗎？

他會用比較正面的方式，編造自己的過去嗎？例如，說他出身貧寒，實際上卻出身中產階級？他有說謊的習慣嗎？即使謊話輕易遭到揭穿，仍然如此嗎？遭到揭穿時，他自認可以逃避過去，因而仍然行若無事嗎？他喜歡撒謊嗎？對自己騙人的才能自豪嗎？大家是否很難分辨他知道自己是騙子，或者只是自欺欺人，相信自己的胡言亂語？（**得分：_____**）

（四）、他是騙子還是操控大師？

他追求金錢、權力、地位和性愛時，會用他的說謊技巧欺騙或操控別人嗎？他善於「利用」別人嗎？他會從事作假帳之類的詐欺計畫嗎？（**得分：_____**）

（五）他傷害別人時，不會感到悔恨或罪惡感嗎？

他比較關心自己，不太在乎他帶給別人或整個社會的傷害嗎？他會不會說自己覺得難過，真正行動時其實並不以為然？即使他遭到白領罪案的定罪，例如判決證券詐欺罪，卻不願為自己的所作所為，承擔責任？甚至在出獄後依舊故我？他會不會把自己惹出的麻煩，怪罪到別人頭上？（**得分：_____**）

（六）他沒有什麼情緒起伏嗎？

即使身邊有人死亡、受苦或生重病，他都表現得冷淡而冷漠嗎？例如，他會去探病或參加葬禮嗎？他會不會短暫地展現激情，卻像是戴上戲劇性的假面具，為了效果表演一下呢？他是否自稱是你的朋友，卻很少或從來不關心你的生活細節或情緒狀態呢？他是不是硬漢型經理人，喜歡吹噓情感只屬於弱者和輸家呢？（**得分：_____**）

（七）、他冷酷無情、沒有同理心嗎？

他毫不在意別人的感覺和福祉嗎？他極為自私嗎？會殘酷地嘲笑別人嗎？在情感上或口頭上，霸凌員工、「朋友」和家人嗎？他會不會開除員工，完全不關心他們失業後要怎麼辦？他會不會從貪汙或股票詐欺中獲利，卻不關心其行為會傷害股東或其他需要退休儲蓄過退休生活的人？（**得分：_____**）

（八）、他不肯為自己的行為承擔責任嗎？

他是否總是編造一些藉口？是否為自己的行為責怪別人？如果他因作假帳或股票詐欺之類的企業犯罪，遭到調查或審判，他是否會不顧鐵證如山，仍然拒不認罪？（**得分：_____**）

總分：_____

如果你的上司得 1～4 分，你要覺得沮喪。得到 5～7 分，要小心謹慎。得到 8～12 分，你應該要害怕。得到 13～16 分，理應要非常害怕。

六、自利偏誤

經營權與所有權分離（代理問題）經常會為投資人製造嚴重問題，我們無法避免帶有自利偏誤（想把自己擺在第一位）的傾向，使問題變得更嚴重。看看經理人撥發給自己認股權的次數、拿到顯然與股東不同的獎勵就知道問題所在了。查理·孟格（Charlie Munger）說過：「我認為我一生在同年齡層中，都屬於了解激勵力量的前百分之五的人，而且我一輩子都低估了這種力量。」

我覺得，精明的分析師對經營階層最好觀其行，而不該聽其言。一旦發現經營階層存在這種行為偏誤，你就應該擔心經營者的素質了。

檢視爛公司的問題清單

芬克斯坦除了列出大有問題的經營階層七大習慣，也提供一張自我檢查的問題清單，幫助你看出爛公司。

不必要的複雜性

一、公司的組織結構錯綜複雜嗎？
二、對於還算簡單的問題，公司的策略複雜得沒有必要嗎？
三、公司的會計過於複雜、不透明或不合標準嗎？
四、公司運用複雜或不合標準的術語嗎？

速度失控

五、經營團隊的經驗足以應付成長嗎？

六、經營階層是否忽視了微小卻重要的細節或問題？

七、經營階層目前對將來可能引發問題的警告有所忽視嗎？

八、公司是否極為成功或極度占有優勢，以致於不再注意維持頂尖地位所必須採取的行動嗎？

九、高級經理人無預警離職是否象徵著某種深層的問題？

執行長分心他處

十、前面所提與執行長的背景、才幹相關的問題，是否沒有得到解答？

十一、執行長是否花太多錢，力求達成不見得能夠造福公司的個人使命？

十二、公司領導人是否沉迷於追逐金錢和貪欲，因而採取有問題或不適當的行動？

過度宣傳炒作

十三、跟公司新產品有關的熱潮是否可能只是宣傳炒作？

十四、跟公司的併購案有關的興奮之情，是否可能是宣傳炒作？

十五、跟公司前景有關的熱情是否只是無法達成的宣傳炒作？

十六、最近錯過的里程碑是否可能是象徵更深層問題型態的一部分？

關乎品格的問題

十七、執行長和其他高級經理人是否極為具有侵略性或過度自
　　　信，以致於我其實不信任他們？

　　上表提供非常好的公司查核清單，只要以銀行為例，從這
17個問題中可以看出多少警訊——我的初步估算，至少算出
10個。

差勁策略

　　看完差勁經營者和爛公司後，現在該把注意力放在差勁策
略上了，這個探討當然要從「公司策略是什麼」的問題著手。
　　麥可‧波特（Michael Porter）在傑作《競爭策略》
（*Competitive Strategy*），找出決定公司所應該追求策略的5
種力量——替代品、供應商、潛在新進廠商、買主和競爭者。
可惜這些因素的排列組合太多了，以致於實際運用起來，會害
人陷入地雷陣。
　　幸好布魯斯‧葛林華德和裘德‧康恩（Judd Kahn）在他
們的大作《揭開競爭的面紗》（*Competition Demystified*）一書
中簡化了這個問題，把重點放在考慮公司基本動力時必須處理
的核心因素——進入障礙。這是巴菲特所說的經濟護城河（我
要找的企業，是有不能突破的「護城河」保護的經濟堡壘）。
　　如果沒有進入障礙，企業最後只能賺到「正常利潤」，也
就是報酬率等於資金成本。但是即使在這種環境中，也可能找
到營運差勁的公司。在沒有進入障礙的天地裡，全部重點必須

放在營運效率上（變成成本最低的製造商），因此如果能找到（一）不知道自己身陷沒有進入障礙的產業中，或（二）不注重成為成本最低製造商的公司，就可能創造出放空機會。

葛林華德和康恩提供簡單的三階段程序，讓我們可以遵照辦理，用來分析競爭優勢：

一、確認公司所處的競爭情勢。公司真正踏進哪些市場？每個市場中有哪些競爭對手？

二、在每個市場中，測試是否有競爭優勢，現有公司是否維持穩定的市場占有率？他們是否在一段較長的期間，擁有特別高的利潤？

三、找出可能存在的任何競爭優勢的可能性質。現有廠商是否擁有專利技術？或是擁有好比俘虜的死忠型顧客？其中是否有經濟規模或管制法規，讓他們從中受益？

這個架構很完美，把真正關鍵的進入障礙放在核心，很適於大家在思考策略時拿來參考。雖然如此，我還是擔心大家並沒有經常拿來利用，反而在公司所有大人物聚在一起討論「未來願景」時，把過多時間和精力，浪費在「策略」的討論上。

卡洛（Paul Carroll）和梅振家（Chunka Mui）在探討企業倒閉的絕佳大作《價值百億美元的一堂課》（*Billion Dollar Lessons*），針對策略性決定品質不佳的議題，提出深入且有用的看法。他們找出 6 大類「策略性」錯誤[3]，並認為這些錯誤可能是通往企業慘劇的常見大道。

3　他們實際上找出七大類，但是有兩類非常類似，因此我決定把兩類合而為一。

一、綜效的幻覺

經理人依賴綜效的想法，有助於說明為什麼極多併購案會失敗。經理人容易高估可以達成的綜效程度，如果經理人過度自信，又過度樂觀，會發生這種結果也只是理所當然而已。

證據顯示，要實現綜效可能極為困難。KPMG 會計師事務所 2006 年的調查指出，只有 30% 企業推動的併購案能夠增加價值，其中 61% 企業達成或超越綜效目標。相形之下，70% 無法增加價值的併購案中，只有 35% 勉強達成預期的綜效。

雖然達成綜效的任務具如此不確定性，併購價格中卻包含了 43% 的預期綜效價值。或許更讓人震驚的是，KPMG 會計師事務所的調查顯示，大約只有 30% 的公司事前做過健全的預期綜效分析！ 2004 年，克里斯多福生（Christofferson）等人從經理人的角度，研究哪一種綜效比較容易達成。他們發現預期的營收綜效似乎是經理人最可能高估、又認為可獲得的報酬。克里斯多福生等人發現，將近 70% 的併購案沒有達成預期的營收綜效，事實上將近四分之一的併購案，甚至沒有達成預期營收綜效的 25%（請參閱圖 26.5）。

相形之下，經理人達成降低成本綜效的能力似乎高多了，只有 8% 的併購案沒有達成預期降低成本綜效的一半，超過 60% 的併購案至少勉力達成預期降低成本綜效的 90%。然而，仍有四分之一的併購案將降低成本效益的程度高估了 25%（請參閱圖 26.6）。

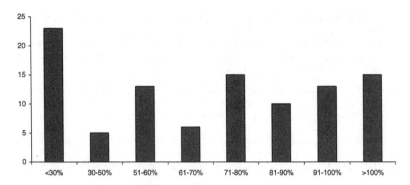

圖 26.5　達成預期營收綜效的比率

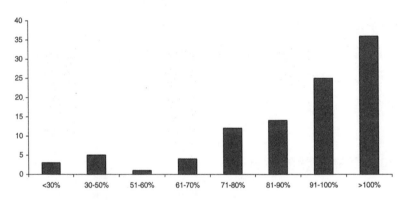

圖 26.6　達成預期成本綜效的比率

二、錯誤的財務工程

　　卡洛和梅振家利用錯誤的財務工程一詞,形容合法卻具侵略性運用會計或財務機制的作法。侵略性的作法偶爾會導致詐欺,因為這種作法容易使人上癮,一旦公司開始這麼做,就停不下來了,必須繼續加強侵略性,直到跨過非法的界線為止

（這種情形叫做道德滑坡）。

三、失敗的產業「大行動」

卡洛和梅振家指出：

讓我們大為吃驚的是，許多公司在設法推動「產業大行動」，購買幾十家、甚至成百上千家本地企業，試圖把這些企業變成區域性或全國性的大公司時會碰到問題。我們也發現，很多失敗的併購企圖最後都是以詐欺收場。要找到成功的大行動實在很難！偶爾被人稱道為成功案例的公司，例如，美國廢棄物處理公司（Waste Management Incorporated）和汽車王國公司（AutoNation Incorporated）這樣做時，也因為過程眾多可怕的障礙，而被迫放棄大部分最初的大行動策略。

四、堅守錯誤的方針

這不過是上述保守主義偏誤的徵象。卡洛和梅振家舉出柯達公司這個最佳的例子。他們指出，早在 1981 年，柯達就知道數位攝影將嚴重威脅百年歷史的軟片、相紙和化學品，但是，雖然柯達知道世界會走向數位化，卻認為自己可以利用數位科技，「強化」自己的傳統業務，因此繼續大舉投資這種業務，結果裡外不是人，造就出需要軟片的數位相機，卻無法大賣！這是查諾斯所說科技淘汰的絕佳案例。

五、誤判的鄰接（misjudged adjacencies）

卡洛和梅振家用誤判的鄰接這個詞，描述柏克維茲描述的「完全惡化」（deworsification）〔就我所知，意思類似「多角化投資」，是彼得‧林區（Peter Lynch）創造的語詞〕。雖然打進其他市場的誘惑力很大，這種策略卻經常以苦難結束。卡洛和梅振家以一家大型水泥公司為證據，這家公司在打進除草機之類的其他市場後，已經進入破產程序，公司的盤算是：他們的水泥適用於住宅建設，住家都喜愛草坪，因此公司應該開始銷售割草機。

顧問業者貝恩諮詢公司（Bain & Co）曾經指出，75% 打進所謂鄰接市場的行動，往往失敗收場。金融文獻中，也不乏警告打算推動多角化經營公司的故事，梅金森（Megginson）等人在 2002 年發表的研究報告中，探討減少聚焦型和加強聚焦型併購案的績效，結果讓主張多角化是好事的人看了相當不愉快（請參閱圖 26.7）。

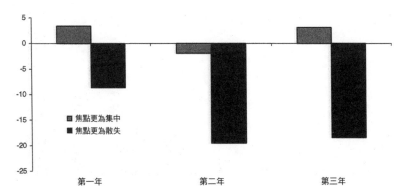

圖 26.7 加強和減少聚焦型併購案的績效（異常的報酬率，%）

梅金森等人的併購案資料涵蓋 1977 年至 1996 年,他們發現加強聚焦的併購案會創造微小卻屬正值的異常報酬率,相形之下,減少聚焦型的併購案多半以摧毀很多價值作為結束(三年的異常報酬率接近 −20%)。

六、整合性困難(consolidation blue)

卡洛和梅振家提供的最後一種常見策略錯誤,跟成熟或衰退產業有關,處在這種狀況下的產業,他們所面對的問題是,獲利來源逐漸減少,這情況可能引發整理浪潮。這時,會出現一家公司為了消除壓力,可能試圖併吞業界所有業者。可惜的是,這樣偶爾會造成競相沉淪的競爭。卡洛和梅振家認為,1990 年代末期,就在行動電話橫掃呼叫器產業前,呼叫器業者買下其他呼叫器業者的情形,就是典型案例。從很多角度來看,這一點跟我前面提到的自利偏誤也有相關。沒有多少企業經理人願意做出可能危害自己失業的事情,因此傾向寧可整合別人,也不願意被人整合(儘管這可以為東主提供現金報酬)。

重點摘錄

→ 席尼・芬克斯坦在大作《從輝煌到湮滅》一書中，找出差勁經營者通常會表現出來的 7 種特徵，我把這些特性叫做「大有問題經營階層的七大習慣」。基本上，差勁經理人認為，他們在自己的領域主宰一切，跟公司的認同極為密切，表現出特別果決的樣子，不能容忍異己，喜歡充當公司的門面，拒絕承認問題，認為一切都是暫時性問題，在策略方面，會毫不猶豫地重提當年勇。

→ 很多常見的行為特徵似乎都是這些錯誤的基礎，例如，過度自信、驗證性偏誤和自利偏誤，全都和芬克斯坦說的習慣密切相關，如果分析師對他們研究領域中的經營者進行行為查核，應該對他們很有幫助。

→ 有趣的是，現在有大量的證據，充分顯示很多經理人跟人格病態者擁有部分相同的特性（除了殺人和衝動性控制問題外），從很多方面來看，差勁經營者只是成功的人格病態者。

→ 芬克斯坦也提供一張問題查核清單，協助我們看出爛公司。有些因素很明顯，例如過度複雜、不透明的會計。其他可能有用的習性包括，「經營階層是否忽視警訊？」，以及「新產品是否只是吹捧炒作？」大多數基本分析師都認定這些評定項目該納入自己的工

作範圍，我卻很少看到他們討論這種問題。

→ 最後，我們看看常見的企業「策略」問題。令人驚訝的是，我們從歷史中學到的教訓少之又少，就公司倒閉而言，同樣的錯誤似乎一再出現。卡洛和梅振家在他們合著深具娛樂性的大作《價值百億美元的一堂課》中，舉出 7 種常見的策略錯誤，包括：綜效的幻覺、錯誤的財務工程、失敗的產業「大行動」（失敗的系列併購行動）、堅守錯誤的方針、誤判的鄰接、整合性困難。

→ 雖然企業倒閉和垮台的史跡斑斑可考，分析師似乎刻意避免走上建議「賣出」的道路！例如，整個 2008 年裡，賣出建議所占比率居然不到 6%！這種情形更是讓人困惑不已，因為差勁經營者、爛公司、差勁策略的角度，理當是分析師一定要了解的事情。

PART 6

即時價值型投資

第 27 章

為成長展望付出過高代價：
反對投資新興市場的理由 [1]

> 我所見過投資人最「百死不悔」的錯誤，是為成長展望付
> 出過高代價的習慣。目前這種習慣表現最明顯的地方是新
> 興市場，新興市場現在的本益比經過循環性調整後高達 40
> 倍，已到了不可思議的程度！新興市場內的價格行為似乎
> 是遵循過去泡沫所建立起來的型態。初步證據已顯示泡沫
> 的存在，但是投資人根本不希望聽到任何壞消息，寧可說
> 出投資天地中最危險的五個字──「這次不一樣」。這種
> 情形從來沒有好結果！

羅傑爵士可憐的故事

我們這一行的人似乎一直缺少批判性思考（這一點在生活
中更常見），要了解相關例子，不妨請看看下面這個奇怪的故
事。

魏格納（E.J. Wagner）在她有趣的大作《福爾摩斯的科學》
（*The Science of Sherlock Holmes*）中，記錄了羅傑‧蒂奇伯恩

1　本文刊於 2008 年 5 月 7 日出版的《心理很重要》雜誌，其中討論的材料在出版時確實正確無誤。

爵士（Roger Tichborne）的真實故事。1854年，據報羅傑爵士在海上失蹤，他的母親在法國把兒子苦心養大，拒絕相信兒子已經永遠離開人間，因此不斷四處打聽探問兒子的消息。

羅傑爵士失蹤十二年後，蒂奇伯恩夫人的祈禱得到了回應，她收到澳洲一位律師的信，說他已經發現她兒子。信裡解釋羅傑爵士碰到船難，奇蹟般的逃出生天，最後來到澳洲，發誓要衣錦還鄉，而開始從事一系列的事業計畫。不幸的是，事業的經營不如他預期的那麼順利，他因此十分難堪，不願跟媽媽聯絡。

然而，最近他看到母親一再打聽，十分悔恨自己讓母親擔心了這麼多年！信件結尾時，要求他母親寄錢來，給羅傑爵士和他的妻子兒女當旅費。

蒂奇伯恩夫人聽到這個消息十分高興，也馬上寄出一筆費用好讓全家團圓。羅傑爵士抵達英國後，蒂奇伯恩夫人把他當成失散已久的兒子一樣接受他，每年發給他1000英鎊的津貼。

然而，蒂奇伯恩家族中並非所有的人都這麼相信這位新來的人是真的羅傑爵士，他們推想，畢竟羅傑爵士一直是骨架瘦小柔弱的人，這位新來的羅傑爵士卻極為肥胖。人的胖瘦可能改變，刺青卻很不容易消失，羅傑爵士原本的數個刺青，新來的羅傑爵士卻沒有；眼珠的顏色也不容易改變，羅傑爵士的眼睛是藍色的，新來的羅傑爵士眼睛卻是褐色的；他甚至還比以前的羅傑爵士高一英寸，不會說法語（羅傑爵士會說），身體上有胎記，真正的羅傑爵士卻沒有！

蒂奇伯恩夫人卻始終對所有證據視若無睹，直到她過世後，家族成員終於設法證明這位澳洲人是騙子，最後他以冒名

行騙和偽證罪被判入獄服刑十年。

新興市場是投資天地中的羅傑爵士

我為什麼要敘述這個對證據視而不見的故事？噢，是因為我覺得投資人現在看待商品和新興市場時，可能正表現出類似的行為，因此我試著針對投資人在新興市場所展現的盲目狀態，提出相反的證據。

股價評估

我們首先要檢視新興市場的股價評估，圖 27.1 和圖 27.2 顯示，不論我們用本益比還是股價淨值比，新興市場的股價評估值都高於已開發國家市場。以新興市場 22 倍的落後本益比來說，你很難從評價的角度，證明新興市場是值得投資的資產類別。

圖 27.1　新興市場和已開發市場簡單的落後本益比比較

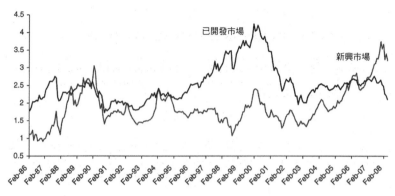

圖 27.2　新興市場和已開發市場股價淨值比比較

　　如果利用我們最愛的評估指標——經過循環性調整的 10
年平均獲利——來計算，情況會更形惡化，圖 27.3 顯示，新
興市場的股價接近趨勢盈餘的 40 倍！等於已開發國家市場在
網路股狂潮時的價位。

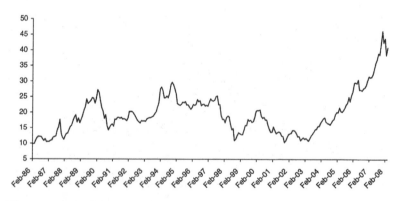

圖 27.3　新興市場經過循環性調整的本益比

泡沫誕生了

從股價評估的角度來看，我們不但可以宣稱必須極度小心，也可以表示新興市場已經出現典型的泡沫式行為。例如，GMO 資產管理公司的格蘭桑在最新的評論中指出，泡沫經常自稱「明確的大幅突破兩個標準差的非趨勢價格，變成超越四十年一遇的大事，這個基準正是我們認為必須擔心泡沫出現的合理門檻。」

利用這種指標，就可以顯示新興市場出現表面上事證確鑿的泡沫。圖 27.4 所示，是以美元計價的新興市場非趨勢價格，我們可以看出價格已經明確突破 GMO 資產管理公司所採用兩個標準差的限制。

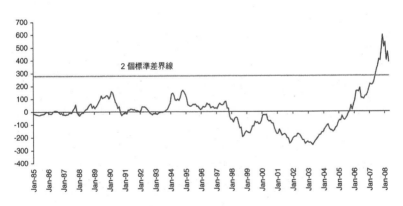

圖 27.4　新興市場非趨勢價格——泡沫誕生了嗎？

測試這種想法的另一個方法是拿新興市場的表現，和我們所計算的歷史泡沫指數相比。我們為了建構泡沫指數，檢視過去各種泡沫所包含的型態，包括 1840 年代的英國鐵路泡沫、

南海泡沫、1980 年代末期的日本泡沫、1980 年代的黃金泡沫，以及尤其側重檢視 1999 年至 2000 年間的科技泡沫。

圖 27.5 所示，是反映歷史泡沫經驗的基本型態和新興市場價格行為的比較，這張圖似乎再度強烈暗示，新興市場的泡沫確實已經開始發動。

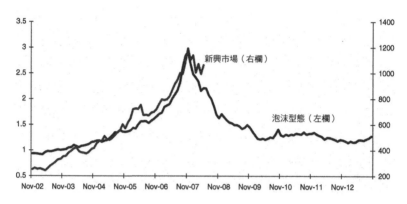

圖 27.5　新興市場和我們的泡沫指數比較

新興市場基金備受歡迎，反映了大家對這種市場的熱情，圖 27.6 顯示，美國共同基金投資人正把資金灌進新興市場基金，從他們的時機感來看，這一點對新興市場的報酬率不是好預兆！

基本面惡化與脫鉤

這類分析完全被投資人所忽視，因為有個簡單又「動人的」題材正流傳，說新興市場正在跟已開發國家市場脫鉤，聲稱中國等國家成長的速度夠快，足以彌補已開發世界的經濟減緩。

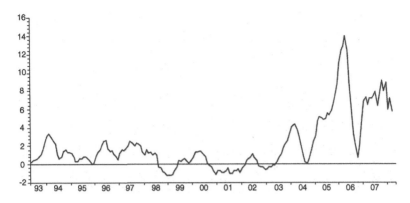

圖 27.6　美國人錢進新興市場共同基金的情形
（最新數字為 600 萬美元，單位：百萬美元）

　　脫鉤不可能解救已開發市場，我們發現，新興市場能夠承
受已開發國家消費者所帶動的經濟衰退，這幾乎是不可能讓我
們相信的說法。

　　圖 27.7 顯示，我們至少可以這樣說，新興市場和已開發
市場的成長循環緊密相關。談到經濟脫鉤題材時，最多只能說
情況就像蘇格蘭式判決的用詞──證據「不足」而已。我們認

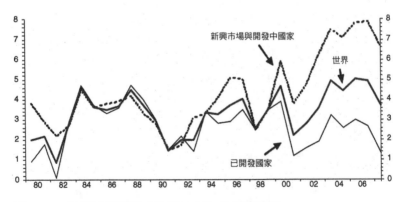

圖 27.7　已開發與開發中國家 GDP 成長率比較

為，把信心寄託在脫鉤上，似乎是有勇無謀的作法，因為這樣十足代表坦伯頓的說法完全正確無誤——投資天地中最危險的五個字是「這次不一樣」！

此外，新興市場分析師正在下修他們的估計值（如圖 27.8 所示），我們知道分析師通常無法獨立思考，因此這種下修可能在告訴我們已經發生的事情。換言之，新興市場經濟已經開始放慢下來了！

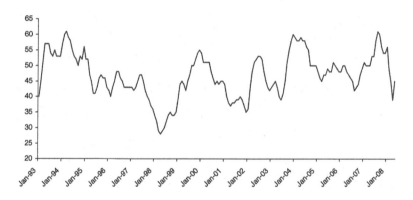

圖 27.8　分析師對每股盈餘的樂觀估計
（調高占整體的百分比，經過季節性調整的 3 個月移動平均線）

從市場的角度來看，脫鉤的觀念甚至比經濟狀況更容易讓人迷惑，圖 27.9 所示，是新興市場和已開發市場相比的 36 個月移動平均 β 值，新興市場的 β 值仍然很高，因此在這個指標上談脫鉤，可以說是徹底的神話。

為成長付出過高的代價

即使我們拋棄對脫鉤觀念的懷疑，我們仍然發現，投資人

圖 27.9　新興市場和已開發市場 36 個月移動平均 β 值比較

所追逐的「成長」會創造報酬率的觀念有問題，脫鉤題材似乎
是以經濟成長和股票報酬率之間有正相關為依歸。

　　然而，新興市場天地資料所揭露的情勢，可能會讓很多投
資人大為驚訝。實質 GDP 成長率和股票報酬率之間其實是負
相關。成長最快速的新興市場創造的股票報酬率通常最低，買

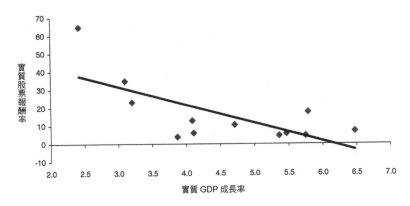

圖 27.10　1988 年至 2007 年間，新興市場實質 GDP 成長率和實質
　　　　　股票報酬率的比較

進成長速度緩慢新興市場的策略，大抵能一直創造最高的股票報酬率！

這種「怪異」發現最可能的解釋是：就像股價水準一樣，投資人為了成長展望付出過高的代價，把似乎顯而易見的陳述當成事實的作法，是我們十分常做的事情。然而，只要一點點的實證懷疑檢視，就能發現那些流入新興市場追求「成長潛力」的人，很可能要再度失望了。

小心稀釋

對於希望投資新興市場的人，我們有個跟稀釋風險相關的警告（不過已開發國家市場的投資人可能正在慶祝這一點！）我們說過，稀釋是已開發國家市場投資人的問題（請參閱《行為投資法》第 45 章）。

衡量稀釋最好的方法，是看伯恩斯坦（Bernstein）和艾諾德（Arnott）2003 年建議的總市值股價比。我們在已開發國家市場中，發現這種稀釋效應大約為每年 2% ～ 4%，圖 27.11

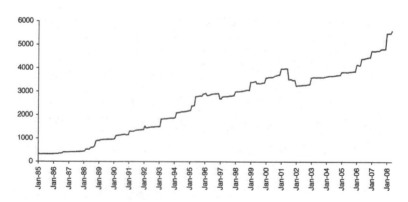

圖 27.11　新興市場稀釋指數（總市值與股價之比）

所示，就是新興市場稀釋指數（總市值對股價的比率）。新興市場稀釋的問題比已開發市場嚴重多了，每年大約為 13%。

因此，即使新興市場的成長比已開發市場快，還是必須問股東可以得到這種成長的比率多少。這種成長中有相當高的比重來自未上市公司，一旦這些公司上市，整個市場就會遭到稀釋〔根據史佩德爾（Speidell）等人 2005 年的研究，這種情況占我們所發現稀釋效果的三分之一到一半〕。其餘稀釋來自現有公司推動的現金增資。如此的稀釋水準並非微不足道，當投資人想走入新興市場時，也應該把這一點納入考慮。

結論

新興市場的價格行為和經過循環性調整的股價評估，為泡沫的存在提供了初步證據。如同大部分的泡沫，簡單的題材猶如海妖賽蓮的歌聲誘惑著投資人，可惜的是，這種題材很可能極具危險！我所見過投資人最「百死不悔」的錯誤，或許是為成長展望付出過高的代價。輪動投資提供成長展望的東西似乎總是很有誘惑力，但是我們太常忘掉象徵轉捩點的時間延誤，在相關市場價格激升到大幅飆高的評價水準時，這種情形更是危險。

當新興市場泡沫真的破滅時，投資人不太可能知道確切的退場時機。在我們看來，新興市場這種資產類別相當脆弱、具風險性。雖然大家一致主張「這次不一樣」的聲浪十分刺耳，然而有個概念卻非常值得記住——把信心寄託在這種看法上的人，從來沒有對過。

重點摘錄

→ 投資人似乎正源源不絕，把資金送進提供他們成長展望的投資機會中，這種情形表現最明顯的地方是新興市場。我習於遵循坦伯頓爵士的建議：「在別人垂頭喪氣賣出時買進，在別人貪得無厭買進時賣出。」因此讓我提出新興市場是空頭市場的看法。

→ 我們先從股價的評估開始談起，新興市場現在的價位明顯高於已開發國家市場，例如，新興市場的本益比為 22 倍，已開發國家市場為 14 倍，利用我們喜愛、經過循環性調整的本益比計算，新興市場現在的本益比高達 40 倍！與已開發國家市場在網路股瘋潮期間的評價十分相似。

→ 事實上，新興市場的價格行為正緊緊追隨過去泡沫所建立的型態。此外，極力追求高報酬率的投資人（共同基金買主）一直把資金倒進新興市場，對報酬率的展望而言，這樣不是好預兆！

→ 多頭當然認為，不同的市場脫鉤，代表的意思是「這次不一樣」。然而，分析師已經調低新興市場的評等，我們知道，分析師通常缺少獨立思考的能力，因此這點大概反映新興市場確實碰到經濟減緩了。

→ 即使我暫時打住自己不相信脫鉤的信念，不幸的是，仍出現了許多投資人樂於忽視的實證事實。資料顯示，GDP 成長率和股票報酬率呈現負相關，成長最

快速的新興市場往往產生最低的股票報酬率，想創造最高的股票報酬率，要靠買進成長最慢的新興市場。

→ 成長展望如同海妖賽蓮的歌聲那般誘人，但是，對投資人來說，成長展望時常極具危險。對成長的希望並不是投資策略，雖然「這次不一樣」的主張聽來令人刺耳難耐，但是把信心寄託在這種觀點上，從來都沒有對過！

第 28 章

金融股是機會，
還是價值陷阱？ [1]

> 價值型投資人其實是相當具同質性的團體，雖然每一個人
> 各有研究，最後卻經常看向同一個地方，這個結果是他們
> 追求便宜貨時所採用工具和技術而產生的副產品。然而，
> 他們對金融股的看法卻有所分歧，其中一派認為金融股是
> 明確的機會，另一派卻表示在信用泡沫破滅後，評估金融
> 股的價值是愚勇之舉。我們認為，金融股有著長期走低的
> 風險，看來安全邊際根本不夠大。

　　我很難得看到有什麼議題能夠像過去 6 到 12 個月間的金
融股一樣，造成價值型投資人的立場如此嚴重的分裂。根據我
的經驗，我發現價值型投資人雖然各自自食其力，多數時候，
最後還是會看向同一個地方，這個結果是他們追求便宜貨時所
採用工具和技術的副產品。

　　但是過去一年來，巨大的裂痕卻造成他們兩敗俱傷，有一
派價值型投資人一路向下買進金融股，另一派卻大力放空金融
股。

　　我把所有金融股混為一談的作法，當然不盡公平，卻可以

1　本文刊於 2008 年 8 月 13 日出版的《心理很重要》雜誌，其中討論的材料在出版時確實正確
　　無誤。

略微透露價值型天地嚴重分裂的意味。今年以來,「空頭」一直都很正確,S&P 500 指數中的金融股指數大約下跌了 19%。事實上,今年遭到最沉重放空壓力的金融股,已經大跌 35%,放空壓力最小的金融股今年也下跌了 9%(請參閱圖 28.1)。

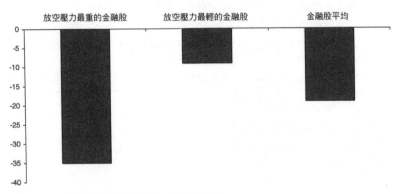

圖 28.1　美國金融股今年以來的表現
(單位:%)

　　當然,多家金融機構的經營階層持續告訴我們危機已經結束,他們已穩健地站定腳跟,不再恐慌。然而,從最好的情況假設,這些傢伙是對實際狀況一無所知,但若是從最差的情況來看,他們很可能根本是在說謊。要看證據的話,請看最近這些執行長的談話合集,如果想了解得最清楚,請讓沈約翰(John Thain)引導你看圖 28.2 和圖 28.3,然後你再告訴我公司經營階層確實提供了有用的資訊!

圖 28.2　2008 年美林執行長談話

日期	美林證券執行長聲明
1/25	「我不認為我們在掙扎……我們已經為邁向 2008 年做好萬全準備了。」
4/3	「我們有足夠的資產繼續向前行，我們根本沒必要再回到股市。」
4/10	「美林證券的儲備現金足以供應可預見的繁榮前景。」
4/22	**美林在出售債務方面籌集 95 億美元，並予以優先考慮。**
5/7	「目前我們沒有募集更多資金的想法。」
7/18	「我不認為我們想做蠢事，在產品結構與商品售價我們都維持在良好的平衡。我們沒有按買進價拋售過任何東西。」
7/28	**美林證券準備拋售 85 億美元的股票，並按 22% 的折扣拋售 CDO。**

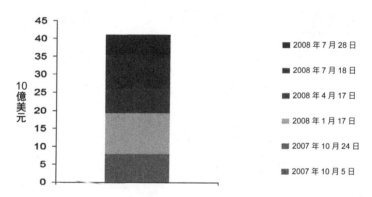

圖 28.3　美林公司的資產減記
（單位：10 億美元）

普澤納代表樂觀認為金融股是機會的人，他在自己的第一季季報中寫道：

凡俗投資思考中瀰漫著新的恐懼：近年槓桿巨幅增加程度已經太過分，償債高峰的到來會造成全球金融體系的永久性傷害，這種看法認為貝爾斯登（Bear Stearns）只是聲勢日增巨浪

的受害者，這股浪潮已經淹沒美國很多次級房貸業者和幾家美國非金融機構，還會導致無數其他公司倒閉。這一派也認為，倖存下來的公司獲利能力會受到永久性的傷害。

因此，顯而易見的問題是：下述兩種情境中，哪一種比較合理？對不合格的個人長期釋出寬鬆信用所造成的上述極端看法合理？或是這次危機只是一次典型的信用循環——最後會像其他過度情勢之後爆發的危機一樣，自行找到出路，不會傷害倖存公司長期股東權益報酬率——的看法比較合理？我們傾向相信後者。

事實上，普澤納甚至特別設立了一檔新基金，意在利用他認定的金融股機會；還在自己的經典價值型基金中，持有龐大的房地美（Freddie Mae）、房利美（Fannie Mae）（如今已經以變身房弊美、房欺美公司為人所知！）和花旗集團股票。

第一太平洋顧問公司的羅米克最近接受《價值型投資人洞察》雜誌專訪時，妥善地摘要說明了另一種觀點：

《價值型投資人洞察》：你對金融服務業股票的整體負面展望看法，到底有沒有改變？

羅米克：我們相信回歸平均數，因此你可以在艱困類股中，找到體質良好、本益比比正常環境本益比低廉的股票來投資，可能是非常有道理的作法。但是最近這種策略造成很多精明的投資人，太早把資金投入金融股，我們的基本看法是：到2006年為止的十年內，金融機構創造的獲利率和資本報酬率高得離譜。鑑於政府強化金融業的監理、槓桿降低（可貸資金

因而減少）、籌資成本升高、承銷標準趨嚴、需求減少、深奧的超高獲利產品也減少，因此，「正常」的獲利能力和評價倍數不會回到那段時間的水準。

我同情這兩種觀點，我常常主張作多商品、放空金融股的交易是目前最擁擠的部位，因此金融股吸引了我反向思考的習性，毫無疑問支持作空商品部位。

然而，我並未發現符合便宜股價格定義的金融股。事實上，我認為消除泡沫通常是漫長的過程，要花好幾年，而不是好幾個月。

最後，對金融股的看法如何，通常要以你對住宅與信用泡沫破滅衝擊多大的看法為依歸。如果你同意我同事艾伯特・愛德華茲（Albert Edwards）的看法，認為泡沫破滅可能引發嚴重衰退，那麼奇怪的是，投資金融股就不是好主意。

美國聯邦準備理事會高級貸款官員最近發表的資料支持了這種解釋，如圖 28.4 和 28.5 所示，信用的供給和需求都在緊

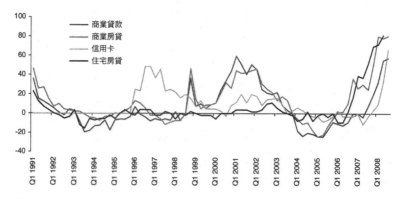

圖28.4　供給面指標：各方面報告的緊縮狀況比率

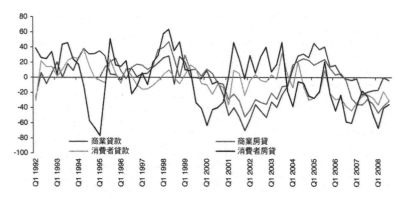

圖 28.5　需求面指標：各方面報告需求增加的比率

縮，實際上這等同關閉了市場的兩面，決策官員應該對此情形
嚴重關切，因為這是流動性陷阱的特徵之一。

　　請特別注意，不只是信用需求下降的普遍程度，信用供給
也是如此！這種情形不只是發生在房市，顯然商業和住宅房貸
同樣缺乏需求，消費者和企業信用需求的情形也一樣。

安全邊際夠大嗎？

　　然而，我不相信根據預測建立投資部位的方法，因為預測
只是傻瓜的遊戲。我總是牢記艾維拉德的話：「有時候，情勢
嚴重惡化的機率多低不是這麼重要，更重要的是，如果出現這
種情勢會有什麼後果。」實際上，這個意思是，重要的是期望
值而不是機率，帶有龐大負報酬的稀罕事件也可能讓你非常頭
痛。

因此，如果有人要投資金融股，就需要非常大的安全邊際。金融股目前能夠提供這麼大的保障嗎？我評估銀行的價值時，通常會用總市值對存款的比率（實際是一種去槓桿化的資產負債表）。歷史告訴我們，這種比率通常在 3% ～ 4% 之間觸底〔儘管銀行在倒閉前，股價也會降到這麼低的水準，英國北岩銀行（Northern Rock）就是如此〕。

今天只有極少數的銀行股價會低於這個指標的 4%，其中大多是日本的銀行，除了英國的布拉德福賓利銀行（Bradford and Bingley）和美國的國民城市銀行（National City Corp）。這點當然表示投資人可能有機會作多便宜的日本銀行，放空若干比較貴的銀行〔尤其是在新興市場曝險很高的銀行，例如，滙豐銀行、渣打銀行（Standard Chartered）和西班牙國際銀行（Banco Santander）〕。

為了控制這種缺乏安全邊際的問題，我到處尋找，終於找到 1927 年以來美國金融股的一些股價淨值比資料。圖 28.6 顯示了整體大勢，從 1927 年以來，美國金融股的平均股價淨值

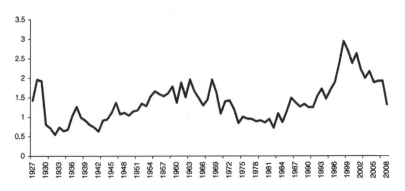

圖 28.6　美國金融股股價淨值比倍數

比大約為 1.38 倍，今天的股價淨值比為 1.32 倍，大致和平均值相當，卻不算谷底超低價。

這張圖顯示，谷底的超低股價應該是淨值的 0.5 ～ 0.7 倍。據我們所知，上次西方信用崩潰的大蕭條期間，金融股的股價淨值比曾經從 2 倍跌到 0.5 倍。

這種情形當然只是整個大局的一部分，淨值也可能出現縮減，而且確實下降過。圖 28.7 顯示，大蕭條期間，美國金融股的淨值曾經腰斬過！在目前的危機中，金融股的淨值迄今大約下降了 6%。我不見得是說現在的情形會像大蕭條一樣差（這麼離奇的說法要留給愛德華茲），但是我們的確需要停下來思考一下。

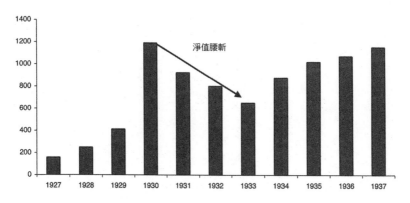

圖 28.7　美國金融股的淨值
（單位：百萬美元）

關鍵在於我從其中所涉及風險的角度來看，安全邊際根本不夠大。我堅持要用便宜的超低評價當標準，可能是太貪心了，但是在我看來，這種情形像是正在破滅的泡沫，不像正常

的信用循環，在這種情況下，應該需要特別大的安全邊際。柯拉曼說得好：「以低到足以容許個人犯錯、碰到惡運或極端波動性的基本價值買進證券時，就達成了安全邊際目標。」他也警告：「資產通縮會提高投資時間架構的重要性，也提高需要找到實現基本價值催化劑的重要性。在通貨緊縮的環境中，如果你不知道自己何時、能不能實現基本價值，你可能完全不希望介入。」

重點摘錄

→ 長久以來，我一直認為，作多商品和新興市場、與放空金融股的交易，是目前市場上最擁擠的部位。要我跟這種流行的操作方式對作，對我來說，根本不是問題，但是我覺得作多金融股的流行作法卻大有問題。

→ 以普澤納為代表的樂觀派價值型投資人認為，現在金融股極為便宜，目前的狀況對金融股未來的獲利能力，不會有實質影響。因為他們認為，目前的情勢是「典型的信用循環，就像其他過度危機一樣，在危機結束後，會自己找到出路，不會傷害倖存業者的長期股東權益報酬率。」這一點吸引我心中的反向思考傾向。

→ 然而，另一方面，第一太平洋顧問公司的史蒂文·羅米克認為，「到 2006 年為止的十年內，金融機構創造的獲利率和資本報酬率高得不切實際，現在『正常的』獲利能力和評價倍數不會再回到那段時間的水準。」

→ 最後，你對金融股的看法如何，通常要以你對住宅與信用泡沫破滅衝擊多大的看法為依歸。我同事艾伯特·愛德華茲認為，嚴重衰退的可能性很大（總之，我認為他的看法很有說服力）。備受尊敬的艾維拉德表示：「有時候，情勢嚴重惡化的機率多低

不是這麼重要，更重要的是，如果出現這種情勢，會有什麼後果。」

→ 因此，我們建議投資人投資金融股時，要尋求相當高的安全邊際。我們回顧 1927 年以來，會看到美國金融股的平均股價淨值比為 1.38 倍，今天為 1.32 倍，其中沒有多少安全邊際！金融股跌到最低點時，股價淨值比介於 0.5 ～ 0.7 倍之間。

→ 此外，大家應該記住，淨值也可能縮減，1929 年至 1933 年的大蕭條期間，美國金融股的淨值腰斬過！目前的淨值大約比高峰下降 6%。我不是説這次的情形會像大蕭條一樣差，但是的確值得思考一下。我堅持要用便宜的超低價投資，或許是太貪心了，但是，如果價值型投資最重要的事情不是安全，那麼還會是什麼呢？

第 29 章

債券是投機、不是投資 [1]

> 在投資的辯論上，愛德華茲和我不常針鋒相對。然而，政
> 府公債市場現況卻造成我們意見分歧。身為價值導向的長
> 期投資人，我認為債券根本不能提供任何價值，債券價格
> 已經把美國陷入日本式長期通縮的可能性考慮進去。然而，
> 如果（大有問題的如果）聯準會能夠重新引進通膨（就是
> 凱因斯所說「食利者的安樂死 [2]」），債券根本無法提供任
> 何保護。繼續持有債券在投機上可能有道理，在投資上卻
> 不是明智之舉。

　　愛德華茲和我不常為了辯論針鋒相對，事實上，過去八年
來我不記得我們曾經有過激烈爭辯，甚至不確定我們兩人之間
有什麼真正嚴重的歧見，我想可能也只有時間架構和投資方法
上的分歧吧。

　　我看待萬事萬物時，習慣透過長期價值導向絕對報酬率投
資人的角度，而愛德華茲通常更願意容忍動能推動、比較短期
的部位（信不信由你！）。或許就是這種方法上的差異，促使
我們對於持有政府公債的好處，形成不同的立場。為了提高辯
論的趣味，我現在要提出以價值為基礎的空頭道理。

1　本文刊於2009年1月6日出版的《心理很重要》雜誌，其中討論的材料在出版時確實正確無誤。
2　食利者是靠租金／收益過活的人，也就是持有公債的人。

公債的長期觀點

　　圖 29.1 所示，是美國 10 年期政府公債（或最接近的同等公債）的長期歷史。長期以來，這種公債的平均收益率只略超過 4.5%，這個數字清楚顯示 1970 年代的通膨情況多麼異常。然而，現在當期收益率卻迅速逼近空前低點。

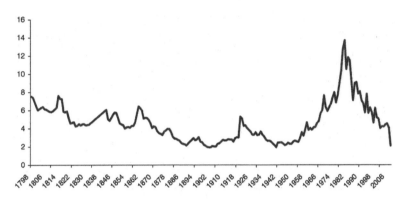

圖 29.1　美國 10 年期政府公債收益率長期趨勢

　　收益率接近空前低點，當然不見得是賣出信號，看看日本的例子就知道了。圖 29.2 所示，是日本 10 年期政府公債的長期走勢。1995 年我在東京工作，記得收益率降到 3% 時，我還想到收益率不可能再下降了，結果當然是腰斬後再腰斬。

債券的真值

　　債券應該怎麼評價？我對政府公債持有人的報酬率一直持有一個簡單的看法，我認為債券具有三大要素：實質收益率、

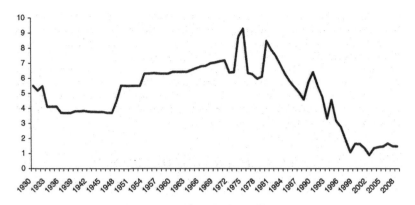

圖 29.2　日本 10 年期政府公債收益率長期趨勢

預期通貨膨脹、通膨風險溢價。

　　大家通常說，實質收益率大致等於長期實質成長率（這樣其實是在資金的邊際成本和邊際利益之間，創造了均衡狀態）。在實證上，因為實質收益率和成長的關係並非總是這麼密切，這種假設或許還有值得懷疑之處，卻可以當成近似的假設。當然，因為利用和指數連結（或通膨保障）證券的關係，很多國家有了實質收益率的即時市場。美國的 10 年期抗通膨公債（TIPS）的收益率大約是 2%。

　　預期通膨是我們簡單債券評價中的第二個要素，這個因素可以用好幾種方法評估。例如，預測專家要求受訪者預期未來十年通貨膨脹率之類的訪調（這幾乎可以確定是矛盾說法）。圖 29.3 所示，是根據訪調得出的未來十年的每年預期通貨膨脹率。我冒著聽來像聯準會說話一樣的風險，我要說這種預期通貨膨脹率緊緊固定在每年 2.5%，的確令人驚訝。

　　相形之下，市場的訂價方式大不相同（請參閱圖 29.4）。

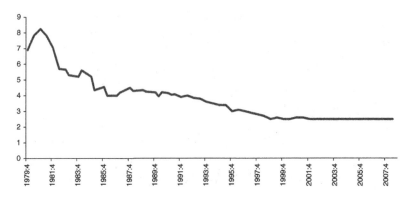

図 29.3 預測專家訪調得出的 10 年預期通貨膨脹率
（單位：%／年）

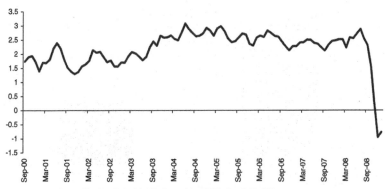

圖 29.4 名目債券減去抗通膨公債所隱含的影響
（單位：%／年）

名目債券和抗通膨公債之間的差距形成隱含通膨的簡單指標，在兩種債券的收益率大致都是 2% 的情況下，代表投資人暗示未來十年會出現零通膨！

另一方面，我們可以用通膨交換交易，了解市場對未來通膨的訂價（請參閱圖 29.5），這些工具目前暗示未來十年內，

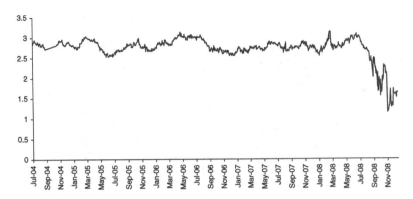

圖 29.5　10 年期通膨交換交易合約隱含的通膨
（單位：％／年）

每年的通貨膨脹率只略超過 1.6%。最近隱含通貨膨脹率崩跌嚴重，值得注意！

我們的簡單債券評價方法中，最後一個要素是通膨風險溢價。因為通膨顯然不確定，需要風險溢價來補償這種不確定，不過風險溢價難以估計，而目前學術界的研究認為正常範圍應該是 25 ～ 50 個基點。

綜合評述

採用這種簡單的債券評價方法，得到的是如圖 29.6 所示的結果，在「名目」通貨膨脹率下的「公平價值」大約應該是 4.75%，今天的收益率只略為高於 2%，遠低於在「正常」情況下的公平價值估計值。

即使我們剖析遠期利率曲線，也發現市場認為未來十年內

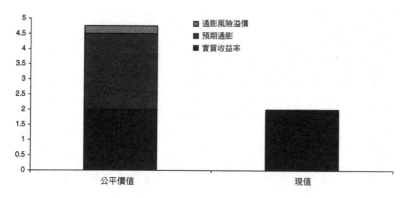

圖 29.6　粗略公平價值債券基準估計值與實際收益率的比較

10 年期公債每年收益率只有 3%（請參閱圖 29.7），市場似乎
相信低落的收益率會成為長期趨勢。

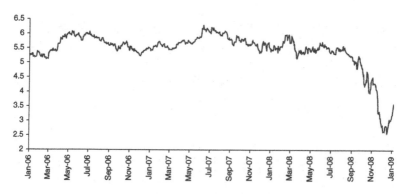

圖 29.7　未來十年 10 年期公債遠期利率曲線

通膨或通縮

　　我已多次提過，通膨和通縮辯論的問題害我無所適從。歷
史教導我們，信用泡沫破滅會為經濟帶來龐大的通縮動力，美

國經濟現在債台高築，消費者二十五年來第一次緊縮開支，大家很容易看出債務通縮的危險（請參閱圖 29.8）。

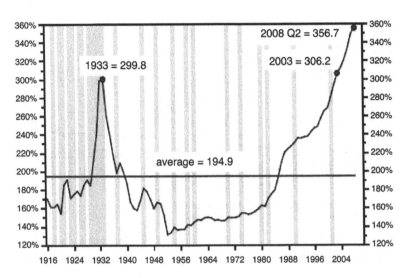

圖 29.8　美國國債總額占 GDP 比率

　　不過，聯準會已經極力因應通縮的威脅。聯準會的確是在推動史無前例的量化與質化寬鬆，我們現在正處於貨幣實驗的美麗新世界中（請參閱圖 29.9）。

　　聯準會阻止通縮的作法會不會成功，確實已經超出我的知識範圍。柏南克極為清楚地訂出避免通縮的作戰計畫，要盡其所能防止美國出現通縮。2000 年，對日本決策官員發表的演講中，他明確承認通縮對債台高築的經濟體威脅更大，「零通膨或輕微通縮在現代環境中的威脅，可能比過去的古典金本位時代還危險。和十九世紀相比，現代經濟對信用的運用比以前大太多了，長期信用尤其如此。」

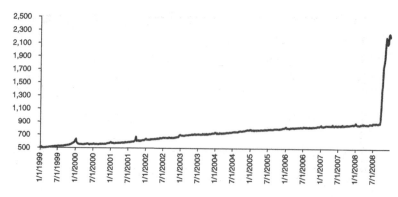

圖 29.9 聯準會亂造資產負債表，資產負債表顯示聯準會讓債務擴大了（單位：10億美元）

柏南克顯然認為，在零利率的情況下，貨幣政策並非毫無用處。基本上，他的看法跟下述說法一樣，是以套利為基礎的主張[3]：

貨幣和其他形式的政府債務不同，不必支付利息，到期日沒有盡期。貨幣當局可以隨心所欲盡量印鈔票，因此，如果物價水準真正獨立於貨幣發行量之外，那麼貨幣當局可以利用他們創造的貨幣，買進無限量的商品和資產，這一點在均衡狀態中顯然不可能成立。因此即使名目利率為零，貨幣發行量最後一定還是會抬高物價水準。

3　史蒂芬‧羅斯說過，要把鸚鵡變成學識淵博的財務經濟學家，只要學「套利」這個詞就夠了。我覺得，經濟學家實在太樂於依靠套利假設，排除各種解決之道。事實上，我的第一本書《行為財務學》（*Behavioural Finance*）第 2 章裡，就是用來詳細說明套利的缺失的因果關係，也包括蕃茄醬市場！

柏南克在演說中列出一套貨幣當局在零利率情況下，可以運用的政策選擇。第一個作法是積極推動貨幣貶值——因為世界上其他國家的關係，這一點顯然是日本的政策選項，比較不適於美國。今天，這種政策可能有引發「以鄰為壑」競爭性貶值反應的危險。在一大堆海外投資人擁有你的債券時，這種政策會比較難實施，因為你一定不希望他們拋售美國國庫公債。

柏南克選項清單中的第二項（但是迄今美國的反應中還缺少這一項）是推出通膨目標，幫助塑造大眾對央行有意促成通膨的期望，他提到的目標是 3% ～ 4%！

清單中的第三項是貨幣融通移轉，基本上這項作法是利用印現鈔來支應減稅，這樣做顯然需要貨幣與財政當局之間的協調，但是和日本相比，這項方案對美國理應相對不成問題。

最後，柏南克主張應該應用非標準的貨幣政策，實際上就是量化與質化寬鬆政策。柏南克也一再提及徹底買進政府公債的可能性。

聯準會在二次大戰期間，曾經遵循過這種作法。席尼‧荷馬（Sidney Homer）和理察‧席拉（Richard Sylla）在大作《利率史》（*A History of Interest Rates*）中寫道（讓你略微知道我在耶誕節假期中做什麼！）：「財政部籌措軍費的方法是以固定收益率表格為基礎。聯邦準備銀行為了維持這張時間表，會買進所需要的全部證券。三個月國庫券利率為 0.375%，一年期國庫券利率為 0.875%，短期公債利率為 2%，長期公債利率為 2.25%，25 年到 30 年期公債利率為 2.5%。」

有趣的是，荷馬和席拉指出，「二次大戰結束時，有些人認為財政部應該不會總是發行高達 2.25% 的公債，或許 2.25%

的公債會永遠消失，因此到 1945 年戰爭結束後，買進最後一期 2.25% 公債的金額接近 200 億美元，結果財政部真的完全停止發行新公債。」收益率因此跌到 1.93%！然而，荷馬和席拉指出，「這是二十六年以來，債券多頭市場的最高峰。」

有一點顯而易見，如果聯準會走這條路，你不會希望成為最後一個持有公債的人，這樣就創造了類似選美的遊戲，每一位債券持有人都設法猜測所有其他債券持有人。或是像巴菲特說的（他把 2000 年的美國股市比喻為舞會中的灰姑娘）：「所有參加舞會的人在飄飄然之餘，都計畫在午夜之前幾秒鐘離開，但是大家有一個問題，他們跳舞所在的大廳，所有時鐘都沒有指針！」

柏南克最後會選擇什麼樣的政策組合呢？他對日本決策官員演講的最後幾句話，最能透露他的意圖——「我認為，羅斯福總統的特定政策行動的重要性，不如他即將積極推動實驗的決心。總之，採取任何必要行動，讓國家重新動起來。」

美國會像日本一樣嗎？

雖然短期內，通縮保證會出現，但我並不相信美國會步上日本的後塵，陷入失落的通縮十年。凱因斯說過：「現狀會以不成比例的方式，融入我們長期期望形成的過程中，我們通常的作法是根據現狀預測未來。」

敝友兼老同事彼得‧塔斯克（Peter Tasker）從 1982 年起就長住日本，幾乎是萬能的日本通。最近他應我的請求寫了一篇短文，列出美國和日本之間的五大重大差異。

首先，最明顯的差異是，美國的政策反應比日本更快速、也明確多了。例如，日本銀行（日本央行）一直到 2001 年，才開始推動量化寬鬆行動，離日本經濟通縮開始的時間大約已經有七年了！

　　第二，日本其實沒有任何模式可以依循，1930 年代的經驗幾乎可說是上一代的事情，而且日本的通縮是在不知不覺中發生，跟美國 1930 年代的物價水準快速下降的情況不同。

　　第三，日本受到不斷尋求削減財政支出的財政鷹派阻撓，實際發生的財政支出不是由日本銀行用印鈔票的方式供應，也沒有派上真正的用處（還記得日本的無頭鐵路嗎？）美國新任總統似乎不可能推出財政緊縮政策，這一點和柏南克搭配在一起，可能是避免長期通縮的有力組合。

　　第四，美國與日本之間，有著明顯的社會和人口差異，日本頭重腳輕的老化人口使通膨變成政治上難以解決的問題。美國的人口狀況有利多了，在政治上，可能有助於促使恢復通膨策略比在日本更可行。

　　塔斯克說的第五個重大差異與我前面所提不謀而同，對美國來說，情勢可能不是那麼有利。日本陷入通縮螺旋時，世界其他國家的表現大致都相當好，而美國現在嘗試通貨再膨脹所面對的外在環境困難多了。

結論

　　就我所知，政府公債收益率維持 2% 上下時，就沒有投資的道理。葛拉漢說過：「投資操作經過徹底分析後，是承諾本

金安全和令人滿意報酬率的東西，不符合這種規定的操作都是投機。」凱因斯也說過：「投機一詞指的是預測市場心理的活動，事業卻是指預測資產在整個存在期間的預期收益率。」

我覺得，2% 的名目收益率不是令人滿意的報酬率，市場的訂價方式彷彿是預期美國注定會跟隨日本的腳步，進入漫長又難以忍受的通縮期間。情形可能確實如此，而且已經反映在價格上，因此政府公債沒有價值。即使收益率從 2% 崩跌到 1%，投資人也只能賺到大約 9% 的報酬率。

如果另一種情形出現，聯準會成功重新引發通膨（造成凱因斯極為鮮明形容的「食利者安樂死」）那麼債券看來顯然更沒有價值，因此風險特別高，又向一邊傾斜。吉姆·格蘭桑說得好，政府公債最後很可能變成「零報酬率的風險」（不同於他們比較正常的命名無風險報酬率）如果收益率從 2% 提高到 4.5%，投資人的資本應該會虧損 20%。

從投機的角度來看，買公債可能有道理。如果市場表現出「短視近利」的樣子（幾乎一向如此），那麼差勁的短期經濟資料和完全通縮出現時，收益率可能輕易地跌到更低。因此乘著市場潮流順勢而下，可能是相當有意義、卻不脫投機意味的作法。然而，我是投資人，不是投機客（我已經證明自己是極不入流的投機客），因此政府公債在我的投資組合中毫無地位。

重點摘錄

→ 原則上，我認為政府公債相對簡單，其價值是下列
三種因素的總和，即實質收益率、預期通貨膨脹率
和通膨風險溢價之和。市場告訴我們，10 年期美國
政府公債的實質收益率大約為 2%，鑒於目前名目收
益率也在 2% 上下，表示市場暗示未來十年每年的
通膨應為 0%。

→ 這點顯示，市場認為，美國會跟著日本的腳步，步
入緩慢而難以忍受的通貨緊縮。剖析遠期利率曲線
顯示，市場預期 10 年期公債在十年內，每年會產生
3% 的收益率！長期期望調查顯示的情勢卻大不相
同，預期未來十年內，每年通貨膨脹率會在 2.5% 上
下，暗示大家對政府公債的訂價截然不同，也就是
說，在正常的世界上，美國政府公債的「公平價值」
應該介於 4.5% ～ 4.75%。

→ 然而，這個世界並不正常，美國已經變成過度舉債
的國家，如果通縮在美國站定腳跟，然後債務通縮
的力量出現，將為經濟帶來真正可怕的後果。要看
出信用泡沫破滅引發的海嘯橫掃整個體系太容易
了。

→ 日本第一次碰到通縮後，經過七年才開始推動量化
寬鬆行為，而美國在通縮實際出現前，就已經這樣
做了。柏南克顯然認為，在零利率的情況下，貨幣

政策根本不是毫無能為。2000年，柏南克跟日本的決策官員會談時，主張即使利率降為零，都還可以運用貨幣融通移轉（印現鈔支應減稅）、通膨目標和非傳統手段之類的政策。

→ 無法抵抗的力量打到不能移動的目標時，會發生什麼事情？我不知道，也沒有人知道。然而，政府公債市場明確選擇相信會發生通縮，因此，如果聯準會的政策成功，那麼債券就毫無保障能力，根本無法提供保護力量，「食利者的安樂死」一定會發生。

→ 葛拉漢說過：「投資操作經過徹底分析後，是承諾本金安全和令人滿意報酬率的東西，不符合這種規定的操作都是投機。」在目前的收益率水準上，債券根本不能提供令人滿意的報酬率（或是本金的確實安全）。就像吉姆‧格蘭桑說的一樣，政府公債很可能是「零報酬率的風險」。持有債券投機的說法可能說得通，在短視近利的天地乘著市場潮流順勢而下。然而，我是投資人，不是投機客，因此政府公債在我的投資組合中毫無地位。

第 30 章

賤賣資產、蕭條與股息 [1]

> 我一直努力根據三個基本觀念建構投資組合,第一是作為
> 通縮避險的現金,第二是固定收益和股市的深度超值投資
> 機會,最後是抗通膨公債和黃金之類的便宜保險來源。現
> 在新機會 —— 股息交換合約出現,在歐洲、英國和日本,
> 這種合約的訂價似乎預示著比大蕭條還惡劣的環境即將到
> 來!暗示股息從高峰到谷底會下降 60% 以上,而且完全沒
> 有復原的可能!這種合約可以當作通膨避險工具,我在這
> 個市場上是新手,擔心自己可能錯過了什麼,但是我覺得
> 這種情況就是資產大賤賣。

    去年的大部分時間裡,我們都樂於坐擁現金(或空單),
然而到了去年底,市場開始釋出這兩個領域的機會給我們,首
先是債券和股市的深度超值投資機會。在我們看來,每次市場
提供深度折價的價值型投資機會時,我們就應該投入現金,慢
慢建立部位。

    如果我們擁有完美的先見之明,我們當然應該只有在見到
底部時才買進,可惜我們並沒有如此高超的技巧,因此我們被
迫面對我們的限制,看到市場先生陷入低迷狀況時,開始緩
慢、穩定地投入現金,這一點一直是我們的目標。

---

1   本文刊於 2009 年 2 月 2 日出版的《心理很重要》雜誌,其中討論的材料在出版時確實正確無誤。

我們投資策略中的第二個因素是尋找能夠提供便宜保單的資產，以便掩護我們的無知。我特別必須坦白的是，對於我們會碰到通縮還是通膨，我一直都無從判定，因此我打算尋找在兩種情境中各自都能夠提供潛在報酬率的資產。

位在資產清單中最上方的是美國抗通膨公債，如果聯準會贏得對抗通縮之戰，這種公債勢必有可觀的實質收益率；如果聯準會失敗，這種公債也可以收回本金。其次是黃金，我對黃金總是有點小心翼翼，因為我搞不清楚黃金的評價方法。然而，在競爭性貶值和通膨風險隱現的世界上，我覺得持有黃金這種不會貶值的貨幣很有道理（現在仍然如此）。另外，如果我們陷入全球性通縮，金融大戰一定會爆發，因此在這種情況中，擁有強勢實質資產也可能是贏家。

股息交換合約訂價預示未來會比蕭條還慘！

最近有位客戶建議我研究第三種資產類別，這種資產適合深度超值投資機會和便宜保單籃子的定義，也就是股息交換合約。如同我在許多場合說過我最喜歡（也可能是最恰當）引用的話，出自小熊維尼所說：「我這隻熊的頭腦很小，長串的字眼會讓我困擾。」因此我略微帶著驚懼不安，開始探究股息交換合約的奇妙世界。

請熟悉這種工具的人原諒我野人獻曝，下面是對那些尚不了解的人提出幾句入門綱領。投資銀行之類的業者最後會作多股息，是他們所創造結構性產品的直接結果。實際上，你看到讓你分潤股市上檔利潤之類的資本保證債券產品時，這些產品

所根據的條件是資本利得，資本利得促使債券發行人作多股息。投資機構拿股息去從事交換交易時，就像操作簡單的利率交換交易一樣。

這種市場讓投資人脫離市場，獨立交易股息，從而可以提供我們機會，探究市場暗示的未來股息走勢。對美國以外的市場來說，這種市場的近況不佳。圖 30.1 和圖 30.2 顯示，道瓊

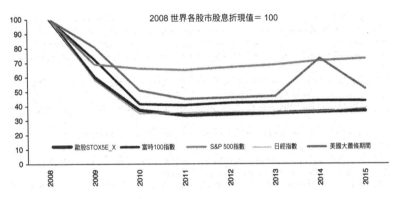

圖 30.1 股息水準及其暗示（以 2008 年為基期，指數訂為 100）

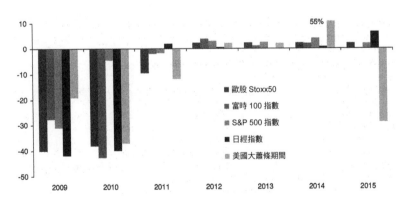

圖 30.2 （隱含的）股息逐年成長率

歐盟 50 指數（Stoxx50）、倫敦金融時報 100 指數（FTSE100，簡稱富時 100 指數）和日經股價指數的訂價，全都預示未來環境會比美國大蕭條期間還糟糕。

例如，歐洲股息的訂價預示：2009 年歐洲股息會下降 40%，2010 年會下降 38%，2011 年會再下降 10%，代表歐洲股息從高峰到谷底，跌幅高達 66%。相形之下，大蕭條期間，美股股息一共下降了 55%！

大致上，2011 年交換交易訂價預示的情況是：只有電信和公用事業發放的股息，能與今天的股息相當。油氣類股發放的股息，會只有目前股息的 50%！我們覺得，這一切使股息交換合約看來非常像另一種名叫公司債的資產，藉著訂價（公司債是利用價差）來預測會發生經濟蕭條，藉以表達內心極度的驚恐。

市場不但預期歐洲、英國和日本的股息會崩跌（我同意並未超出可能的範圍），還預測股息幾乎會永遠維持低迷狀況！例如，市場預期未來三年內歐洲的股息會下降 66%，而且在接下來的四年裡，每年只會成長 2%！我覺得這種展望實在極為悲觀。

英國的情形也類似，市場預期英國股息從高峰到谷底下降 60% 後，然後在未來的四年裡，每年只會成長 1.7%！即使在大蕭條期間，一旦見底後，股息每年仍然成長 4% 以上（其中還包括 1937 年經濟再度轉弱後股息劇減的狀況──如果我們只計算到 1936 年底，實際情形是股息連續三年每年成長 17% 以上）。

股息是通膨避險工具

前面說過，股息交換合約預測的情況不但比大蕭條糟糕（因而構成我們深度超值投資機會籃子的一部分），而且可能是對抗通膨恢復的另一種廉價保險。

理論上，盈餘和股息是名義上的觀念，因此通常應該配合通貨膨脹的環境，如果聯準會（這一點可能大有疑問）成功地恢復通膨，那麼名目的股息應該會提高（請參閱圖30.3），因此股息交換合約可能變成便宜通膨保險的良好來源。

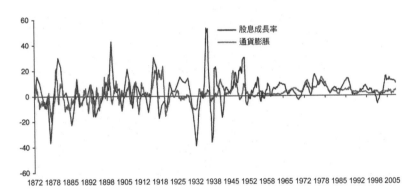

圖 30.3　美國的股息成長率和通膨

被迫拋售和供應過剩

這一切引發了下面這個問題：為什麼股息交換合約會像現在這樣訂價？我能想到的唯一解釋，是投資人被迫拋售加上供應過剩的情況，兩者湊在一起造成賤賣資產浪潮。當然，這是非常好的機會來源。

每次有人被迫拋售，都可能創造機會，因為被迫拋售的人都有個特性——不顧一切價值，只求賣出。因此，只要我的時間架構比被迫拋售的人還長（因為現在談的是我自己，因此情形可能是這樣），那麼我就可以利用他們的短期流動性需求，從中買到可能非常有吸引力的資產。

　　我做結論時，當然應該提醒所有的人，我在這個領域幾乎是全然的新手，我敢說，有很多遠比我精明的人，天天全心全力的處理這種資產。因此我可能錯過了真的很明顯的地方，如果是這樣，我希望有人發電子郵件給我，指出我的愚妄；如果不是，那麼依我看來，股息交換合約應該視為以賤賣資產的價格進行的交易。

重點摘錄

→ 最近有位客戶建議我從超值投資的角度，研究股息交換合約，我常借用小熊維尼的話說，「我這隻熊的頭腦很小，長串的字眼會讓我困擾」，因此我略微帶著驚懼不安，開始研究這種資產。

→ 然而，我卻驚喜地發現，股息交換合約相當容易了解（至少我覺得是這樣，但是我可能錯過了什麼東西！）這個市場其實是容許投資人把股息和股票分開來單獨交易，因此可以讓我們知道，市場對股息的未來走勢有什麼看法。

→ 這種合約描繪的情勢並不好看，根據目前的訂價，市場預期在英國、歐洲和日本市場，從高峰到谷底，股息會減少 60% 以上。相形之下，大蕭條期間，美國的股息從高峰降到谷底時，也不過下降 55% 而已。

→ 這種訂價不但表示市場預期股息會崩跌（並未超出可能的範圍），而且暗示股息幾乎會永遠維持這麼低的水準。例如，市場暗示今後三年內，歐洲的股息會下降 66%，然後在接下來的四年裡，每年只會成長 2%！我覺得這種展望極為悲觀。

→ 此外，股息交換合約或許可以作為便宜的通膨保障來源。我常說自己在通縮和通膨辯論中，經常感到無所適從，但是如果聯準會設法恢復通膨，那麼盈

餘和股息在名目上就可能提高。

→ 這一切引發了一個問題，就是為什麼股息交換合約會像現在這樣訂價？我能想到的唯一理由是：被迫拋售和供應過剩兩種情況的加總，把價格打壓到極低的水準。每次有人被迫拋售或供需失衡時，就會創造出建立超值部位的可能性，能夠從不顧一切拋售的人手中買進便宜貨，是我最快樂不過的時候了！

第 31 章

循環股、價值陷阱、
安全邊際與獲利能力 [1]

最近我做完價值篩選後，好幾位客戶提出類似問題，他們
指出我找到的一些商品相關／產業循環股看來會很便宜，
是因為循環性獲利高峰的緣故（我們自己今年就針對這一
點，提出過多次警告）。葛拉漢很清楚這種問題，主張應
該根據平均獲利（根據 5 年、7 年、最好是 10 年獲利）、
而不是根據當期盈餘評估股票。我們把這一點納入深度超
值篩選標準，在我們的螢幕上，找到看來極為便宜的 9 檔
S&P 500 指數成分股和 31 檔歐洲股票。

我最近篩選出來的股票中，有一些大家通常認為是循環股
（經常帶有產業或商品相關的傾向），基於我們的預測通常都
相當悲觀，我們又明白表示過要特別小心循環股和商品，因此
我們的股票清單引發了若干疑慮。

這種股票會出現在我們的價值篩選標準中，原因有兩個：
第一，這些股票只是盈餘處在循環性高峰、獲利即將崩潰的股
票（實際上是某種形式的價值陷阱）。第二，它們是沒有享受
到標的資產價格上漲的公司，就像綜合石油公司。

1　本文刊於 2008 年 10 月 13 日出版的《心理很重要》雜誌，其中討論的材料在出版時確實正確
　　無誤。

我們大致是受到保護的，可以靠著納入買進便宜資產程序中潛藏的安全邊際，對抗第一種狀況造成的真正悲慘後果。這是確實有道理的風險管理形式！我們藉著買進價格已經下跌的股票，降低風險，提高獲得報酬率的可能性。

表 31.1 顯示價值如何保障我們，讓我們可以對抗不利的結果。也顯示根據這些股票的評價，假設我們能夠妥善預測盈餘的情況下，這些股票會有什麼樣的表現，依據這些股票後來所處的獲利環境，檢視整個價值股的表現。

我們查看表 31.1 的第一行時，可以看出價值股報酬率根據獲利表現而變化的情形。奇怪的是，創造最高盈餘成長率的最便宜股票，產生的報酬率也最高。然而，我們看盈餘成長率最差的價值股時，會看出安全邊際的保護變得很明顯，而且這些股票仍然創造和大盤水準大致相當的報酬率。

表 31.1　1985 年至 2007 年間，根據盈餘績效劃分的獲利表現
（已開發市場，年均收益率 %）

	最高成長率	2	3	4	最低成長率
價值股	19.8	21.6	17.7	15.9	11.9
2	20.6	18.0	13.7	11.0	10.9
3	17.8	14.0	11.6	9.87	8.10
4	15.7	10.5	8.55	6.67	6.12
熱門股	7.90	5.04	4.42	2.77	2.18

熱門股（表中最後一行）卻呈現明顯的對比，因為熱門股的買進價格納入高成長的預期，因而缺少固有的保護，創造最高盈餘成長率的最高價股票，每年只勉強產生平均大約 8% 的報酬率（遠低於每年 12% 的大盤報酬率）。然而，和後來產

生最差盈餘成長率的高價股相比，這種不可觀的表現會變成微不足道，這些股票每年只創造 2% 的平均成長率。

如果你覺得奇怪，圖 31.1 所示，是價值股和熱門股在每一個獲利五分位中所占的比率，市場促進股票成長往正確方向前進的能力，確實表現優異！屬於最高成長五分位的熱門股所占比率高多了，達到 44%，遠高於同類價值股的 5%。然而，因為這種股票的報酬率表現平平無奇，顯示投資人持續為成長付出過多價格。

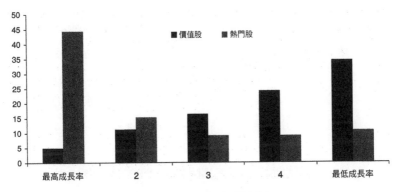

圖 31.1　根據盈餘五分位劃分的股票分配比例

即使安全邊際或許能保護我們對抗盈餘的不利變化，但我們顯然能藉由避開可能出現最惡劣盈餘變化的股票，強化持股的表現。

這點自然引出一個問題：如何剔除即將出現獲利內爆的價值陷阱。碰到這種情形時，應有的作法始終相同——嘗試思考投資問題時，重新檢視葛拉漢的話大有益處。他指出：

股價水準受當期盈餘的牽制比較多，受長期平均獲利的影響較少，這一點是股價大幅波動的主因，因此大致（但並非絕對）會配合景氣豐年和荒年間的盈餘變化而波動。顯然股市相當不理性，配合企業申報的暫時性獲利變化而改變企業的評價，並非按比例改變評價。

　　民間企業碰到景氣繁榮時，賺到的利潤可能很容易增加至不景氣時的 2 倍，但是企業主從來沒有想過要相應調高或降低資本投資的價值，這是華爾街作法和一般企業準則之間最重要的差異。因為投機大眾在這一點上面的態度顯然錯誤，而這似乎為理性思考的投資人帶來了獲利機會，趁著獲利暫時性下降造成股價下跌時，逢低買進，然後在不正常繁榮造成股價飆高時賣出。

　　要這麼做顯然需要堅強的心性，才能背離群眾，反向思考和行動，也才能耐心等待間隔幾年才出現的機會。

　　葛拉漢不靠當期盈餘，卻掌握了簡單有力的替代方法——獲利能力。

　　獲利能力的觀念在投資理論中具有相當明確與重要的地位。獲利能力不僅結合了好幾年期間的實際獲利報表，也讓大家能合理預期大致的獲利範圍，除非是碰到不尋常的狀況干擾。這種記錄必須涵蓋若干年，第一個原因是繼續或重複的表現總是比單一績效亮眼，第二個原因是足夠長期的平均值，通常能吸收或拉平景氣循環的扭曲影響。

葛拉漢建議，獲利能力（或平均獲利）應該涵蓋的時間長度「不得低於 5 年，最好是 7 ～ 10 年」。當然，很多人反對歷史獲利簡單移動平均線的觀念，因為這種平均線顯然忽視了成長。然而，因為成長率預測極為不可靠，葛拉漢的想法可能也有可取之處。葛拉漢認為，分析師應該把「過去的平均值當成指示未來最好的指標，預測未來的盈餘和股息……」。請注意，這些話是針對水準、而不是針對成長率而發！

獲利能力預測法的實證證據

這種十分簡單的想法可以改善價值股策略的表現嗎？為了測試這一點，我們採用 1985 年以後的全球已開發市場資料。結果，我們找到的的答案十分肯定。

圖 31.2 摘要說明了我們的發現，顯示的是我們改變獲利計算期間後的超額報酬率（即扣除大盤報酬率後的數值）。例

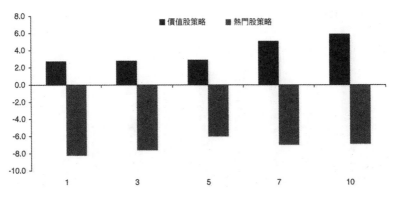

圖 31.2　1985 年至 2008 年間，超額報酬率是獲利年數的函數
（單位：每年百分比）

如，以簡單的一年落後本益比來說，最便宜的股票每年勝過大盤的比率大約有 2% ～ 3%。相形之下，最高價股票的每年績效比大盤少 8%，因此多空策略每年創造的報酬率大約是 11%。

我們採用 10 年盈餘移動平均線計算本益比中的盈餘時，最便宜的股票平均每年勝過大盤的績效大約 5% 以上，高價股的報酬率比大盤大約少 7%，因此多空策略每年的平均報酬率會升到 13%。

圖 31.3 所示，是根據 10 年獲利能力衡量的所有十分位的年度平均表現，其中的型態近乎一致！顯示 10 年平均本益比很高的股票其實是差勁的投資，幾乎沒有賺頭！你付出高價，只是為了享受擁有這種股票的樂趣而已。

在我轉移主題討論怎麼利用 10 年平均本益比，改善我們的價值型篩選標準之前，我要說最後一句話。圖 31.4 所示，是依據 10 年平均本益比、純粹作多策略在我們的樣本期間的

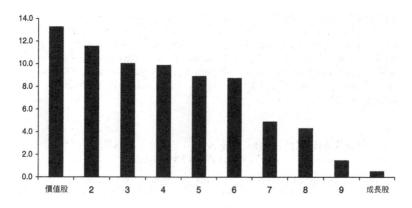

圖 31.3　依據 10 年平均本益比分類的十分位股票表現
（1985 年至 2008 年間，單位：年均收益率 %）

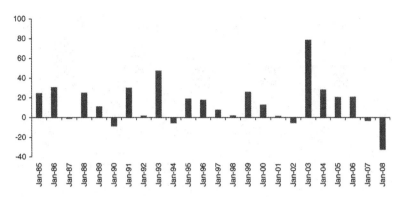

圖 31.4 　依據 10 年平均本益比、純粹作多策略報酬率時間系列圖

表現，這張圖清楚顯示對價值型投資人而言，這段期間究竟有
多痛苦難過。

　　圖 31.5 從輔助的角度，顯示依據 10 年平均本益比作多策
略所有十分位股票今年以來的表現，這張圖凸顯賣壓多麼盲
目，低價股和高價股（以及其間的所有股票）全都一視同仁。

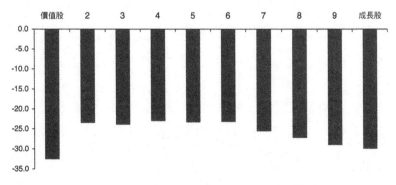

圖 31.5 　2009 年 10 年平均本益比策略十分位股的表現
（單位：%）

在我們的篩選標準中納入 10 年平均本益比

要改善基本價值股策略的報酬率，簡單的循環性調整似乎很有效，在作多時尤其如此。因此，剔除因為歷史性高獲利而出現在價值篩選標準上的循環股時，循環性調整可能是有用的工具。

表 31.2 更新了過去葛拉漢深度超值篩選標準的歐美股票資料，我們額外納入了衡量 10 年平均本益比的欄位，如同葛拉漢和陶德所說：

我們觀點的基本精神是：為了維持保守的評價，每一個例子的倍數都必須加上若干適度的上限，我們建議大約平均獲利 16 倍的價格，可能是投資人買股票該付的最高價格。

雖然這條規則本質上具有必要的武斷性，但實際上並非完全如此。投資是以顯而易見的價值為前提，要證明典型的股票價值，只能利用確定的平均獲利能力來證明，但是我們很難看出，不到市場價格 6% 的平均獲利，怎麼能夠證明這種價格有理。

我們藉著把葛拉漢和陶德建議的 16 倍長期本益比上限，加在我們的 10 年平均本益比篩選標準上（標準基礎是以收益率大於 AAA 級債券殖利率 2 倍、股利率至少等於 AAA 級債券殖利率三分之二、以及負債總額不到有形資產淨值三分之二），就可以看出我們選擇的哪一些股票，可能有著獲利崩潰的風險。

表 31.2 和表 31.3 經過更新，以便反映截至 10 月 10 日為止的市場波動。我們上次利用這份篩選標準時，美國只有 2 檔股票通過篩選，現在增為 9 檔，每一檔的 10 年平均本益比都低於 16 倍。檢篩的股票增加，原因是美國能源類股崩盤。

歐洲方面，過去一週的市場波動造成我們篩選標準的股票，從過去的 34 檔增加到 52 檔！這 52 檔股票中，大約有 31 檔的 10 年平均本益比不到 16 倍，這種情形在表 31.3 中皆清楚注明。

表 31.2　通過葛拉漢和陶德篩選標準一、三、六的 S&P 500 指數成分股

公司名稱	收益率 （％）	股利率 （％）	10 年平均 本益比	總市值 （單位：百萬美元）
亞什蘭（Ashland）	12.0	4.4	4.7	2,988.1
嘉年華（Carnival）	10.5	4.9	13.8	35,013.6
雪佛龍（Chevron）	15.2	3.9	13.8	195,100.2
康菲能源（ConocoPhillips）	15.0	3.9	10.9	142,502.2
陶氏化學（Dow Chemical）	12.3	6.7	11.4	37,069.3
英格索蘭（Ingersoll-Rand）	12.3	3.6	10.1	15,350.7
馬拉松石油（Marathon Oil）	22.2	3.6	10.1	43,210.6
紐克鋼鐵（Nucor）	16.1	7.9	14.6	17,055.0
特索羅石油（Tesoro）	48.6	4.2	4.8	6,537.0

表 31.3 通過葛拉漢和陶德篩選標準一、三、六的道瓊歐股 600 指
數成分股

公司名稱	收益率 （%）	股利率 （%）	10 年平均 本益比	總市值 （單位：百萬美元）
Aceriox S.A.	12.3	3.6	11.7	6,367.8
Anglo American PLC	14.2	4.0	11.2	82,067.0
Antofagasta PLC	22.6	7.2	12.3	14,083.7
Bekaert S.A.N.V	10.0	3.6	18.5	2,663.4
BHP Billion PLC	14.3	3.8	18.3	212,730.6
Boliden AB	56.7	16.9	NA	3,437.4
BP PLC	14.4	6.0	10.9	230,903.4
Bulgari S.P.A	10.2	6.5	15.4	4,179.8
Burberry Group PLC	10.1	3.9	NA	3,865.2
Carnival PLC	11.8	5.8	NA	34,394.8
Deutsche Lufthansa AG	23.1	11.5	11.9	12,160.4
ENI S.p.A.	19.8	9.4	8.1	133,727.6
Ericsson Sh.B	15.2	5.6	15.4	37,334.5
Fortum Oyj	10.7	8.3	21.3	39,881.2
Galp Energia SGPS S/A	11.7	4.0	NA	22,262.6
GDF Suez S.A.	10.3	5.2	NA	57,362.9
Georg Fischer AG	23.2	10.0	8.7	2,472.2
Home Retail Group PLC	15.1	6.5	NA	4,513.2
Iberia Lineas Aereas de Espana S.A.	27.7	13.6	5.7	4,138.1
Kazakhmys. PLC	45.3	6.1	NA	12,498.2
Kesa Electricals PLC	12.6	14.3	NA	2,511.4
Kesko Oyj	15.9	9.7	12.1	5,383.6
Koncranes Oyi	17.4	6.4	18.6	2,014.0
Koninklijke Philips Electronics N.V.	26.9	4.4	8.4	45,891.3
MAN AG	20.9	8.0	14.0	24,505.2
Neste Oil Oyj	19.0	8.4	NA	9,014.5
Nexans	16.2	4.4	NA	3,205.1
Nokia Corp.	15.9	4.5	14.3	148,896.8
Nokian Renkaat Oyj	10.4	3.8	25.3	4,342.9

公司名稱	收益率 （%）	股利率 （%）	10年平均 本益比	總市值 （單位：百萬美元）
Norddeutsche Affinerie AG	21.6	5.2	14.9	1,631.7
Norsk Hydro ASA	26.1	5.4	9.2	17,263.2
OMV AG	23.3	5.5	9.9	24,168.8
Orkla ASA	18.7	5.1	9.4	19,834.1
Ootokumpu Oyj	44.1	15.0	5.7	5,576.6
Outotec Oyj	13.5	6.9	NA	2,305.4
Parmalat S.p.A	28.0	11.6	NA	6,416.7
Persimmon PLC	37.4	13.9	4.7	4,809.1
Rautaruukki Oyj	28.0	16.9	8.4	6,004.3
Reed Elsevier N.V	16.0	5.6	18.1	15,880.6
Repsol YPF S.A.	16.2	6.2	9.3	43,451.9
Royal Dutch Shell Class A	21.9	6.2	8.3	260,654.8
Salzgitter AG	31.7	6.0	7.5	8,409.9
Skanska AB	15.3	12.9	9.5	7,898.5
SKF AB	14.0	6.9	16.2	7,712.5
StatoilHydro ASA	12.5	7.7	12.5	99,064.4
Sulzer AG	10.9	3.7	26.6	4,935.2
Tomkins PLC	15.7	10.6	7.1	3,151.8
Total S.A.	17.6	6.2	10.3	186,178.8
Umicore S.A	32.5	4.1	12.9	5,959.9
Vallourec S.A	18.3	6.8	19.2	14,205.2
Wacker Chemie AG	11.9	4.2	15.3	14,219.5
Wartsila Oyj	12.3	19.1	11.6	7,297.9

重點摘錄

➜ 或許我可以把我篩選出來的股票,稱之為「幻覺低價股」,也就是股票看來會便宜,完全是因為循環性獲利高峰的緣故,只是這種獲利即將崩潰。我大致不會過度擔心這種狀況,因為我們的風險管理作法納入安全邊際觀念,這種基本精神可以提供我們一些緩衝,對抗獲利令人失望的最惡劣影響。

➜ 例如,1985年到2007年間,創造最差勁盈餘成長率的價值股,產生的報酬率仍然和一般股票相當,低價其實為差勁結果提供了一些保護。相形之下,熱門股提供的盈餘成長率最差,最後每年只能創造2%的平均報酬率。

➜ 安全邊際是有用的保護網,讓我們得以避開可能出現有問題獲利情勢的股票,改善報酬率。事實上,葛拉漢很在乎價值型投資人在循環股上碰到這種風險,因此他敦促大家評估股票時,應該根據平均獲利,而不是根據當期盈餘。

➜ 我們根據葛拉漢的建議,根據平均獲利、而不是一年獲利,做出一張本益比表格,結果顯示,這種簡單的調整效果很大。例如,從1985年以來,根據一年落後獲利的簡單本益比策略,每年績效勝過大盤大約2%～3%,而利用10年平均本益比的策略,每年績效勝過大盤的幅度達到5%。

→ 這項測試透露的另一個訊息是：2009 年跌勢席捲整個市場，所有股票碰到的賣壓大致相同，不同以往的是，在這種市場情勢，價值沒有提供任何保護作用。

→ 葛拉漢認為，不管什麼股票，投資人付出的價格應該絕對不能超過平均獲利的 16 倍。我們把這一點納入我們的深度超值篩選標準，當成額外因素，協助我們剔除表面上「有價值」，其實是循環性獲利高峰函數的股票。我們從上週起，已經更新我們的價值篩選標準，結果顯示，在這種市場中，一週是很長的時間！上週 S&P 500 指數成分股中，只有 2 檔股票通過我們的深度超值標準，本週已經增為 9 檔（而且全都通過 10 年平均本益比的篩選標準）。符合我們標準的歐洲股票從 34 檔飛升為 52 檔！大約 31 檔通過 10 年平均本益比篩選標準，整體名單請參看表 31.3。

第 32 章

極度驚恐與創造價值之路 [1]

> 當泡沫走到極度驚恐的最後階段,通往無情道路上,出現了一些真正不可思議的投資機會,BAA 級的公司債收益率升到 1930 年代以來的最高水準——葛拉漢說過,「應該在蕭條的基礎上」買進公司債。從整體來看,股市正提供合理的價值。從由下而上的角度來看,用超低谷底價就可以買到績優公司。我會早了一點嗎?幾乎可以說肯定是的,但是如同格蘭桑所說,「如果股票看起來很迷人,你卻沒有買進,然後,股票離你而去,那麼你不只是看來像白癡而已,還是真正的白癡一個。」

我們宛如勢不可擋一般,朝往極度驚恐的方向走去,走到消除泡沫過程的最後一個階段,進入相關資產備受厭惡、廉價資產充斥的狀態(其實這是我心目中的天堂)。在這種環境中,我的生存策略一直都像槓鈴,一端是市場先生在沮喪、憂鬱期間推出的深度超值投資機會,另一端是現金。我的目標是,每次發現一些很有吸引力的機會時,就慢慢的把現金注入槓鈴上深度超值的一端,我最近在這種策略中,補充了一些便宜的通膨保險(如抗通膨公債和黃金)。鑒於我們觀察到的種種迴旋波折,我認為這些因素值得我們重新檢討一下。

---

1 本文刊於 2008 年 11 月 25 日出版的《心理很重要》雜誌,其中討論的材料在出版時確實正確無誤。

波動性既非空前，也不是無法預測

　　「空前」一詞大概已經成了大家最濫用的字眼。然而最近市場波動性的飆升既不空前，也不是無法預測。圖 32.1 顯示，過去波動性曾經升到更高的水準。波動性飆升不是黑天鵝事件，反而是極為容易預測的東西，是股市漲到極度高價時，極為樂觀的假設碰到現實抑制的結果。實際上，市場先生在頭部失控、或在谷底驚慌失措時，就會發生這種事。

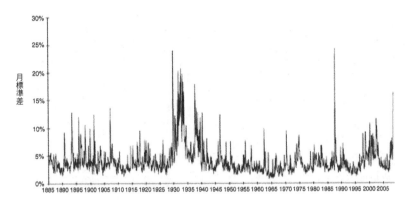

圖 32.1　波動性會變成趨勢嗎？

　　還有一件事值得注意，從歷史資料來看，波動性具有某種程度的持續性，也就是高波動性經常源源不絕。大蕭條期間，波動性爆炸後，接著一直處於居高不下，直到經濟復甦開始後很長一段時間為止。現在，連預期目前困境不會像大蕭條一樣淒慘的好友兼同事愛德華茲最近都寫了一篇文章，他指出，「很多人批判拿現在和大蕭條比較的作法，我同意正在展開的經濟下行不會這麼糟糕」，但是他繼續表示這次的狀況可能是

「第二好（或第二差）的情形」〔請參閱 2008 年 11 月 5 日發行的《全球策略周刊》（*Global Strategy Weekly*）〕。希望波動性快速降低的人很可能要失望了。

債市創造的價值

我覺得好消息是：偏高的波動性延續越久，行情跌得越低，創造的價值型投資機會範圍越大。最近加入深度超值投資機會組合的成員包括公司債和不良債權市場，在這個領域中比我專精的朋友告訴我，高優先順位擔保債券以原價 50% ～ 70% 的價格就可以買到。因為碰到破產時，這種債券是最高等級的請求權，你順利取回百分之百的債權的可能性很高。

公司債似乎已經跌到類似 1930 年代的那種狀況，BAA 級公司債和美國國庫券的價差升到大蕭條以來的最高峰，目前的價差高達 550 個基點。大蕭條最嚴重時，價差也才略高於 700 個基點而已，這種價差很符合葛拉漢的建議：「應該在蕭條的

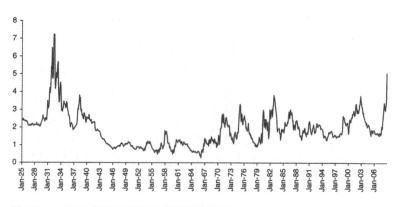

圖 32.2　BAA 級公司債和國庫券的價差

基礎上買進。」（請參閱圖 32.2）

目前的價差顯示，公司債市場的訂價預示大蕭條以來最高的違約率，符合愛德華茲之前的說法（請參閱圖 32.3）。

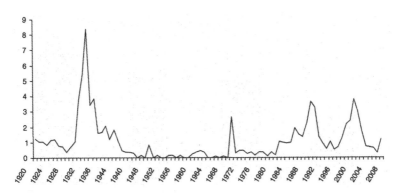

圖 32.3　所有評級債券的違約率
（單位：%）

股市創造的價值

我評估價值時，通常會採用經過循環性調整的評價指標，例如 10 年平均本益比（目前股價除以 10 年盈餘移動平均線）。圖 32.4 是美國股市的長期狀況，從中可以看出調整的速度的確相當驚人。

S&P 500 指數成分股目前的 10 年平均本益比為 15.4 倍，從 1881 年以來的比率為 18 倍，排除泡沫歲月的話是 16 倍。因此，從整體的角度來看，美國股票目前顯然偏向便宜的一端！我不知道實際上到底該不該把這一點寫出來！

我經常說，對短期報酬率而言，評價並不重要，卻是長期

圖 32.4　S&P 500 指數成分股 10 年平均本益比

報酬率的主要決定因素。圖 32.5 所示，是依據初始平均本益比計算的 10 年實質平均報酬率，今天市場的評價落在左起第三欄上，高於平均報酬率，卻還沒有進入真正的超低價範圍。

　　這樣當然不是說行情不可能再跌低，記住牛頓的話總是會有好處，「我可以預測天體的運行，卻無法預測群眾的瘋狂。」圖 32.5 顯示，超低評價仍然低於我們今天見到的市場水準。

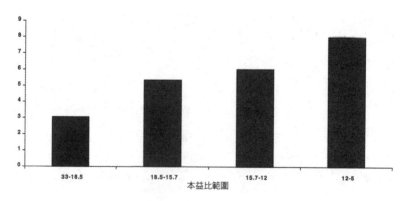

圖 32.5　根據初始平均本益比計算的十年實質平均報酬率

總之，市場驚恐跟這個指標的關係大概是在 10 倍上下，根據這種關係計算，如果每股 10 年平均獲利是 52 美元，等於 S&P 500 指數大約落在 500 點上下！

如果你希望見到真正的超低價，我們可以指出過去一百三十年來，10 年平均本益比的絕對最低水準為 5 倍（這是大蕭條期間行情最低點時的記錄），這樣等於 S&P 500 指數要跌到 260 點！我這樣說不是預測，而且我敢說今天的世界由投資專家構成，專家始終持續不斷地在尋找機會，股市幾乎沒有機會跌到這麼離譜的水準（但是絕對不要說絕不可能！）

為了讓大家多少了解股市要跌到這麼可怕的低水準，情勢會變得有多差，請參閱圖 32.6。這張圖所示，是 1997 年以來的 S&P 500 指數成分股申報的每股盈餘，資料結束的地方是現在（注：2009 年），最後一部分是我比照 1930 年代期間記錄到的盈餘趨勢補上去的假設走勢。

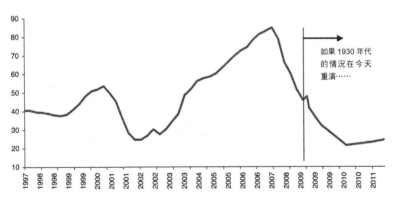

圖 32.6　如果變生不測，S&P 500 指數成分股的獲利會慘跌

申報盈餘從 2007 年升到高峰以來，實際上已經腰斬（受金融股提列損失影響）。如果 1930 年代的情勢今天重來一次，我們應該會看到申報盈餘將從現在的水準再度腰斬！這種變化可能促使短視近利的投資人產生最終極的恐慌。

　　這種情勢當然是不理性到極致的現象，卻不是不可能！股票是長期耐久的資產，實際上是長期未來現金流量的請求權，這點可以從任何簡單貼現現金流量[2]風格的計算中看出來。我為整體 S&P 500 指數建構了一個很簡單的股息貼現模型。

　　圖 32.7 所示，是 S&P 500 指數成分股股息貼現對價值的貢獻比率，期間分為頭三年、接下來的五年和長期貢獻。頭三年對總價值的貢獻只有 10%，接下來五年的貢獻稍微重要一點，大約代表總價值的 15%，而長期的貢獻就大多了，大約占總價值的 75%。

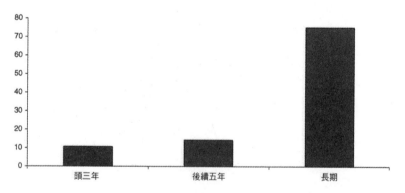

圖 32.7　對價值的貢獻──S&P 500 指數成分股股息貼現模型

2　我最近抨擊貼現現金流量評價法，因此現在談到這一點似乎很奇怪（請參閱第 5 章）。雖然我批評這種方法的用處（主因是重大的應用問題），這種方法卻有助於凸顯股票投資的長期性質。

這種簡單的練習顯示，接下來幾年對長期投資人的重要性——即使這幾年盈餘腰斬，也是如此。可惜的是，長期投資人在市場上已經越來越稀少。

圖 32.8 是我最喜歡的圖表之一，這張圖顯示投資人持有紐約證券交易所上市股票的平均時間，我一直想不通投資人怎麼會作得這麼短，平均持有期間只有 7 個月而已！今天的投資人表現讓我覺得，我的 3 歲大姪兒集中注意力的時間實在很長。市場彷彿普遍患有慢性注意力不足過動症，因為今天的投資人似乎只關心短期。

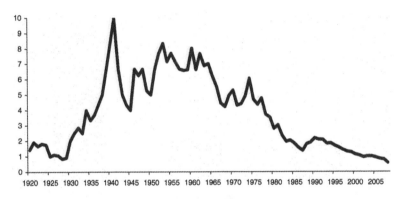

圖 32.8　紐約證券交易所的股票平均持有期間

美國股市當然不是世界上的唯一股市，有些已開發國家市場的價值表現甚至比美國市場好，例如，英國市場的 10 年平均本益比為 12 倍（歐洲的倍數大致相同）。因此，這些市場對價值提供的支撐更大，提供的長期報酬率甚至可能更具吸引力（請參閱圖 32.9）。

圖 32.9　英國股市的 10 年平均本益比

由下而上的觀點

　　儘管討論整個市場的評價可能很有趣，但是想認識得更清楚，通常要從由下而上的角度來檢視，原因很簡單，就像柯拉曼為葛拉漢和陶德傑作《證券分析》第六版所寫的評論一樣，價值型投資人「不需要整個市場都跌到超低價，只要 20 ～ 25 檔股票這樣就夠了。」

　　我談過很多次，我常透過葛拉漢去世前不久設計的標準，評估由下而上的評價法。投資標的要符合下列標準，才算是價值型投資機會：

一、落後收益率大於 AAA 級債券殖利率 2 倍；

二、本益比不及以 5 年移動平均盈餘為基準計算的高峰本益比的 40%；

三、股利率至少等於 AAA 級債券殖利率的三分之二；

四、股價不到有形資產淨值的三分之二；

五、股價不到流動資產淨值的三分之二；

六、負債總額不到有形資產淨值的三分之二；

七、流動比率大於 2；

八、負債總額低於（或等於）流動資產淨值的 2 倍；

九、10 年複合盈餘成長率至少 7%；

十、過去 10 年內，年度盈餘衰退 5% 以上的情形少於 2 年。

　　這些標準的規定很嚴格，因此我們在大型股中找不到能夠通過全部考驗的股票，其實並不稀奇。從評價的角度來看，葛拉漢偏愛的指標是股價低於流動資產淨額三分之二的股票（我們在第 22 章探討過的淨流動資產價值股票）。根據這種標準，我們在大型股中找不到能夠提供價值的個股。

　　如果採用淨流動資產價值的方法得不到結果，葛拉漢建議只用第一、三、六項標準，這些標準加總起來，可以確保投資人得到股價低廉、股東獲得現金報酬，和不會增加債務的效果（從目前的市況來看，最後一點很重要）。

　　我在第 31 章詳細談過，要在葛拉漢採用的清單中另外加上一條標準，就是 10 年平均本益比低於 16 倍，這樣做意在剔除那些循環性高獲利讓人產生很有價值幻覺的股票。

　　表 32.1 所示，是大型股市通過不同標準的股票比率，美國股市現在有 15 檔股票，通過第一、三、六項標準，也通過 10 年平均本益比低於 16 倍的標準。歐洲和英國股市中將近十分之一的股票通過這幾項標準。日本和亞洲股市中，這個比率更升到五分之一！是價值型投資人的天堂（通過四項標準股票的完整清單列在本章後面，請參閱表 32.2 至表 32.6）。

表 32.1　通過葛拉漢所訂標準的股票比率

標準	美國	歐洲	英國	日本	亞洲
收益率＞AAA 的 2 倍	48	53	53	78	63
本益比＜高峰本益比的 40%	9	10	17	5	12
股利率≧AAA 的三分之二	39	67	65	83	61
股價＜有形資產淨值的三分之二	3	6	11	20	19
股價＜流動資產淨值的三分之二	1	0	3	0	0
負債總額＜有形資產淨值的三分之二	38	39	43	69	73
流動比率＞2	28	15	21	24	27
負債總額≦流動資產淨值的 2 倍	20	17	25	36	27
10 年複合盈餘成長率≧7%	69	67	49	68	78
過去十年年度盈餘衰退 5% 的情況不到兩年	5	8	15	6	11
通過第一、三、六項標準	4	14	12	47	33
通過第一、三、六項標準，且 10 年平均本益比 <16 倍	4	9	8	20	17

　　換到下一個主題前，我還有一些話要說，今年賣壓的性質特別不分青紅皂白，以致於選股專家很難增加價值，例如，圖 32.10 顯示，將近 98% 的美歐股票今年以來都出現負報酬率，日本的情況稍微「好一點」，有 92% 股票出現負報酬率！即使你只看股價下跌超過 40% 的股票，就會發現所有三大股市中有 60% ～ 70% 的股票跌幅這麼深。在正常的年度，大約有 30% 的股票出現負報酬率，20% 左右的股票下跌超過 10%，這種情形顯示我們看到的事件極不尋常。

　　你可以在圖 32.11 中，發現賣壓不分青紅皂白性質的進一步證據，這張圖所示，是根據 10 年平均本益比分類的全球十分位股票今年以來的績效，價值股的跌幅勝過所有其他十分位，今年以來大約下跌了 56%，相形之下最高價股票下跌了 48%。

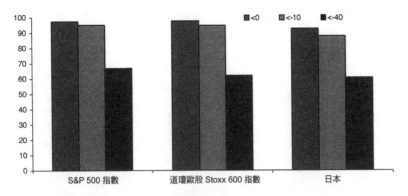

圖 32.10　2009 年負報酬率股票所占的比例

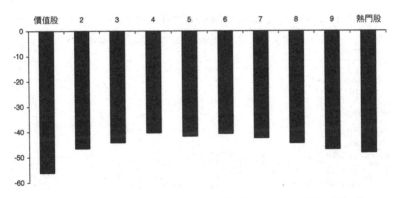

圖 32.11　2009 年 10 年平均本益比分類的全球十分位股票表現

這種賣壓通常顯示有強迫性賣方存在（可能是被迫出脫某些高
融資比率的賣家）。我每次看到強迫性賣方時都會感到興奮，
畢竟，這種賣家賣出時，表示他們會完全不顧價值高低只求賣
出，因此為時間架構比較長的投資人創造了機會（又回到了這
一點）。

　　我見過最常出現的誤解是：大蕭條期間，價值股的跌幅大

大超過其他風格或整體股市。看看圖 32.12 的證據，就知道這
是迷思。

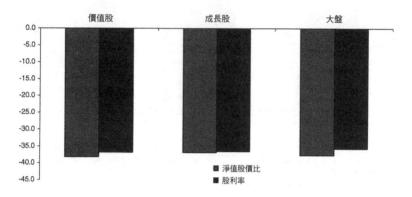

圖 32.12　1929 年至 1932 年底部的每年絕對報酬率
（單位：%）

　　這張圖所示，是從 1929 年高峰到 1932 年谷底每年的跌
幅，即使粗略看看這張圖，都可以清楚看出價值股的表現不比
熱門股或大盤好，也不比熱門股或大盤差。我並不是直接表明
大蕭條期間，價值股是絕佳的絕對報酬率策略，但是我們至少
可以消除大蕭條期間「價值股表現比所有其他股票投資形式糟
糕」的迷思。因此大蕭條期間也是不分青紅皂白的賣出時期，
與我們今天看到的市場情形極為相似。

低廉保險創造的價值

　　面對一無所知和不確定的環境，我的生存策略最後一環是
尋找廉價保險來源。前面說過，我對於目前通膨和通縮辯論無

所適從，長久以來一直都有人警告我和愛德華茲，二十五年來消費者第一次緊縮開支引發的龐大通縮動力很危險。

但是，我不知道我們是否想像過，聯準會居然相當樂意以這麼壯觀的方式，在如此短的期間裡亂造資產負債表。我還是不知道他們採用的政策是否一定能造成龐大的通膨，但是這種情形勢必相當危險。

因此，我一直在尋找能夠提供通膨保護的廉價資產，其中最明顯的資產是政府發行的指數連動公債，最近這種公債的收益率急劇上升——可能是大家爭相追求流動性的結果，但是對有耐心的長期投資人來說，這種工具提供了完美的機會。還有一點值得注意的是，實質收益率上升（請參閱圖 32.13）並不是美國獨有的現象，不過美國的升幅最大、收益率最高。

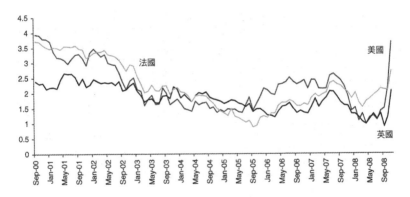

圖 32.13　實質收益率
（單位：％）

結論：回歸咖啡罐投資組合

通往驚恐世界的道路上，有時會出現一些對投資人特別有吸引力的機會。從諸多方面來看，公司債市場之類的天地可能正在提供我們一生難逢的投資機會。

整體而言，股市已經跌到低於正常水平，也許還沒有跌到終極谷底，卻也足夠便宜。對注重長期報酬率的人來說，股票是相當有吸引力的資產類別。從由下而上的角度來看，有利於那些有決心毅力閉上眼睛，或至少暫時關上螢幕、逕行買進的人，因為股市正提供一些機會，讓他們可以用真正低價買進績優公司。然而，投資機構在每一個時間架構中、都必須創造績效的規定，妨害了他們的買進能力，讓人感覺特別困擾。投資人現在看短不看長，無視於眼前出現的長期絕佳機會。

在我快寫完本章前，朋友克里斯欽（Christian）傳給我一篇絕佳的演講，講詞是資本集團公司前董事長吉姆‧傅樂頓（Jim Fullerton）1974 年所寫，結尾引用迪恩‧威特（Dean Witter）1932 年 5 月極為貼切的說法：「有些人說，他們希望等到未來情勢比較明朗的時候，但是未來情勢明朗化時，現在的便宜貨會消失無蹤，事實上，真的有人認為一旦信心全面恢復，價格還會保持今天的水準嗎？」

或許我們現在應該重新介紹已故投資大師柯比的咖啡罐投資組合觀念：投資人必須把股票放進咖啡罐裡，然後不再去碰。柯比把這種作法叫做被動式的主動，他是這麼說的：

我想這種觀念不會受到投資經理人歡迎，因為如果大家普遍採用這種作法，我們這一行的結構可能因此劇烈變化，靠著資金管理專業維持豪奢生活型態的人或許將大幅減少。

　　咖啡罐投資組合的觀念可以回溯到大西部的時代，當時大家把寶貴的財物放在咖啡罐裡，並藏在床墊下。咖啡罐也不需要交易成本、管理成本或任何其他成本。這種作法是否成功，完全取決於一開始如何利用智慧和遠見，選擇放在咖啡罐裡的東西……

　　如果優秀的投資經理完全沒有這些作為，到底會創造什麼樣的成果？答案取決於另一個問題──我們是交易員還是投資人？大多數優秀的投資經理內心深處很可能是投資人，然而每天大量產出投資成果的資訊供應商、新聞機構和電腦，卻造成他們像交易員一樣行動。他們一開始會根據比較長期的時間架構，用健全的研究，在十分有前途行業中找出極有吸引力的公司，然後再根據每個月的新聞發展和各式各樣的大小謠言，每年交易這些股票兩、三次。

　　現在看來正是開始填滿你的咖啡罐的時候。

　　但這樣似乎還不夠，市場先生還提供你極為廉價的方法，保護你不受通膨的摧殘。面對所有利多機會，我從來沒有像現在一樣如此看好過！我會太早嗎？幾乎可以確定一定會。但是，如果我能夠找到很有吸引力的資產，又有長期的時間架構，拒絕這種機會就是瘋了。格蘭桑在他發出的第三季信函中說得好，「如果股票看來很迷人，你卻沒有買進，然後，股票離你而去，那麼你不只看來像白癡而已，還是真正的白癡一個。」

表 32.2　通過第一、三、六項標準、且 10 年平均本益比小於 16 倍的 S&P 500 指數成分股

公司名稱	收益率 > AAA 2 倍	股利率≧ AAA 的三分之二	10 年平均本益比	總市值（單位：百萬美元）
阿利根尼科技（Allegheny Technologies）	47.6	3.7	8.7	8,777.1
嘉年華（Carnival Corp.）	19.6	10.7	7.4	35,013.6
雪佛龍（Chevron Corp）	13.6	3.9	15.4	195,100.2
康菲能源（ConocoPhillips）	17.3	4.5	9.4	142,502.2
康明斯（Cummins Inc.）	20.8	3.4	14.1	12,877.1
陶氏化學（Dow Chemical）	18.0	9.8	7.7	37,069.3
蓋普公司（Gap Inc）	11.0	3.5	10.3	15,619.5
伊利諾工具（Illinois Tool）	11.3	4.1	14.6	28,381.4
英格索蘭（Ingersoll-Rand）	20.6	6.0	6.0	15,350.7
科磊公司（KLA-Tencor Corp）	15.9	3.8	10.6	9,216.1
馬拉松石油（Marathon Oil）	29.0	4.9	7.7	43,210.6
莫仕公司（Molex Inc）	10.6	3.5	12.2	5,024.5
紐克鋼鐵（Nucor Corp）	19.4	9.6	12.1	17,055.0
特索羅公司（Tesoro Corp）	59.7	5.9	3.9	6,537.0
瓦萊羅能源（Valero Energy）	54.9	4.1	4.6	37,582.3

表 32.3　通過第一、三、六項標準、且 10 年平均本益比小於 16 倍的道瓊歐股 Stoxx 600 指數成分股

公司名稱	收益率 > AAA 2 倍	股利率≧ AAA 的三分之二	10 年平均本益比	總市值（單位：百萬美元）
Acerinox	12.4	3.6	11.6	6,367.8
Anglo American PLC	19.1	5.4	8.3	82,067.0
Antofagasta PLC	21.9	6.9	12.7	14,083.7
Bekaert S.A.N.V.	16.8	6.1	11.0	2,663.4
BHP Billiton PLC	18.2	4.9	14.5	212,730.6
BP PLC	11.7	4.9	13.4	230,903.4
Bulgari S.P.A	10.5	6.7	15.0	4,179.8

續表 32.3

公司名稱	收益率 > AAA 2 倍	股利率 ≧ AAA 的三分之二	10 年平均 本益比	總市值 (單位：百萬美元)
Charter International PLC	36.4	5.3	7.3	2,619.6
Deutsche Lufthansa AG	27.8	13.8	9.9	12,160.4
ENI S.p.A	16.4	7.8	9.9	133,727.6
Eramet S.A.	22.4	5.9	14.9	13,062.3
Georg Fischer AG	30.1	13.0	6.7	2,472.2
Iberia Lineas Aereas de Espana S.A.	20.1	9.9	7.8	4,138.1
Kesko Oyj	14.7	8.9	13.1	5,383.6
Koncranes Oyi	21.5	7.9	15.0	2,014.0
Koninklijke DSM N.V	13.8	7.0	5.7	7,877.0
Koninklijke Philips Electronics N.V.	33.9	5.6	6.6	45,891.3
MAN AG	28.8	11.0	10.2	24,505.2
Modern Times Group MTG AB	16.1	4.0	15.2	4,669.9
Nokia Corp	17.8	5.1	12.8	148,896.8
Nokian Renkaat Oyj	16.6	6.0	15.9	4,342.9
Norddeutsche Affinerie AG	24.9	6.0	12.9	1,631.7
Norsk Hydro ASA	33.6	7.0	7.1	17,263.2
OMV AG	30.2	7.1	7.6	24,168.8
Orkla ASA	22.7	6.2	7.7	19,834.1
Ootokumpu Oyj	54.2	18.5	4.6	5,576.6
Persimmon PLC	61.0	22.7	2.9	4,809.1
Rautaruukki Oyj	33.4	20.2	7.1	6,004.3
Repsol YPF S.A	19.2	7.4	7.8	43,451.9
Royal Dutch Shell Class A	20.4	5.8	8.9	260,654.8
Salzgitter AG	39.7	7.5	6.0	8,409.9
Skanska AB	17.2	14.5	8.4	7,898.5
SKF AB	16.6	8.3	13.7	7,712.5
StatoilHydro ASA	13.5	8.3	11.5	99,064.4
Swatch Group AG	15.3	3.5	11.7	16,151.1
Tomkins PLC	21.9	14.7	5.1	3,151.8
Total S.A.	15.6	5.5	11.6	186,178.8

續表 32.3

公司名稱	收益率 > AAA 2 倍	股利率 ≧ AAA 的三分之二	10 年平均本益比	總市值（單位：百萬美元）
Umicore S.A	50.7	6.3	8.3	5,959.9
Vallourec S.A	26.5	9.8	13.3	14,205.2
Wacker Chemie AG	13.2	4.7	13.8	14,219.5
Wartsila Oyj	15.5	24.0	9.3	7,297.9

表 32.4 通過第一、三、六項標準、且 10 年平均本益比小於 16 倍的富時指數成分股

公司名稱	收益率 > AAA 2 倍	股利率 ≧ AAA 的三分之二	10 年平均本益比	總市值（單位：百萬美元）
AGA Rangemaster Group PLC	28.5	16.9	3.6	819.0
Anglo American PLC	19.1	5.4	8.3	82,067.0
Anglo Pacific Group PLC	27.9	7.1	13.6	375.1
Antofagasta PLC	21.9	6.9	12.7	14,083.7
BHP Billiton PLC	18.2	4.9	14.5	212,790.6
Bovis Homes Group PLC	24.0	11.6	5.0	1,479.2
BP PLC	11.7	4.9	13.4	230,903.4
Braemar Shipping Services PLC	19.6	9.2	11.5	184.0
Castings PLC	17.3	6.3	9.0	244.6
Charter International PLC	36.4	5.3	7.3	2,619.6
Computacenter PLC	23.7	10.3	3.3	597.9
Diploma PLC	10.5	6.7	12.1	310.8
Domino Printing Science PLC	12.5	6.1	12.9	758.7
Greggs PLC	11.2	4.6	14.0	990.7
Headlam Group PLC	19.5	12.2	10.7	718.0
Hornby PLC	15.2	8.0	11.0	141.1
JD Sports Fashion PLC	20.9	3.6	12.7	340.6
Kier Group plc	17.1	4.8	9.1	699.9
Millennium & Copthorne Hotels PLC	29.0	7.2	7.0	2,400.7

續表 32.4

公司名稱	收益率＞ AAA 2 倍	股利率≧ AAA 的三分之二	10 年平均 本益比	總市值 （單位：百萬美元）
Morgan Sindall PLC	20.1	8.2	10.1	889.2
Persimmon PLC	61.0	22.7	2.9	4,809.1
PZ Cussons PLC	10.9	4.6	14.3	1,634.2
Royal Dutch Shell PLC(CL B)	16.8	4.8	11.5	257,534.8
St Ives PLC	22.3	24.2	3.2	341.4
T.Clarke PLC	12.7	10.6	7.0	137.9
Ted Baker PLC	12.3	5.6	13.1	400.5
Tomkins PLC	21.9	14.7	5.1	3,151.8

表 32.5　通過第一、三、六項標準、且 10 年平均本益比小於 16 倍
的 MSCI 日本指數成分股

公司名稱	收益率＞ AAA 2 倍	股利率≧ AAA 的三分之二	10 年平均 本益比	總市值 （單位:百萬美元）
Advantest Corp.	8.4	4.6	10.3	4,629.3
Aisin Seiki Co.Ltd.	25.5	4.7	9.2	10,490.6
Alps Electric Co. Ltd	6.1	5.0	8.3	1,761.7
Asahi Glass Co. Ltd	13.0	3.5	14.3	15,726.9
Bridgestone Corp	10.4	1.6	15.2	13,869.0
Brother Industries Ltd	17.2	3.8	10.8	2,827.9
Canon Inc.	14.5	4.2	13.1	58,623.6
Citizen Holdings Co. Ltd	8.3	3.5	15.5	2,931.1
Dai Nippon Printing Co. Ltd	7.1	3.8	16.1	10,510.3
Daihatsu Motor Co. Ltd	10.6	2.2	16.4	5111.3
Daiichi Sankyo Co. Ltd	7.8	4.0	16.3	21,216.0
Dainippon Sumitomo Pharma Co. Ltd	8.2	2.3	16.4	3,627.8
Denki Kagaku Kogyo K.K	6.7	4.9	12.7	1,544.1
Denso Corp.	21.1	3.8	9.8	26,223.0
Fuji Media Holdings Inc.	5.1	2.7	16.0	3,392.3

續表 32.5

公司名稱	收益率 > AAA 2 倍	股利率 ≧ AAA 的三分之二	10 年平均本益比	總市值（單位:百萬美元）
FUJIFILM Holdings Corp.	9.6	1.6	14.7	17,842.4
Hitachi Chemical Co. Ltd	17.7	3.7	9.7	3,894.2
Hitachi High-Technologies Corp	13.4	2.1	14.8	2,272.7
Hoya Corp.	15.0	5.2	12.5	10,149.2
Ibiden Co. Ltd	22.9	4.1	11.4	5,789.6
Ito En Ltd	5.7	2.7	15.5	1,539.6
Itochu Techno-Solutions Corp	9.9	3.4	13.6	1,983.5
JSR Corp.	15.8	3.4	13.5	5,653.7
JTEKT Corp.	19.4	3.4	14.6	5,232.2
Kaneka Corp.	13.3	3.9	9.6	2,124.5
Kansai Paint Co. Ltd	11.5	2.7	15.4	1,725.3
Kyocera Corp.	12.5	2.7	11.1	15,886.5
Mabuchi Motor Co. Ltd	7.2	3.1	11.4	2,304.4
Makita Corp.	19.6	5.9	14.0	4,509.1
Mitsubishi Gas Chemical Co. Inc.	25.9	4.8	9.7	3,282.7
Mitsubishi Rayon Co. Inc.	10.9	5.0	11.5	1,829.5
Mitsumi Electric Co. Inc.	27.8	4.9	13.8	2,760.7
Murata Manufacturing Co. Ltd	11.4	3.3	12.4	10,883.0
NGK Spark Plug Co. Ltd	12.1	3.2	12.6	2,829.9
NHK Spring Co. Ltd	23.5	3.9	12.1	1,714.2
Nippon Electric Glass Co. Ltd	21.4	1.8	13.1	7,682.9
Nippon Steel Corp.	21.9	4.3	13.1	31,840.7
Nissan Chemical Industries Ltd	12.4	2.9	16.2	1,891.3
Nisshin Steel Co. Ltd	31.9	7.2	11.3	3,131.5
Nitto Denko Corp.	17.7	5.1	9.6	7,026.6
Nok Corp.	21.7	2.9	7.8	3,537.6
OKUMA Corp.	32.3	5.1	13.9	1,780.4
OMRON Corp.	14.5	3.1	14.7	4,542.4
Onward Holdings Co. Ltd	11.3	4.4	13.4	1,535.5
Ricoh Co. Ltd	16.8	3.8	8.5	11,832.8

續表 32.5

公司名稱	收益率 > AAA 2 倍	股利率 ≧ AAA 的三分之二	10 年平均 本益比	總市值 （單位:百萬美元）
Rohm Co. Ltd	6.9	3.2	9.1	6,774.3
Sekisui Chemical Co. Ltd	8.7	2.8	-185.0	3,174.6
Sharp Corp.	15.7	4.7	11.9	18,680.2
Shinko Electric Industries Co. Ltd	18.8	6.1	7.1	1,522.8
Showa Shell Sekiyu K.K	16.6	5.1	12.6	4,175.2
Sony Corp.	20.2	1.4	12.0	39,915.8
Stanley Electric Co. Ltd	14.6	2.7	15.3	4,363.0
Sumitomo Electric Industries Ltd	16.3	2.9	14.8	9,974.8
Sumitomo Metal Mining Co. Ltd	39.6	5.0	9.0	10,766.2
Suzuken Co. Ltd	11.5	2.5	13.3	3,776.1
Takeda Pharmaceutical Co. Ltd	9.4	3.8	16.2	42,142.9
TDK Corp.	20.1	4.7	9.3	7,610.7
THK Co. Ltd	15.6	4.0	10.0	2,212.6
Tokai Rika Co. Ltd	29.0	5.9	7.0	2,355.8
Tokyo Electron Ltd	24.3	5.1	12.9	10,865.0
Tokyo Steel Manufacturing Co. Ltd	8.6	2.6	12.2	2,018.3
Toppan Printing Co. Ltd	9.0	3.4	15.8	7,608.6
Toyoda Gosei Co. Ltd	20.7	4.0	11.3	4,858.7
Toyoda Boshoku Corp.	32.0	5.1	9.4	5,588.2
Toyoda Industries Corp.	14.0	3.3	16.0	11,052.3
Ushio Inc.	10.5	2.2	15.4	2,563.5
Yamaha Corp.	24.9	6.5	12.9	3,939.5
Yamaha Motor Co. Ltd	27.8	4.6	6.7	6,924.2
Yamaha Kogyo Co. Ltd	26.1	2.5	9.9	2,898.3

表 32.6　通過第一、三、六項標準、且 10 年平均本益比小於 16 倍的 MSCI 亞洲指數成分股

公司名稱	收益率 > AAA 2 倍	股利率 ≧ AAA 的三分之二	10 年平均本益比	總市值（單位：百萬美元）
宏碁公司	13.6	9.1	13.4	4,710.8
日月光半導體	22.7	17.1	10.6	5,248.9
Ambuja 水泥	22.3	4.0	14.2	4,810.5
阿內卡礦業（Aneka Tambang）	59.8	23.9	8.5	4,524.6
亞洲水泥	15.5	10.7	15.8	3,997.6
先進太平洋科技	16.3	14.0	11.2	2,872.5
華碩電腦	21.2	7.7	7.3	11,199.3
布米資源（Bumi Resources）	50.7	10.0	12.2	12,152.6
長江實業	18.3	3.8	8.2	42,824.3
招商局國際	12.5	5.4	16.3	14,962.8
中華汽車	15.6	4.7	2.7	1,043.6
中遠海能	26.5	9.7	12.0	8,785.1
中旅國際	12.1	6.5	11.3	3,753.5
華人置業集團	72.1	7.2	4.7	4,176.7
中信股份	82.9	23.6	3.0	12,352.5
中國石油天然氣集團	12.2	5.2	11.4	3,099.9
仁寶電腦	22.5	15.2	6.6	4,179.4
中遠海運港口	31.7	15.6	6.2	5,987.0
大林工業	49.8	8.4	4.6	6,603.0
駿威汽車	18.9	7.0	9.0	4,829.9
長榮海運	21.9	10.6	10.2	2,769.5
豐興鋼鐵	16.0	10.8	11.5	961.5
台灣化纖	17.4	14.1	12.1	14,141.8
台灣塑膠	16.4	13.1	13.9	16,071.8
福懋興業	25.0	18.3	11.7	1,695.9
印度國營天然氣管理局	12.0	3.6	13.2	8,949.5
菲律賓環球電訊	13.6	10.2	14.8	5,038.3
GS 建設	17.5	3.7	11.8	8,255.2
恒隆集團	28.9	3.6	10.4	5,927.9

續表 32.6

公司名稱	收益率＞ AAA 2 倍	股利率≧ AAA 的三分之二	10 年平均 本益比	總市值 （單位：百萬美元）
恒隆地產	24.3	5.0	12.0	13,289.2
恒生銀行	11.0	7.3	15.4	39,442.5
恒基兆業地產	32.6	4.8	5.9	13,381.1
鴻海精密	17.3	5.6	14.2	39,189.5
合和實業	33.4	13.1	11.4	3,169.7
希慎興業	34.4	5.5	6.9	2,959.8
現代開發	20.2	3.9	12.2	7,311.5
英業達	27.7	16.3	5.1	1,407.6
江西銅業	37.0	7.9	8.3	7,418.5
吉寶企業	15.9	7.0	16.1	14,329.7
嘉里建設	41.9	8.1	6.9	11,441.2
建滔化工集團	33.9	10.2	5.0	4,986.2
韓國鋅業	47.3	4.0	7.0	2,444.9
光寶科技	16.6	14.3	6.5	3,758.0
神達電腦	39.3	14.1	5.0	1,408.2
南亞塑膠	19.4	16.8	11.1	20,219.6
東方海皇航運	55.8	14.6	3.4	4,058.2
新創建集團	25.9	13.0	12.8	5,369.8
印度石油天然氣	14.3	4.9	13.2	52,286.1
東方海外國際	57.2	66.9	3.1	4,629.8
巴基斯坦國家石油	30.6	8.8	8.7	1,049.9
浦項鋼鐵	16.7	3.6	10.0	46,041.8
雙龍煉油	12.4	23.6	12.1	9,412.3
勝科工業	14.6	7.4	13.4	7,194.7
上海實業控股	15.0	6.1	9.8	4,670.1
信德集團	28.7	8.8	7.5	3,660.1
新加坡航空	16.7	9.9	9.0	13,410.8
新加坡電信	10.5	5.3	13.6	42,760.0
信和置業	29.9	7.4	7.7	9,697.5
上海石化	14.6	5.7	8.9	4,440.5

續表 32.6

公司名稱	收益率> AAA 2 倍	股利率≧ AAA 的三分之二	10 年平均 本益比	總市值 （單位:百萬美元）
鮮京電信	10.7	4.4	13.1	21,430.3
印度國營鋼鐵	31.4	6.3	11.5	19,008.6
新鴻基地產	21.4	4.9	9.6	34,787.8
太古集團	40.1	7.5	6.7	20,899.6
聯強國際	11.1	6.9	14.4	2,707.9
台灣積體電路製造	11.3	8.2	15.0	48,935.9
東元電機	17.7	12.1	11.6	940.8
電視廣播公司（TVB）	11.9	7.4	13.6	2,631.1
東和鋼鐵	22.0	14.5	12.8	1,559.7
裕民航運	29.1	23.5	10.1	2,344.5
聯華電子	14.7	10.6	5.3	7,773.9
華業集團	52.1	8.2	6.5	2,502.2
創業公司（Venture Corp）	25.8	13.6	6.1	2,441.2
九龍倉集團	38.5	5.6	6.1	12,822.1
兗州煤業	19.4	5.0	9.1	9,749.7
裕元工業	12.7	6.3	9.8	4,980.0
裕隆汽車	16.8	4.7	4.6	1,405.7
浙江滬杭甬	16.6	9.2	13.3	6,949.8

重點摘錄

→ 這段期間裡，「空前」已經是最濫用的字眼，我們
  認為，市場波動性飆升既不空前，也不是無法預測。
  波動性飆升不是黑天鵝，而是每次市場先生在頭部
  失控、或在谷底驚慌失措時，都會發生的事情。然
  而，波動性具有持續性，大蕭條期間的波動性爆炸，
  一直到經濟復甦開始後很長的時間，都維持極高的
  水準！

→ 投資人唯一可以告慰的地方是，極度驚恐之路的盡
  頭是投資的極樂世界——確實便宜的資產。最新加
  入深度超值投資機會組合的成員來自固定收益世
  界，BAA 級債券的殖利率已經降到近似 1930 年的
  水準，高優先順位擔保債券用原價 50% ～ 70% 的
  價格就可以買到。

→ 股市也提供機會，即使以目前的價位來看，股票都
  是相當吸引人。美國股市的 10 年平均本益比為 15
  倍，低於 1871 年以來 18 倍的平均值。英國目前的
  10 年平均本益比為 12 倍，低於 1927 年以來 16 倍
  的平均值。市場可能繼續下跌嗎？當然如此，但是
  從長期觀點來看，股票現在就已經相當有吸引力
  了！

→ 雖然現在不是 1930 年代，但知道什麼事情拖累市
  場，使市場跌到空前新低，對我們會有幫助，要是

我們為今天和 1930 年代拉上關係，那麼獲利應該是目前的水準減半。股票當然是長期現金流量的請求權，因此出自近期的價值很少（不到典型折現現金流量的 10%）。如果市場遵循 1930 年代的例子，或許能成為一代難得一見的買進機會。

→ 從由下而上的觀點來看，這種機會甚至更吸引人，現在歐洲每 10 檔股票，就有 1 檔通過我們增強版的 10 年平均本益比篩選標準，日本和亞洲有五分之一的股票可以通過這種標準！連 S&P 500 指數成分股中，都有 15 檔變成深度超值的投資機會（完整名單請參閱表 32.2 至表 32.6）。有些人認為，大蕭條期間，價值股的表現特別差。然而資料顯示，價值股的表現不比其他股票好，也沒有其他股票差，但是最後反彈的速度卻比較快。

→ 或許現在應該重新介紹已故大師柯比的咖啡罐投資組合構想了——大家樂於藏在床墊下，然後忘記其存在的一籃子股票。這種方法當然需要很長的時間架構，可惜投資機構受命隨時都要拚績效的規定，這一點和現代風險管理的瘋狂世界混在一起，妨礙了大多數投資人利用這種構想抓住機會的能力。

第 33 章

驚恐與評價 [1]

> 長久以來，我們一直主張消除泡沫的最後階段是驚恐階段，
> 這個階段的特點是資產價格低到確實離譜。最近英國和歐
> 洲股市的價格波動，把價位低到通常相當於驚恐程度的水
> 準（即 10 倍）。低價當然可能跌到更低，但對長期投資人
> 來說，這種情形可能提供了良好的買點。從由下而上的觀
> 點來看，股價普遍低廉開始獲得確認。特別值得注意的地
> 方是：目前通過我們超值篩選標準的股票十分績優，包括
> 微軟、英國石油、諾華大藥廠和索尼公司！

　　長久以來我一直主張，消除泡沫程序的最後一環是驚恐階
段，這個階段的主要特點是資產價格低到確實離譜。這股恐慌
也有另一項特徵，反映在我們這群人羞於承認自己從事財務業
的心理。我個人要說的是，根據這個標準，我們一定正逼近恐
慌邊緣。幾星期前，我到英國北部搭計程車，司機順口問了我
的維生職業，我不得不得搜索枯腸，才能找出比銀行家更能被
人接受的答案，要找到好答案並不容易，因為現在在英國北
部，連戀童癖的報導都比銀行家的報導還好聽！

　　事實上，市場快速崩解，表示價值迅速逼近相當於驚恐程
度的水準。圖 33.1 所示，是我們長期以來最愛的評價指標 10

1　本文刊於2009年3月4日出版的《心理很重要》雜誌，其中討論的材料在出版時確實正確無誤。

圖 33.1　美國 S&P 500 指數 10 年平均本益比

年平均本益比，指標顯示當前價格與 10 年移動平均盈餘的比較。

目前的價位是這個指標的 13.6 倍，是 1986 年以來的最低價位。從 1871 年以來，這個指標的平均價位是 18 倍，因此我們確實落在公平價值偏便宜的一方。然而，卻還沒有到超低價位的水準，這種情形通常在 10 倍左右，這表示 S&P 500 指數應該落在 500 點上下。在大蕭條最嚴重期間，所看到空前最低的股票評價，當時只要 10 年盈餘移動平均線的 5 倍，就能買進 S&P 500 指數成分股。

先前我已提到很多次，評價不是有拘束力的短期限制，低價股票總是可能跌到更便宜，高價股總是可能漲到更高價，但評價是長期報酬率的主要決定因素。

為了說明這一點，圖 33.2 所示，是根據 10 年平均本益比決定的買點買進後的 10 年實質報酬率，我們目前落在左起第

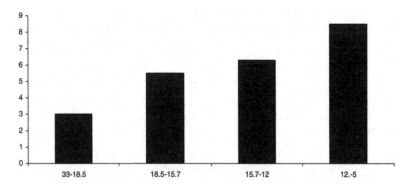

圖 33.2　根據 10 年平均本益比買進後的 10 年實質報酬率
（單位：年均收益率％）

三欄位置，這點表示，在買進後 10 年忘掉股票的李伯大夢 [2] 型
投資人，可以得到高於平均水準（卻還不算極佳）的報酬率。

由上而下觀點

　　最近幾週我和客戶會晤，我們談論 10 年平均本益比這個
分母時，爆出了有趣的火花。別人曾經告訴我，我的評價指標
無法掌握成長，利用盈餘 10 年移動平均線是簡化、甚至愚蠢
的作法。但去年這種評論不見了，取而代之的是，投資人開始
認為 10 年移動平均線太高！要是有什麼可以說是時機已到的
跡象，這件事一定就是了！

　　我認為 10 年移動平均線很好，畢竟這條線包含泡沫後的
盈餘破壞和比較新近的盛衰期間。圖 33.3 所示，是 10 年平均

2　出自華盛頓・歐文（Washington Irving）的短篇小說《李伯大夢》(*Rip Van Winkle*)。隱喻夢想
　　虛幻，隨時都可能成為過眼雲煙。

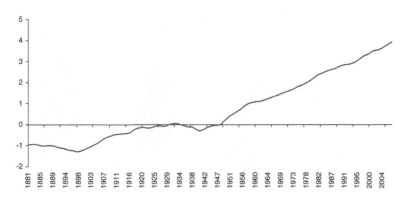

圖 33.3　S&P 500 指數申報盈餘 10 年移動平均線

本益比中當成分母的申報盈餘 10 年移動平均線，我在最近的
期間裡找不到明顯的成長變化，因此我認為這種方法仍然很實
用。事實上，主張這個方法有缺陷的人，無疑是要重蹈我在
2003 年所犯相同錯誤的風險，忽視了所建立的有效模型！

　　美國股市當然不是世界上的唯一股市，雖然美國還沒有陷
入驚恐階段，但英國和歐洲股票似乎已經陷入了，圖 33.4 所

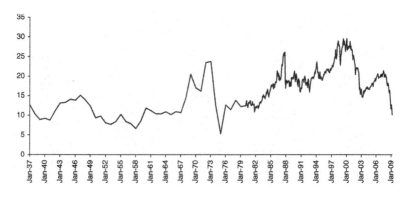

圖 33.4　英國的 10 年平均本益比顯示英國已經到達驚恐階段

示，是英國的 10 年平均本益比，現在英國的 10 年平均本益比為 10 倍，是英國股市 1970 年代中期以來最低的本益比。1970 年代中期當然是英國爆發第二次金融危機的時候，當時英國被迫向國際貨幣基金（IMF）求救，請求紓困（聽起來是不是有點熟悉，現在不還是這樣嗎！）。

相較之下，歐洲股市的歷史比美國或英國短多了。然而，為了讓你稍微了解實際情況，圖 33.5 所示，是人為編造的 1982 年以前的歷史，是以歐洲 1982 年後的平均折價套在美國長期歷史計算出來的。圖中黑色長直線之後顯示的是歐洲的實際資料。

歐洲目前的 10 年平均本益比為 10 倍，是 1982 年以來的最低評等。跟英國一樣，歐洲已經到了驚恐的階段。

圖 33.5　包含人為編造歷史期間的歐洲 10 年平均本益比

由下而上觀點

我經常說，由上而下的評價法只能讓你走到某個地步，由下而上法能使你增加洞察力。當然，思考由下而上評價法的方式多到難以計數，但是我最喜歡的還是最簡單的方法。

例如，圖 33.6 所示是目前各個市場中 10 年平均本益比低於 16 倍股票所占比率。為什麼訂為 16 倍呢？因為葛拉漢認為這是「我們樂於為投資付出的最高水準」。

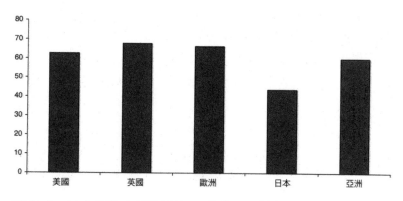

圖 33.6　10 年平均本益比低於 16 倍的股票所占比率

這點證實了由上而下的觀點，大部分市場似乎都有 60% ～ 70% 股票的 10 年平均本益比已經降到 16 倍以下，因此價值型投資人應該會如魚得水。

股息消失的問題

葛拉漢去世前，推薦了一個比較嚴格的方法，他認為，股票的收益率至少應該要有 AAA 債券殖利率的 2 倍以上，股利

率至少要有 AAA 債券殖利率的三分之二以上，負債總額應該低於有形資產淨值的三分之二。我在這些條件中，加了 10 年平均本益比必須低於 16 倍的限制。

表 33.1 所示，是每個國家或區域通過這四個標準的大型股比率，雖然現在這些市場的價位低於 2008 年 11 月，由下而上的投資機會實際上反而減少，其中的原因再明顯不過了，就是股息遭到刪減。因此過去我動用篩選標準時，輝瑞大藥廠（Pfizer）和諾基亞公司之類的股票都會浮現出來，但是後來這些公司降低了股息。

表 33.1　金融股以外大型股通過葛拉漢篩選標準的比率

	現在	11 月 8 日
美國	2	4
歐洲	6	9
英國	6	8
亞洲	16	17
日本	20	20

素質和超值

雖然如此，通過超值篩選標準的股票素質仍然令人動心。我動用這些標準篩選時，通常會找到一些從來沒有聽過的股票（這當然不能阻止我買進這些股票）。然而，我現在看到的都是我實際上知道的名字，例如，微軟出現在美國股票清單中，英國石油出現在英國清單中，諾華大藥廠出現在歐洲的清單中，索尼出現在日本的清單中，鮮京電信（SK Telecom）出現

在亞洲的名單中（表33.2會列出完整的清單，詳見本章最後）。這點顯示，只要投資人未來幾年裡願意閉上眼睛，就非常可能建立分散投資的全球深度超值股票投資組合。

小型股與流動資產淨額

如果還有人擔心利用以盈餘為基礎評價法的問題，那麼另一個替代方法是回歸資產負債表評價法，如果葛拉漢還在世，應該也會同意這種方法。

葛拉漢特別喜愛淨流動資產價值股票，這種股票就是：

最容易看出來的便宜貨，是股價低於扣除公司所有舊債後僅存淨營運資產的股票，這點表示，買主完全不必為固定資產付錢——不必花錢買廠房、機器或可能存在的商譽。終極價值低於僅存營運資本的公司非常少，但是偶爾可以找到幾家。當市場上可以買到極多根據這種便宜貨標準評價的企業，反而才是令人驚訝的事情。

這種股價顯然遠低於以未上市公司身分存在的企業價值，不會有企業東主或大股東想用這麼離譜的低價，出售自己擁有的東西……所有便宜貨股票都有各種方法，變成獲利企業，平均年度報酬率比大多數其他投資的報酬率豐厚多了。

葛拉漢談到淨營運資本時，主要是指扣除所有負債後的流動資產。然而，買進股價低於淨流動資產價值的股票，當然不能讓葛拉漢滿意，他要求更大的安全邊際，因此他勸告大家，買進價格低於淨流動資產價值三分之二的股票（進一步提高安

全邊際）。

　在今天的市場上，絕大多數淨流動資產價值股票通常都是小型股，圖33.7所示，是長期通過淨流動資產價值股票檢驗標準的股票檔數，目前我發現到的淨流動資產價值股票檔數是歷來最多的一次。

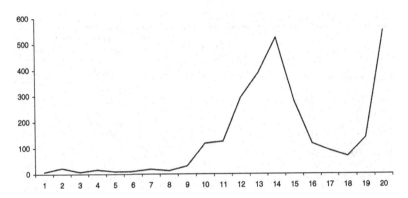

圖 33.7　長期通過淨流動資產價值股票測試標準的股票檔數

　值得注意的是，淨流動資產價值股票的地理分布發人深省（請參閱圖33.8）。實際上，我所找到的淨流動資產價值股票有一半都在日本，顯示日本小型股可能是世界上最便宜的資產類別！

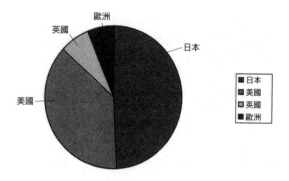

圖 33.8 目前淨流動資產價值股票地理分布狀態

結論

　　追求價值是我投資信念中的重要原則，從由上而下和由下而上的角度來看，我確實看到一些真正不可思議的機會（尤其是在美國以外的地方）。由上而下評價法顯示：英國和歐洲都可以說是處在反映驚恐的價位上。

　　從由下而上的角度來看，凡是具有長期時間架構的人，多年來，要購買多元化的超值績優股票族群並不容易。但對於渴望冒險的人來說，日本的小型股目前具有特別優異的價值。

表 33.2　通過葛拉漢選股標準的股票（單位：美元）

公司名稱	收益率> AAA 2倍	股利率>AAA 的三分之二	總市值	10年平均 本益比	國家
Allegheny Technologies Inc.	31.9	4.0	1,916.9	8.6	United States
Analog Devices Inc.	9.7	4.2	5,428.5	16.0	United States
Carnival Corp.	16.0	8.8	16,403.5	8.3	United States
Cummins Inc.	20.6	3.0	4,188.5	11.8	United States
Illinois Tool Works Inc.	11.9	4.3	14,210.3	13.9	United States
Microsoft Corp.	11.8	3.0	143,582.6	14.7	United States
Robert Half International Inc.	11.2	3.0	2,326.4	14.9	United States
Rowan Cos. Inc.	34.2	3.6	1,368.5	7.2	United States
Texas Instruments Inc.	10.2	2.9	18,318.6	13.7	United States
Tiffany & Co.	13.9	3.8	2,344.0	11.0	United States
Acerinox S.A.	14.6	4.3	2,914.0	10.0	Spain
Bekaert S.A. N.V.	19.8	7.2	957.1	9.5	Belgium
BP PLC	15.1	8.0	117,959.7	10.4	United Kingdom
Charter International PLC	22.9	5.3	977.1	11.3	United Kingdom
Compagnie Financiere Richemont S.A.	14.1	3.9	15,845.1	10.7	Switzerland
Deutsche Lufthansa AG	30.4	15.1	5,040.3	9.1	Germany
ENI S.p.A.	17.3	9.3	79,816.0	7.6	Italy
Iberia Lineas Aereas de Espana S.A.	20.7	10.2	2,191.5	7.7	Spain
Kesko Oyj	11.5	6.2	2,082.1	11.3	Finland
Konecranes Oyj	22.6	7.2	956.7	14.3	Finland
Koninklijke Boskalis Westminster N.V.	17.6	8.8	1,640.2	13.9	Netherlands
MAN AG	27.6	6.6	5,967.4	9.1	Germany
Nexans	11.2	7.1	1,080.8	7.5	France
Nokian Renkaat Oyj	12.7	4.5	1,471.3	14.6	Finland
Novartis AG	9.8	5.0	82,096.0	12.9	Switzerland
OMV AG	24.2	5.3	7,826.3	7.2	Austria
Orkla ASA	21.3	5.8	5,927.6	8.3	Norway
Persimmon PLC	36.6	13.6	1,450.1	4.7	United Kingdom
Repsol YPF S.A.	22.4	8.6	18,744.9	6.9	Spain
Royal Dutch Shell Class A	18.9	7.3	133,757.1	7.0	Netherlands
Salzgitter AG	34.7	6.6	3,372.8	7.0	Germany
Skanska AB	12.0	8.5	2,883.6	9.1	Sweden
Societe BIC	9.7	3.7	2,376.0	15.3	France
StatoilHydro ASA	12.5	4.0	52,021.2	10.9	Norway
Sulzer AG	23.5	6.9	1,305.5	12.6	Switzerland
Swatch Group AG	15.1	3.5	6,372.8	12.3	Switzerland
Total S.A.	16.9	6.6	111,692.6	11.0	France
Vallourec S.A.	33.0	12.2	4,222.6	10.8	France
Wacker Chemie AG	17.7	6.2	3,116.5	10.5	Germany
AGA Rangemaster Group PLC	27.8	16.5	76.6	3.7	United Kingdom
Air Partner PLC	16.2	7.7	58.0	12.6	United Kingdom
Bovis Homes Group PLC	19.1	9.2	658.8	6.4	United Kingdom
BP PLC	15.1	8.0	117,959.7	10.4	United Kingdom
Braemar Shipping Services PLC	20.6	9.7	72.3	10.9	United Kingdom
Castings PLC	21.8	7.9	79.0	7.1	United Kingdom
Charter International PLC	22.9	5.3	977.1	11.3	United Kingdom
Computacenter PLC	17.6	7.6	282.6	4.8	United Kingdom
Diploma PLC	11.4	7.2	174.5	11.1	United Kingdom
Greggs PLC	10.0	4.1	537.7	16.0	United Kingdom

續表 33.2

公司名稱	收益率 > AAA 2倍	股利率 > AAA 的三分之二	總市值	10年平均本益比	國家
Headlam Group PLC	18.2	11.3	238.7	11.6	United Kingdom
Hornby PLC	21.5	11.3	40.7	7.8	United Kingdom
Kier Group PLC	15.0	4.2	464.0	10.5	United Kingdom
Millennium & Copthorne Hotels PLC	11.6	3.4	792.7	7.6	United Kingdom
Persimmon PLC	36.6	13.6	1,450.1	4.7	United Kingdom
Renishaw PLC	15.9	8.5	314.8	9.1	United Kingdom
Royal Dutch Shell PLC (CL B)	17.5	6.8	127,661.0	8.8	United Kingdom
St Ives PLC	32.0	34.8	70.5	2.3	United Kingdom
T. Clarke PLC	11.6	9.7	72.4	7.6	United Kingdom
Ted Baker PLC	11.2	5.1	195.7	14.3	United Kingdom
Acer Inc.	12.0	8.0	3,495.2	15.2	Taiwan
Aneka Tambang	46.4	18.6	954.2	11.0	Indonesia
ASM Pacific Technology Ltd	11.7	9.0	1,122.7	10.6	Hong Kong
ASUSTeK Computer Inc.	21.4	7.8	4,048.4	7.5	Taiwan
Bumi Resources	51.3	10.1	1,245.6	12.4	Indonesia
Cheung Kong (Holdings) Ltd	19.4	4.0	19,062.2	7.8	Hong Kong
China Shipping Development Co. Ltd	22.8	8.3	1,314.0	15.5	China
China Travel International Investment Hong Kong Ltd	10.2	5.5	807.5	14.0	Hong Kong
Chinese Estates (Holdings) Ltd	41.1	4.1	2,346.1	8.4	Hong Kong
CITIC Pacific Ltd	63.4	18.1	3,811.6	4.1	Hong Kong
CNPC (Hong Kong) Ltd	10.6	4.5	1,511.1	13.4	Hong Kong
Compal Electronics Inc.	17.5	11.8	2,268.9	8.7	Taiwan
Cosco Corp. (Singapore) Ltd	19.0	9.9	1,040.2	14.2	Singapore
Cosco Pacific Ltd	26.7	13.2	1,649.4	7.7	Hong Kong
Denway Motors Ltd	13.3	4.9	2,258.1	13.7	Hong Kong
Evergreen Marine Corp. (Taiwan) Ltd	28.1	13.5	1,160.4	8.0	Taiwan
Feng Hsin Iron & Steel Co. Ltd	14.6	9.8	549.2	13.4	Taiwan
Formosa Chemicals & Fibre Corp.	25.6	20.8	5,550.9	8.4	Taiwan
Formosa Plastics Corp.	18.0	14.4	7,777.6	12.8	Taiwan
Formosa Taffeta Co. Ltd	28.1	20.5	775.5	10.6	Taiwan
GAIL (India) Ltd	11.1	3.4	3,308.1	14.3	India
Hang Lung Group Ltd	29.6	3.7	3,611.6	10.9	Hong Kong
Hang Lung Properties Ltd	22.0	4.6	8,003.8	14.1	Hong Kong
Hang Seng Bank Ltd	11.7	7.7	21,439.4	14.4	Hong Kong
Henderson Land Development Co. Ltd	30.0	4.4	7,249.8	6.6	Hong Kong
Hopewell Holdings Ltd	32.0	12.5	2,496.2	11.7	Hong Kong
Hysan Development Co. Ltd	33.2	5.3	1,594.3	7.0	Hong Kong
International Container Terminal Services Inc.	14.5	3.3	412.8	14.6	Philippines
Inventec Corp.	21.0	12.4	755.5	7.0	Taiwan
Jiangxi Copper Co. Ltd	25.0	5.3	1,086.6	13.5	China
Keppel Corp. Ltd	16.8	8.5	4,491.7	11.5	Singapore
Kerry Properties Ltd	36.4	7.0	2,715.3	8.7	Hong Kong
Kingboard Chemical Holdings Ltd	26.4	7.9	1,391.9	6.8	Hong Kong
Korea Electric Power Corp.	9.8	3.2	9,920.8	7.5	South Korea
Lite-On Technology Corp.	16.9	14.5	1,316.4	6.4	Taiwan
MiTAC International Corp.	31.3	11.2	560.2	6.5	Taiwan

(Continued)

續表 33.2

公司名稱	收益率> AAA 2倍	股利率>AAA 的三分之二	總市值	10年平均 本益比	國家
MTR Corp. Ltd	16.3	2.7	12,682.4	14.5	Hong Kong
Nan Ya Plastics Corp.	24.7	21.3	7,246.9	8.8	Taiwan
Oil & Natural Gas Corp. Ltd	14.3	4.9	28,444.9	13.4	India
Orient Overseas (International) Ltd	41.1	48.0	1,451.9	4.5	Hong Kong
POSCO	15.1	3.2	17,695.2	11.4	South Korea
PTT Exploration & Production PCL	15.2	5.8	8,153.8	15.2	Thailand
S-Oil Corp.	13.6	9.7	3,808.3	11.1	South Korea
SembCorp Industries Ltd	14.4	5.3	2,430.5	11.3	Singapore
Sesa Goa Ltd	44.5	5.1	1,223.9	10.2	India
Shanghai Industrial Holdings Ltd	11.0	4.4	2,472.8	13.4	Hong Kong
Singapore Airlines Ltd	16.9	10.1	7,774.6	8.9	Singapore
Singapore Press Holdings Ltd	10.6	10.6	2,794.0	10.4	Singapore
Singapore Telecommunications Ltd	9.9	5.0	25,277.6	14.7	Singapore
Sino Land Co. Ltd	27.3	6.8	3,778.6	8.8	Hong Kong
SINOPEC Shanghai Petrochemical Co. Ltd	13.5	5.3	799.1	10.2	China
SK Telecom Co. Ltd	12.5	5.2	9,808.8	11.3	South Korea
Steel Authority of India Ltd	26.0	5.2	6,040.2	14.5	India
Sun Hung Kai Properties Ltd	18.7	4.3	20,162.6	11.2	Hong Kong
Swire Pacific Ltd	36.4	6.8	9,348.0	7.4	Hong Kong
Taiwan Secom Co. Ltd	9.5	7.8	595.5	15.9	Taiwan
TECO Electric & Machinery Co. Ltd	15.7	10.8	521.6	13.5	Taiwan
Television Broadcasts Ltd	11.2	7.0	1,524.3	15.2	Hong Kong
Tung Ho Steel Enterprise Corp.	22.6	15.0	603.9	12.8	Taiwan
U-Ming Marine Transport Corp.	24.3	19.5	1,099.3	12.7	Taiwan
United Microelectronics Corp.	13.3	9.6	2,902.3	6.2	Taiwan
UOL Group Ltd	11.1	4.5	862.9	5.6	Singapore
Walsin Lihwa Corp.	9.9	5.8	493.9	6.1	Taiwan
Wharf (Holdings) Ltd	33.7	4.9	5,849.8	7.4	Hong Kong
Yanzhou Coal Mining Co. Ltd	15.8	4.1	1,389.6	11.8	China
Yue Yuen Industrial (Holdings) Ltd	14.8	6.0	3,086.1	10.6	Hong Kong
Yulon Motor Co. Ltd	14.9	4.2	653.5	5.3	Taiwan
Advantest Corp.	7.5	4.1	2,179.3	11.8	Japan
Aisin Seiki Co. Ltd	21.0	3.9	4,604.3	11.3	Japan
Ajinomoto Co. Inc.	6.5	2.5	4,811.6	16.3	Japan
Alps Electric Co. Ltd	9.4	7.7	506.9	5.4	Japan
Asahi Kasei Corp.	16.4	4.3	4,485.8	15.2	Japan
Brother Industries Ltd	15.9	3.6	1,865.4	12.0	Japan
Citizen Holdings Co. Ltd	11.0	4.7	1,343.9	12.2	Japan
Dai Nippon Printing Co. Ltd	8.4	4.5	5,966.8	13.6	Japan
Daihatsu Motor Co. Ltd	11.2	2.3	3,265.4	16.2	Japan
Daiichi Sankyo Co. Ltd	8.7	4.5	11,452.7	15.0	Japan
Dainippon Sumitomo Pharma Co. Ltd	8.6	2.4	3,304.6	15.7	Japan
Denki Kagaku Kogyo K.K.	9.0	6.6	821.7	9.4	Japan
Denso Corp.	16.4	2.9	16,856.5	12.7	Japan
Fuji Media Holdings Inc.	6.1	3.2	2,698.1	13.6	Japan
FUJIFILM Holdings Corp.	11.8	2.0	9,718.3	12.1	Japan
Hitachi Chemical Co. Ltd	15.1	3.2	2,088.0	11.9	Japan
Hitachi High-Technologies Corp.	17.0	2.6	1,701.9	11.9	Japan

續表 33.2

公司名稱	收益率> AAA 2倍	股利率>AAA 的三分之二	總市值	10年平均 本益比	國家
Ito En Ltd	6.7	3.1	1,157.6	13.3	Japan
Itochu Techno-Solutions Corp.	13.0	4.5	1,233.6	10.7	Japan
JTEKT Corp.	27.1	4.8	1,723.0	11.0	Japan
Kaneka Corp.	12.9	3.7	1,702.1	9.8	Japan
Konami Corp.	10.1	4.1	2,042.6	11.8	Japan
Kyocera Corp.	10.1	2.1	10,900.6	13.4	Japan
Mitsubishi Gas Chemical Co. Inc.	24.3	4.5	1,909.5	10.4	Japan
Mitsubishi Rayon Co. Ltd	13.9	6.4	1,096.5	9.5	Japan
Mitsumi Electric Co. Ltd	24.2	4.3	1,095.3	16.2	Japan
Murata Manufacturing Co. Ltd	9.5	2.7	8,214.8	14.8	Japan
NGK Spark Plug Co. Ltd	13.3	3.6	1,780.5	12.3	Japan
NHK Spring Co. Ltd	27.5	4.6	830.1	10.5	Japan
Nippon Steel Corp.	22.5	4.4	18,037.7	13.0	Japan
Nissan Chemical Industries Ltd	13.5	3.2	1,196.3	15.4	Japan
Nisshin Steel Co. Ltd	23.7	5.4	1,534.7	15.3	Japan
Nitto Denko Corp.	16.3	4.7	3,140.2	10.4	Japan
Nok Corp.	23.0	3.1	1,258.6	7.7	Japan
OMRON Corp.	16.3	3.5	2,548.2	13.3	Japan
Onward Holdings Co. Ltd	14.3	5.6	888.6	10.8	Japan
Panasonic Electric Works Co. Ltd	10.7	4.3	4,575.3	16.4	Japan
Ricoh Co. Ltd	13.9	3.1	8,318.2	10.5	Japan
Rohm Co. Ltd	6.1	2.8	5,705.2	9.9	Japan
Sharp Corp.	12.4	3.7	8,638.0	15.4	Japan
Shimamura Co. Ltd	11.2	2.3	1,884.8	16.3	Japan
Shinko Electric Industries Co. Ltd	9.7	3.1	1,247.5	14.6	Japan
Sony Corp.	21.2	1.4	17,011.7	11.6	Japan
Stanley Electric Co. Ltd	17.0	3.1	1,909.3	13.7	Japan
Sumitomo Electric Industries Ltd	15.5	2.7	6,222.9	15.8	Japan
Sumitomo Heavy Industries Ltd	28.4	4.0	1,617.4	14.3	Japan
Sumitomo Metal Mining Co. Ltd	26.0	3.3	5,846.1	14.1	Japan
Takeda Pharmaceutical Co. Ltd	10.9	4.4	33,021.6	13.9	Japan
TDK Corp.	17.8	4.2	4,302.4	10.3	Japan
THK Co. Ltd	12.6	3.3	1,545.2	12.9	Japan
Tokyo Steel Manufacturing Co. Ltd	7.2	2.2	1,531.8	14.9	Japan
Toppan Printing Co. Ltd	10.6	4.0	4,189.6	13.4	Japan
Toyoda Gosei Co. Ltd	19.0	3.7	1,771.4	12.9	Japan
Toyota Boshoku Corp.	22.5	3.6	1,817.7	13.3	Japan
Yamaha Corp.	25.6	6.7	1,534.1	12.5	Japan
Yamato Kogyo Co. Ltd	25.4	2.4	1,479.5	11.0	Japan
Yokogawa Electric Corp.	13.9	5.0	916.4	14.6	Japan

重點摘錄

→ 驚恐的特徵是資產價格低廉的現象十分明確，市場快速崩解，表示價值迅速逼近相當於驚恐程度的水準，例如，英國和歐洲股市跌到 10 年平均本益比的 10 倍（目前行情除以 10 年移動平均盈餘）。

→ 以短期來看，評價當然不是有拘束力的限制，低價股總是可能跌到更低，高價股總是可能漲到更高。然而，對長期投資人而言，這種價位的確令人心動。

→ 過去經常有人告訴我，我最愛的評價指標不合時宜，無法掌握成長，說好聽的話，頂多只是簡化的作法，說難聽的話，就是相當愚蠢。然而，最近幾週裡，投資人開始問不同的問題，不再認為我利用 10 年移動平均盈餘的作法忽視成長，而是認為這個指標受到良好成長的刺激，近年遭到膨脹！他們關心的事情改變，或許是這個時期最好的跡象！

→ 由下而上的評價顯示出極為類似的情勢，大約 60% ～ 70%的股票目前的 10 年平均本益比不到 16 倍（照葛拉漢的說法，這是我們樂於為投資付出的最高價）。

→ 葛拉漢更喜愛的嚴格方法，是把重點放在通過 3 種標準——收益率至少是 AAA 級債券殖利率的 2 倍，股利率至少是 AAA 級債券殖利率的三分之二，負債總額不到有形資產淨值的三分之二。我加上了一

個額外的條件，就是股票的 10 年平均本益比必須低於 16 倍。我進行檢測時，發現能夠通過篩選標準的股票比 2008 年 11 月少，主因是股息減少。然而，通過篩選的股票素質非常高，包括微軟、英國石油、諾華大藥廠、索尼和鮮京電信公司。對具有冒險精神的人來說，真正超值淨流動資產價值篩選標準透露，日本的小型股大約是世界上最便宜的資產。

→ 我選擇的作法是，慢慢把現金投入深度超值投資機會。我們越逼近驚恐階段，我打算投入的現金越多。通往驚恐的道路走起來並不愉快，最後卻會通到價值型投資人的天堂。

第 34 章

便宜時不買，更待何時？[1]

> 光是評價足以作為買進股票的原因嗎？要評估這一點，我
> 注意過歷史上美國股價跌到 10 年平均本益比 10 倍時，價
> 值型投資人買進美國股票的成效，而這樣做會碰到價值詛
> 咒——在景氣好時太早賣出，在不景氣時太早買進。在本
> 益比 10 倍時買進，表示平均買進時間比市場觸底早 4 個月，
> 因而承受 20% 的虧損。但是投資人平均只要等待 1 年，行
> 情就會再回到買進價格。這點提醒了我，我必須承認除非
> 自己運氣夠好，否則無法抓住觸底的正確時間時，這是必
> 須付出的小小代價。因此投資人應該在股價便宜時買進，
> 然後耐心等待。

　　我最近曾寫道，英國和歐洲股市終於觸及令人驚恐的評價
水準，為長期投資人提供令人心動的機會。一如往常，我對於
短期展望抱著無法預知的看法。

　　我也多次說過，短期內低價股總是可能會跌到更低、高價
股總是可能漲到更高。然而，評價卻是長期報酬率的主要決定
因素。

　　圖 34.1 所示，是以十年的時間架構為基礎，根據市場的

1　本文刊於 2009 年 3 月 12 日出版的《心理很重要》雜誌，其中討論的材料在出版時確實正確
　　無誤。

條件式評價顯示不同實質報酬率的機率，Y 軸顯示實質報酬率的水準，X 軸是達成一定水準（或以上）報酬率的機率。

因此，根據 10 年平均本益比劃分，市場跌到最便宜四分位時——即 10 年平均本益比的 7 倍到 13 倍時，未來十年內，有 52% 的機率達到每年創造 10% 以上的報酬率。相形之下，如果你買進評價最高四分位的股票（10 年平均本益比 20 倍到 34 倍），只有 16% 的機率能達到每年產生 10% 以上的報酬率。

圖 34.1 也凸顯在評價最低四分位時買股，會為長期投資人提供相當龐大的下檔風險保護。過去投資人根據十年的時間架構，買進評價最低四分位的股票從來沒有虧損過。可惜現在似乎很少人關心長期投資了。就像凱因斯說的一樣，「在今日想以真正長期期望投資，操作起來極為困難，以致於彷彿幾乎不可行。凡是打算這樣做的人，相較於那些設法要比群眾更善於猜測群眾行為的人，他們勞心勞力的日子會多多了，風險也會更大。」

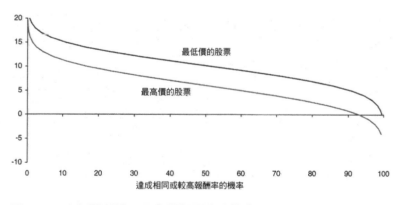

圖 34.1　十年間創造不同實質報酬率的機率（根據 1926 年到 2008 年間的美國資料）

耐心，只要你有足夠的耐心

價值型投資人的詛咒相當清楚——在景氣好時太早賣出，在不景氣時太早買進。但是，在市場跌低時買進，到底要承擔多少職涯風險？為了評估這一點，我針對兩種不同情況進行了一番研究——過去如果在兩種不同評價水準開始買進股票，後來分別會碰到什麼結果？

我經常說，大空頭市場似乎在 10 年平均本益比跌到大約 10 倍時結束，因此我回顧歷史，看看如果你在美股跌到 10 年平均本益比 10 倍時買進，你會得到什麼結果。表 34.1 摘要說明了我的發現：情況就跟價值型投資者的詛咒一樣，在市場觸底前買進，那麼在 10 年平均本益比跌破 10 倍時，行情平均還會再下跌 20%，然而，這時下跌速度會很快，平均會在 4 個月內完成！對我來說，這樣似乎不算太言之過早。我當然希望只在最底部買進，但是我知道自己永遠不會碰到這種事（除非碰到幸運之神加持）。那麼投資人究竟必須多有耐心，才能看到市場復甦，重回他們的買進價位？答案是，平均只需要 1 年，就可以化腐朽為神奇。

表 34.1　10 年平均本益比 10 倍時買進

購買日期	從買進到市場觸底跌幅（單位：%）	跌到市場觸底月數	行情回到買進價格月數
1917 年 9 月	−16	3	18
1931 年 10 月	−53	8	21
1942 年 3 月	−4	1	3
1982 年 3 月	−1	4	6
平均	−19	4	12

精明的讀者當然會注意到上述觀察中的樣本數很小（只有4個樣本），為了比較，我決定看看如果你在10年平均本益比跌到13倍時買股，會得到什麼樣的結果（13倍是行情評價最低四分位的上限）。結果價值型經理人的詛咒再度出現，行情在跌破13倍後，平均繼續下跌了17%（請參閱表34.2）；

表34.2　如果在10年平均本益比13倍時買進

購買日期	從買進到市場觸底跌幅 （單位：%）	跌到市場觸底 月數	行情回到買進價格 月數
1884年4月	－16	10	20
1907年1月	－6	1	3
1913年5月	－14	20	13
1917年1月	－29	11	28
1931年8月	－66	10	24
1937年11月	－12	5	50
1941年2月	－20	15	8
1949年2月	－5	5	23
1974年8月	－12	5	5
1977年1月	－5	6	6
1981年5月	－17	13	17
1984年2月	－4	6	4
平均	**－17**	**9**	**17**

不足為奇的是，抵達市場觸底的時間通常會延長（顯然是採用較高本益比的函數），平均延長至9個月。我應該主張這樣仍然不是慘劇，投資人究竟該多有耐心呢？行情回到我們的虛擬投資人買進價位的時間，平均為17個月。

柯拉曼說得好：

雖然試圖從事波段操作、等到市場觸底時才行動的誘惑力很大（彷彿谷底到來的時間很明顯），多年以來，事實已經證明這種策略有著嚴重的缺陷。歷史上，觸底或回升時的成交量都極為少數，而且等到市場平靜下來、經濟開始復甦時，其他買家的競爭會大多了。此外，價格可能從底部迅速回升，因此投資人應該在空頭市場陣陣作痛時把資金投入，並了解到情勢開始好轉之前，可能還會變得更糟的道理。

重點摘錄

→ 光是評價足以作為買進股票的原因嗎？短期內，評價不是具有約束力的限制，卻是長期報酬率的主要決定因素。因此在英國和歐洲股市目前跌到 10 年平均本益比 10 倍時，對長期投資人而言，這是令人心動的投資理由。

→ 更好的是，對有耐心的投資人來說，在低價時買進會限制下檔風險。歷史上，如果投資人的時間架構是十年，又在評價最低四分位時買進股票，從來沒有虧損過。

→ 然而，就像凱因斯說的一樣，長期投資「在今日變得極為困難，以致於彷彿幾乎不可行」。今天絕大多數投資人似乎都念念不忘職涯風險。為了評估職涯風險，我試著研究虛擬「價值型」投資人在股價便宜時，買進美國股票，看看他們將面對什麼結果。

→ 我經常說，大空頭市場會造成 10 年平均本益比暴跌到 10 倍左右，因此我要讓這位虛擬投資人在市場跌到這種水準時，買進股票。結果發現，他會碰到價值型經理人的詛咒（買進過早）。市場在跌破 10 倍本益比後，平均又繼續下跌了 20%，然而，這種情形的發展會十分快速，平均 4 個月後，市場就會觸底。在我看來，這樣似乎是承認我無法預測底部應該付出的小小代價。此外，你只需要等待 12 個月，

行情就會回到你買進時的水準。

→ 為了檢測健全度，我們把基準從 10 倍提高到 13 倍（行情便宜的上限）。這種練習顯示再次出現投資人買得太早的類似型態，在買進後，再度碰上平均 17% 的跌幅，不足為奇的是，市場觸底的時間平均延長為 9 個月，市場回升到買進價格的時間為 17 個月。

→ 我們必須承認，我們根本抓不到正確的底部，除非我們運氣極佳。可以確定的是，價值會為我們提供重回市場的良好指示。你不在股價便宜時買進，更待何時？

第 35 章

通膨道路圖與廉價保險來源 [1]

> 前面說過，我總是難以判定到底是信用泡沫破滅會引發通
> 縮，還是政策反應會引發通膨壓力。費雪堅稱，通膨可能
> 結束債務通縮螺旋；克麗絲汀娜・羅默（Christina
> Romer）卻認為「貶值加上後續的快速貨幣擴張」終結了
> 蕭條。柏南克過去提供了一套政策選擇清單，作為恢復通
> 膨的指標（不過他最近的談話似乎搞錯了對象）。我一直
> 努力試著建構一套便宜的保險策略，使其不受通膨通縮影
> 響，或是提供通膨保護。

　　我和愛德華茲在會議上常常指出，我們對通膨和通縮展望
從來沒有如此不確定過。我一直難以判定到底是信用泡沫破滅
引發通縮，還是政策反應帶來通膨壓力，我們閱讀通縮派寫的
東西時，會點頭稱是，接著我們拿起贊成恢復通膨派的作品，
卻發現自己也贊成他們的觀點。雙方的立場都根深蒂固，難以
動搖。

　　相形之下，我們試圖保持心胸開放，愛德華茲偏向美國會
走往日本式的結果，我比較偏向通膨式的結果，但是我們的信
念都不很強烈。

1　本文刊於 2009 年 3 月 19 日出版的《心理很重要》雜誌，其中討論的材料在出版時確實正確
　　無誤。

費雪和蕭條期的債務通縮理論

面對這種不確定性，我決定回歸歷史看看古人對於逃脫經濟蕭條有什麼主張。我的第一站是研讀費雪探討債務通縮的《大蕭條的債務通縮理論》[2]（*The Debt-Deflation Theory of Great Depressions*），出版於 1933 年。對財務學界的人來說，他最聲名狼藉的地方很可能是在 1929 年時，宣稱股價永久性高峰的新時代已經來臨。但是他在預測錯誤後，把心力轉向努力了解經濟蕭條的經驗。順帶一提，他也發明了名片收納盒。

費雪在債務通縮理論主張「有兩個主要因素」促成經濟蕭條，「即一開始的過度負債，和隨後不久的通貨緊縮……總之，大壞蛋是債務干擾和物價水準干擾。」他接著指出：

債務造成的通縮會對債務起反應，尚未償還的 1 美元債務會變成價值比較大的 1 美元，如果一開始的過度負債金額夠大，債務的清算就無法配合清算引起的物價下跌。在這種情況下，清算會打敗自己，清算雖然減少了負債金額，減少的速度卻可能不如負債金額增值的速度。

換句話說，債務通縮螺旋可能很容易自我加強。

幸好費雪也非常清楚的說明如何收拾債務通縮螺旋：

只要把物價水準重新膨脹到既有債務人積欠、也有債權人

2　請參閱 https://fraser.stlouisfed.org/files/docs/meltzer/fisdeb33.pdf。這篇論文刊在《計量經濟學報》（*Econometrica*），我看過的該學報論文寥寥無幾，這是其中一篇。

貸放的債務餘額平均水準，在經濟上就有可能阻止或防止這種蕭條……我要強調的是……再膨脹和穩定方案可以治好大蕭條，也可以防止大蕭條。

費雪逃脫通縮的對策有一點諷刺意味，也就是說，現在很可能只有協助我們陷入這種亂象的聯準會[3]，才能把我們從中拉出來。

羅默列出的大蕭條教訓

看過費雪對 1930 年代的分析後，我找到現任總統經濟顧問委員會主席羅默最近的一篇講詞。羅默在學術界以研究促使大蕭條終結的事件聞名，她在這篇演講中提出大蕭條為目前情勢帶來的六大教訓。

教訓一：小幅財政擴張的效果有限

羅默在 1992 年撰寫的一篇論文中主張，財政政策不是讓經濟從大蕭條中復甦的主因，原因不是財政擴張本身無效，而是推動的財政刺激不大。羅默指出，「1933 年羅斯福總統就任時，實質 GDP 比正常趨勢水準低 30% 以上……1934 年的赤字上升幅度大約占 GDP 的 1.5%。」

3　請參閱比爾·佛萊克斯坦（Bill Fleckenstein）的大作《葛林斯班的泡沫》（*Greenspan's Bubbles*），或是約翰·泰勒（John Taylor）深具識見的論文《The Financial Crisis and the Policy Responses: An empirical analysis of what went wrong》。也能參考愛德華茲對葛林斯班的眾多指責。

教訓二：即使利率降為零，貨幣擴張仍然有助於經濟的復甦

羅默指出，推動貨幣擴張的不是聯準會，而是美國財政部（金本位制度的特點）。1933 年 4 月，羅斯福總統暫時停止黃金的兌換性，美元貶值，等到美國回歸新高價的黃金時，黃金流入，讓財政部得以發行和聯準會票券可以互換的黃金券（gold certificates）。羅默指出，「結果是 1933 年到 1936 年間，狹隘定義為流通貨幣與準備的貨幣供給，成長了將近 17%。」羅默認為，「貶值後，繼之以快速貨幣擴張，打斷了通縮螺旋」——實證證據支持費雪的上述假設。

教訓三：當心過早縮減刺激政策

貨幣擴張似乎創造了可觀的實質成長效果。1934 年，美國經濟成長 11%，1935 年成長 9%，1936 年成長 13%，導致當局認為系統已經復原如初，因此在 1937 年把赤字降為占 GDP 的 2.5% 左右，貨幣政策也開始緊縮。羅默指出，「聯準會在 1936 到 1937 年間，分三階段，把準備金的比率提高 1 倍。」對此，她的結論是，「1937 年的錯誤轉變，實際上使得蕭條的歲月增加了 2 年。」

教訓四：財政復原和實質復甦同時並進

羅默指出，實質復甦和財政復原具有密不可分的性質，這點符合我們所做的分析：在債務通縮環境中，銀行其實不是問題，而是問題表徵。從柏南克最近所說「除非金融市場和銀行

穩定下來，否則經濟不會復甦」的話來看，目前美國的政策似乎意在「修復金融體系」，這一點看來像是錯誤觀念。羅默指出，「強化實質經濟會改善金融體系的健全，銀行獲利從1933年的龐大赤字轉為1935年的龐大盈餘，而且保持獲利居高不下的狀態，直到蕭條結束。」

當時，投資人對於銀行申報的獲利似乎相當興奮，坦白說，如果銀行在這種環境中沒有申報獲利，就應該出於善意予以關閉。銀行獲利的環境難得這麼好過，卻不能協助銀行維持償債能力，如果你今天要創業，創立銀行應該是非常有吸引力的選擇。然而，你不能因為不方便，就忽視由資產負債表所代表的歷史。約翰‧哈斯曼（John Hussman）說得好：

花旗集團上週發布今年頭2個月出現營業利潤，投資人很興奮，這件事只是指出投資人可能沒有完全了解「營業利潤」的意義。就算花旗集團可能已陷入火海，同時執行長潘偉迪（Vikram Pandit）已經出現在停車場賣檸檬汁，但花旗集團仍然會申報營業利潤。營業利潤不包括資產負債表上出現的東西。

教訓五：世界性擴張政策分攤了負擔

因為目前的經濟不振具有普及全世界的性質，羅默在競爭性貶值的效果上，提出了有趣的說法：「放棄金本位，增加國內貨幣供給，是1930年代一大堆國家創造經濟復甦的主因……這種行動促使世界（實質）利率降低……而非只是把擴張從一

個國家，轉移到另一個國家而已。」

這點是愛德華茲和我最近一直在討論的事情，我們一直在考慮競爭性貶值（就匯率來說，這樣做最終顯然是零和遊戲）是否可能對本地的貨幣創造產生足夠的衝擊，促使通貨膨脹期望提高，從而幫助各國重新膨脹物價。看來羅默似乎贊同這種觀點。

教訓六：大蕭條最後確實結束了

羅默提出的最後一個教訓，對處在當前情勢中的投資人可能有用。她指出大蕭條最後確實結束了。她說：

雖然財富的損失驚人，金融市場混亂異常，信心極度喪失，以致於幾乎摧毀了美國人對資本主義的基本信心，但是美國經濟最後還是回魂了。事實上，1933 年到 1937 年間的成長，是美國在戰時以外創造的最高記錄，要是美國沒有碰到 1937 年由政策引發的可怕挫折，美國應該像大多數其他國家一樣，很可能在二次大戰爆發前，就全面復甦了。

這點提醒我們，目前沉迷於眼下所有展望都太悲觀的現象，很可能並不明智。

柏南克和政策選項

最後一個要注意的，是 2000 年柏南克對日本決策官員發表的演講。如同我在第 29 章所說，柏南克在這篇演講明白承

認通縮對債台高築的經濟體威脅更大，他指出：「零通膨或輕微通縮在現代環境中的威脅，可能比過去的古典金本位時代還危險，和十九世紀相比，現代經濟對信用的運用比以前大太多了，長期信用尤其如此。」

　　柏南克顯然認為在零利率時，貨幣政策根本不會無能為力，他的論證其實是以套利為基礎，如下述說法[4]：

　　貨幣和其他形式的政府債務不同，不必支付利息，永遠沒有到期日，貨幣當局可以隨心所欲地多印鈔票。因此，如果物價水準真正獨立於貨幣發行量之外，那麼貨幣當局可以用他們自己創造的貨幣，買進無限量的商品與資產，這種事情在均衡狀態中顯然不可能成立。因此，即使名目利率為零，貨幣發行量最後還是會提高物價水準。

　　在演講中，柏南克列出貨幣當局在零利率時可以採用的政策選項清單。第一是像羅默分析中所提到終結大蕭條的積極推動貨幣貶值；第二是推出通膨目標，塑造大眾希望央行有意促成通膨的期望，他提到的通膨目標為 3% ～ 4% ！

　　柏南克清單上的第三項是貨幣融通的移轉，實際上就是用印鈔票融通的減稅。這樣顯然需要貨幣和財政當局的協調合作，但是在美國這樣做的問題應該比日本小。最後，柏南克主張應該採用非標準的貨幣政策，實際上就是推動質化與量化寬

4　羅斯說過，要把鸚鵡變成學識淵博的財務經濟學家，只要學「套利」這個詞就夠了。我覺得，經濟學家實在太樂於依靠套利假設，以致於排除了各種解決之道。事實上，我第一本書《行為財務學》的第二章，就是用來詳細說明套利的缺失和因果關係，甚至還納入了蕃茄醬市場！

鬆。柏南克一再提到美國可以像英國一樣，直接買進政府公債。

　　這張清單可以提供我們密切注意政策選項道路圖，如果通縮壓力升高，我們應該預期會看到更多的選項推出。請注意，我們不是談論怎麼設法「修復制度」，不是討論重新為泡沫打氣（這樣等於在處理戒斷問題時，提供快克給海洛英毒癮患者）。費雪建議的方法是，通膨會侵蝕債務的實際價值，因此是讓我們逃脫出當前困境最輕鬆的方法。當局是否有能力只創造一點點通膨、是否有能力用任何方法創造實際通膨，還有待觀察，這種難以估算的東西超出我的知識範圍。

對投資的影響：廉價保險

　　馬克斯最近建議，今日的投資決策必須注重「價值、生存能力和持久性」。這些因素正是我去年 10 月底以來一直建議的三管齊下對策的核心。

　　第一支箭是現金，這是過去幾十年市場普遍缺少機會的遺澤，卻也是對抗全面通縮的避險。第二支箭是債市和股市中的深度超值投資機會。第三個因素是廉價保險的來源，這個因素背後的觀念是藉著買進廉價的保險，為各式各樣的後果預作準備（實際上，在很多國家這麼做，通常能得到回報，但也並非總是如此）。當然，也應該再提醒一下，購買便宜股票也包含通膨避險因素。

通膨通縮保險一：美國抗通膨公債

我開始思考這個問題時，第一個最明顯的通膨通縮保障來源是美國的抗通膨公債，這種債券的本金具有通縮的底限，因此碰到通縮時我可以收回現金，這代表實質報酬率等於通貨緊縮率。碰到通膨時，我會得到購買抗通膨公債時的殖利率加上通貨膨脹率。當然，如果購買新發行的抗通膨公債，就可以避免造成通膨的問題。

我開始研究抗通膨公債時，殖利率為 3.5%（請參閱圖 35.1）。後來殖利率下降，結果從 10 月底以來，10 年期抗通膨公債提供的報酬率為 9%。10 年期抗通膨公債目前的殖利率為 2.1%，相形之下，10 年期公債的名目殖利率為 3%，這點表示，市場預期未來十年內美國每年的通貨膨脹率只有 1%──讓我覺得極為低落。

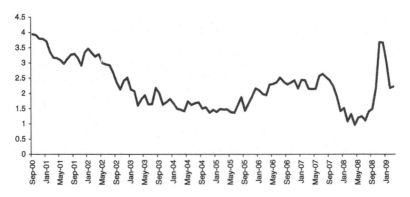

圖 35.1　美國抗通膨公債殖利率
（單位：%）

通膨通縮保險二：黃金

去年 10 月我建議的第二種通膨通縮避險是黃金。我會關心黃金，是基於好幾個理由考量。其中，黃金沒有真值也是重要原因之一：除了開採成本之外，我其實無法估計黃金的價值。

然而從保險的角度來看，黃金具有一些吸引人的地方。最明顯的是，在競爭性貶值的世界上，黃金是唯一不會貶值的通貨，因此可以提供有用的避險，防範這種以鄰為壑的政策死灰復燃。在十分漫長的通縮中，我們僅存的金融體系可能崩潰，因此持有一種替代貨幣對抗這種災難性的結果，並不是個壞主意。

而讓我緊張的，當然是最近每一個人都在談論黃金。這點實在不足為奇，因為從去年 10 月以來，金價大約上漲了30%。對散戶和理智的避險基金而言，雖然黃金在有吸引力資產清單中的地位上升，機構持有的黃金卻極為不足（如果我們把 ETF 拿來當作證據），除了綠燈、保爾森（Paulson）、第三點（Third Point）、伊頓公園（Eton Park）和海曼（Hayman）等基金外，主流機構仍然對黃金興趣缺缺（請參閱圖 35.2）。

通膨保險一：股息交換合約

第 30 章曾經指出，歐洲和英國股息交換合約市場的訂價預期的結果是：股息減少幅度會超過大蕭條時期的美國，而且暗示股息大致上幾乎永遠不會回升。我認為這樣過度悲觀。

此外，股息和通膨的關係相當密切，因此股息交換合約看來像是遭到拋售的嚴重不良資產，如果我購買比較長期的交換

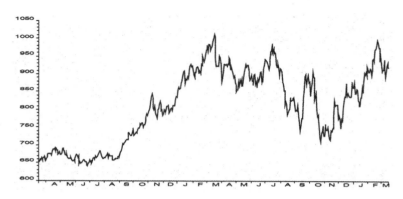

圖 35.2　金價走勢
（單位：美元）

交易（比起我 2 月提到的原始票券，大約上漲 7%），會得到
通膨保險的額外利益。我喜愛股息交換合約，最常碰到的反對
說法是其中有交易對手的風險，然而，歐洲的股息交換合約
（請參閱圖 35.3）已有一檔在交易所掛牌的期貨，顯然沒有任
何交易對手的問題。

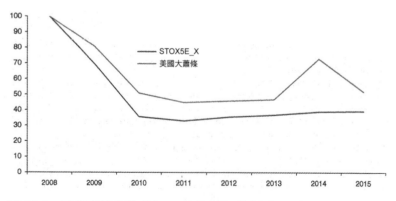

圖 35.3　股息交換合約（以 2008 年為基期，指數訂為 100）

通膨保險二：通膨交換交易

第二種純粹的通膨避險出自通膨交換市場，圖 35.4 和圖 35.5 所示，作為對抗零息債券 10 年通膨交換合約所需要的零息債券固定利率。今年 1 月，我第一次看到美國版的交易時，利率只有 1.5%，今天已經小幅上升到 2.3%。

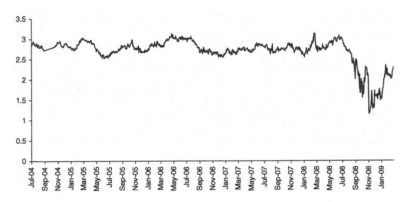

圖 35.4　美國 10 年期通膨交換交易

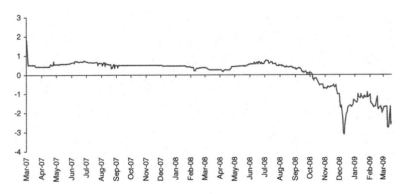

圖 35.5　日本 10 年期通膨交換交易

然而，世界上最便宜的通膨交換交易似乎是日本的交換交易，居然可以用 –2.5% 的利率成交！我覺得，美國和日本的通膨交換交易都是目前購買廉價通膨保險的方法，不過在存續期間較長的交換交易中，交易對手風險顯然是其中的重要因素。

歐元區解體保險：西班牙和葡萄牙的信用違約交換合約（CDS）

　　保單中的最後一個因素跟歐元分裂有關，在競爭性貶值的世界上，歐元區能否承受壓力，目前還沒有定數。歐元區當之無愧，是世界上唯一擁有類似金本位制度的地區。我們會晤客戶時，愛德華茲說過，這種情形不像經濟現實產生的結果，比較像是政治權宜所導致。

　　要對抗這種風險（甚至對抗這種期望升高的風險），要靠信用違約交換市場提供的自然保險（請參閱圖 35.6）。要是有

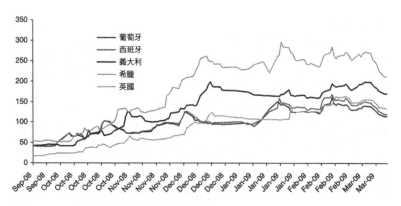

圖 35.6　5 年期主權信用違約交換

哪一個國家公然考慮脫離歐元區，那麼這種信用違約交換的價差就會爆炸。我很難相信葡萄牙和西班牙的信用違約交換價格低於英國──因為英國有能力（而且利用這種能力）自行印製鈔票。

重點摘錄

→ 愛德華茲和我對於通膨和通縮的辯論，從來沒有如此不確定過，雙方立場都根深蒂固，難以動搖。面對這種不確定性，我決定回歸歷史，看看古人逃脫經濟蕭條的作法。費雪（因為在 1929 年錯誤預測新時代來臨，在財務學界變得聲名狼藉）研究過債務通縮的動力，主張大家可以利用通膨，阻止或防止蕭條。

→ 羅默（總統經濟顧問委員會主席兼 1930 年代專家）主張：「貶值加上後續的快速貨幣擴張」終結了蕭條。 她的研究為費雪的觀點提供了實證上的支持。柏南克曾經闡述一套在零利率環境下的明確政策選擇，但是他最近所說「除非金融市場和銀行穩定下來，否則經濟無法復甦」的談話，似乎無視於羅默所指 1930 年代「強化實質經濟改善了金融體系健全度」的經驗。

→ 如果在政治上，利用通膨逃脫目前困境是大家最願意接受的方法，那麼我們就需要思考如何保護自己，以免自己在財務上受到這種可能性影響。過去我曾提出三管齊下的策略——包括用現金為通縮避險，同時投入投資機會中；利用固定收益和股票中的深度超值投資機會；以及一套便宜的保單。

→ 不管通膨和通縮的最後結果如何，這些便宜保單都

可以提供報酬率，或是當成對抗通膨恢復的避險。就通膨而言，我們利用的是美國抗通膨公債和黃金，抗通膨公債暗示未來十年內，每年的通貨膨脹率只有 1％而已，看來似乎相當低落。儘管碰到通縮，我仍然可以收回本金。作為另一項保險的黃金，在競爭性貶值爆發時會有優異表現，因為黃金是唯一能夠留存的強勢貨幣。在通貨緊縮、美國經濟可能內爆時，黃金也會有優異表現。

→ 在通膨保障項目中，我們可以利用股息交換合約、通膨交換交易、和選擇性的歐洲信用違約交換。前兩種是對抗通膨死灰復燃的廉價保障，便宜超值投資組合中的廉價股票也是。第三種是對抗歐元區分裂的避險，這種風險是由經濟不振國家的固定匯率壓力促成（類似金本位），如果有會員國公開考慮拋棄歐洲，西班牙和葡萄牙的信用違約交換就會爆炸。

第 36 章

價值型投資人和死空頭之間的評價辯論 [1]

> 最近我的看多情緒透露出一件事——我的電子郵件聯絡人
> 由兩種截然不同的人組成，第一種人或許以價值型投資人
> 稱呼最適合，第二種人以死空頭形容他們可能最恰當。第
> 一種人了解我願意隨著評價下跌、提高看多情緒的想法，
> 第二種人通常認為我的評價指標太寬鬆，10 年平均本益比
> 中的 10 年獲利尤其高估。在我檢視由上而下和由下而上兩
> 種觀點後，發現這種指控根本沒有道理。

　　對我這種空頭來說，我最近闖入的多頭天地確實是奇怪的
地方，也因此發現愛德華茲和我的電子郵件聯絡人名單由兩種
截然不同風格的人組成。第一種人或許最適合被稱為價值型投
資人，他們能夠了解我願意隨著評價降低而轉變成多頭的意
願。第二種人用死空頭形容可能最恰當，要他們接受我根據評
價指標改變立場的理由，就難多了。

　　後面這種空頭型的人不斷寄來電子郵件，他們說我的評價
指標太寬鬆，高估了經過正常化的獲利，因此我看多的想法是

1　本文刊於 2009 年 4 月 28 日出版的《心理很重要》雜誌，其中討論的材料在出版時確實正確
　　無誤。

看錯了。這種情形和過去多年我跟客戶會晤時的情況大不相同。那時他們經常明確地告訴我，我的 10 年平均本益比指標排除了成長率，實在是太嚴苛了，我不禁懷疑這種現象很可能顯示當前市場心理大致的狀態（請參閱圖 36.1）。

圖 36.1　S&P 500 指數的 10 年平均本益比——健全還是毫無意義？

　　這種反彈促使我想到要測試一下，看看我偏愛的 10 年平均本益比指標是否有不當的偏誤。死空頭的基本主張是：過去十年的獲利由於利用槓桿的關係，因此遭到大幅膨脹（金融股領域尤其如此）。

　　我十分同情這種觀點，畢竟我一再利用圖 36.2 之類的圖表，證明 2007 年的獲利處在特殊的循環性偏高極端上。然而，如果你看看過去十年的資料，你就會發現，獲利趨勢的平均背離實際上為 -1.4%，也就是說，過去十年涵蓋了盛衰循環，因此 10 年平均本益比拉平了循環性的極端。換言之，科技泡沫和目前的衰退抵銷了信用泡沫的特殊高價。

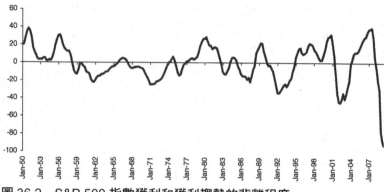

圖 36.2　S&P 500 指數獲利和獲利趨勢的背離程度

由上而下檢查健全性

　　1934 年葛拉漢和陶德撰寫《證券分析》時，所處的狀況跟我們現在非常類似，實際上他們計算本益比時，會採用「5 年、7 年、最好是 10 年」的獲利，背後的原因是希望避免受到景氣循環的左右。

　　我們可以利用類似的邏輯，看看改變建構 10 年平均本益比所用的移動平均線長度後，整個評價情勢會不會急劇改變。如果情勢大幅變化，就是適切地暗示我們，最近 10 年期間的獲利特別不尋常。圖 36.3 所示，是我們根據標準的 10 年平均獲利算出的 10 年平均本益比，但是我們另外根據 20 年和 30 年的平均獲利，增加了另外兩個指標。

　　即使大略看上一眼，也會看出不同指標之間的差異很小（請參閱表 36.1）。這點強烈顯示：10 年平均獲利並沒有像死空頭說的那樣被大幅高估。

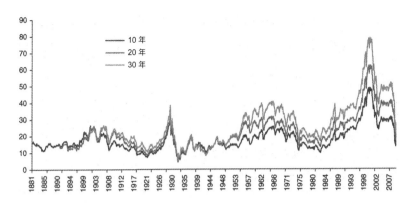

圖 36.3 延長年限的 S&P 500 指數的幾種長期平均本益比

表 36.1 S&P 500 指數各種 10 年平均本益比

	平均數值	目前數值
10 年	18.0	17.0
20 年	22.0	22.1
30 年	27.0	27.6

由下而上的正常化獲利觀點

就像多數的情況，我發現由下而上的角度對於釐清問題非常有幫助，因此我決定從這種角度研究正常化獲利的問題。我針對 S&P 500 指數的每一檔成分股，計算每家公司過去十年的平均股東權益報酬率和中位數股東權益報酬率，表 36.2 所示，是我們發現的類股股東權益報酬率。

為了把這些數字換算為獲利，我把這些數字乘以當期淨值，表 36.3 顯示計算結果。過去十年的平均股東權益報酬率（加上當期淨值）顯示，S&P 500 指數成分股由下而上的正常

表 36.2　過去十年 S&P 500 指數類股平均與中位數股東權益報酬率

	中位數股東權益報酬率	平均股東權益報酬率
能源	16.5	18.1
材料	14.1	10.8
產業	24.7	28.2
非必需性消費產品	18.7	5.7
必需性消費產品	30.4	188.7
健保	18.7	19.9
金融	18.2	1.2
資訊科技	43.2	67.2
電信	22.4	一4.8
公用事業	11.9	12.0

化每股盈餘大約是 50 美元（和我們利用市場水準十年平均每股盈餘算出的數字完全相同）。值得注意的是，金融股因為最近內爆的關係，平均股東權益報酬率很低，只有 1.2%。

表 36.3　由下而上正常化獲利估計值

類股	利用平均每股盈餘計算	利用中位數每股盈餘計算
能源	11.9	13.1
材料	1.2	1.7
產業	6.9	7.1
非必需性消費產品	10.4	4.6
必需性消費產品	4.9	9.1
健保	9.0	10.0
金融	一10.2	18.6
資訊科技	10.6	9.1
電信	2.2	2.6
公用事業	3.2	3.1
市場每股盈餘	**50.1**	**79.0**

然而，平均值可能無法給我們最正確的正常估計值，因為平均值容易受到幾個極端現象扭曲。因此我也利用過去十年的中位數股東權益報酬率計算，利用這種方法，結果得出由下而上、比較高的正常化每股盈餘 79 美元的數字。

　　當然，根據中位數股東權益報酬率和當期淨值的計算法，可能像死空頭所說的一樣是差勁的假設。看來金融股將來很難賺到過去十年將近 19% 的股東權益報酬率。此外，採用當期淨值可能形成高估，就像我常說的，淨值也可能造成嚴重誤導，如同圖 36.4 顯示，大蕭條期間金融股的淨值實際曾經腰斬過。

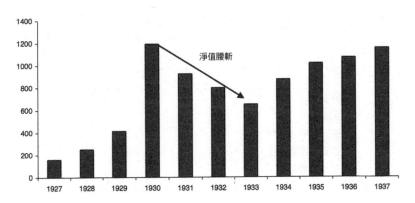

圖 36.4　大蕭條期間美國金融股的淨值

　　這場危機爆發後，到現在為止金融股的淨值大約已經下降 25%。為了顯示金融股衝擊我們由下而上正常化獲利的程度，我把金融股的淨值從目前的水準進一步縮減 25%，而且把金融股的中位數股東權益報酬率減半，降為只有 9%，這樣會使我

們估計的每股盈餘,從 79 美元降為 67 美元(仍然遠高於我們在由上而下指標中所用的 50 美元)。

單獨挑出金融股並不公平,因此我決定複製對金融股進行的壓力測試(我承認我的決定有點獨斷),把能源、材料、產業、非必需性消費產品、資訊科技和電信類股的中位數股東權益報酬率減少一半(不過我沒有改動這些類股的當期淨值,只有金融股例外)。選擇這些類股,是因為這些類股特別容易受到美國消費者去槓桿化和整體經濟走軟的影響。

表 36.4 顯示這種情境所造成的衝擊,得到的由下而上正常化每股盈餘為 50 美元,正好就是我們在由上而下指標中所採用的數字。

表 36.4 我們利用嚴苛條件計算出來的由下而上正常化每股盈餘

類股	每股盈餘
能源	6.6
材料	0.8
產業	3.6
非必需性消費產品	2.3
必需性消費產品	9.1
健保	10.0
金融	7.0
資訊科技	4.6
電信	1.3
公用事業	3.1
市場每股盈餘	**48.2**

結論

　　雖然死空頭表示擔心，但無論由上而下或由下而上的角度研究，我卻找不到什麼證據證明過去十年的獲利被嚴重高估。

　　2003 年時，我學到一個痛苦的教訓——抱持自認比你的模型更了解市場大勢的想法，十分不智。我擔心主張 10 年平均本益比之類指標沒有效的人，可能有落入這種陷阱的危險，我會繼續使用這種方法，讓這種方法決定我要表達的看多程度。

重點摘錄

→ 幾年前，經常有人告訴我，我的 10 年平均本益比使市場行情看來偏高，因為這種指標採用 10 年平均獲利，不能反映長期的高成長率。現在卻有人告訴我，我的指標使行情看來人為偏低，因為過去十年的獲利遭到高估。我懷疑這種差異反映市場心理的成分偏高，反映評價變化的成分偏低。

→ 為了檢測死空頭的看法，我決定針對我喜愛的評價標準，進行健全性檢測。最簡單的檢測方法是看看獲利背離過去十年的趨勢程度。結果發現，我們獲利指標平均背離 S&P 500 指數（從 1950 年開始估算）趨勢 –1.4%。實際上，過去十年涵蓋了盛衰循環，因此 10 年平均本益比符合拉平循環性極端的本意。

→ 檢測 10 年平均本益比健全性的第二個簡單方法，是用比較長的移動平均線，來計算獲利。移動平均線越長，過去十年所占的權數當然越少。因此我們根據 20 年和 30 年的盈餘移動平均線，建構長期平均本益比。拿目前的各種長期平均本益比，和潛在平均值相比，顯示彼此關係密切。最樂觀的指標顯示低估值為 5%，最保守的指標顯示高估 2%。實際上，都顯示美國市場目前大約落在公平價值的水準上。

→ 為了對我們的評價法進行最後的健全性測試，我要

從由下而上的角度，檢視經過正常化的獲利。要這樣做，我採用過去十年的平均股東權益報酬率和中位數股東權益報酬率，然後乘以目前的淨值。採用平均股東權益報酬率時，得到的 S&P 500 指數成分股的每股盈餘大約為 50 美元（正好和我們由上而下方法所用的數字相同），而金融股的平均股東權益報酬率只有 1.2%！利用中位數股東權益報酬率計算時，得到的每股盈餘高多了，高達 79 美元。

→ 金融股將來當然不可能像過去一樣，賺到 19% 的股東權益報酬率，但是即使我把未來的股東權益報酬率減半，也假設淨值會進一步萎縮 25%，S&P 500 指數成分股的每股盈餘還是會有 67 美元。即使嚴苛的假設金融股會出現這種跌勢，同時能源、材料、產業、非必需性消費產品、資訊科技和電信等部門的股東權益報酬率全都減半，每股盈餘仍然有 48 美元。我認為，這些指標都顯示 10 年平均本益比是正確、健全的評價指標。

這才是價值投資

長期打敗大盤的贏家系統，從葛拉漢到巴菲特都推崇的選股策略

Value Investing：Tools and Techniques for Intelligent Investment

作　　　者	詹姆斯‧蒙蒂爾
譯　　　者	劉道捷
主　　　編	郭峰吾

總 編 輯	李映慧
執 行 長	陳旭華（ymal@ms14.hinet.net）

社　　　長	郭重興
發行人兼 出版總監	曾大福
出　　　版	大牌出版／遠足文化事業股份有限公司
發　　　行	遠足文化事業股份有限公司
地　　　址	23141 新北市新店區民權路 108-2 號 9 樓
電　　　話	+886- 2- 2218 1417
傳　　　真	+886- 2- 8667 1851

印務協理	江域平
封面設計	陳文德
排　　版	新鑫電腦排版工作室
印　　製	成陽印刷股份有限公司
法律顧問	華洋法律事務所　蘇文生律師
	（本書僅代表作者言論，不代表本公司／出版集團之立場與意見）

定　　　價	799 元
初　　　版	2018 年 04 月
二　　　版	2022 年 05 月
有著作權	侵害必究（缺頁或破損請寄回更換）
E - I SBN	978-626-7102-58-9（EPUB）　978-626-7102-61-9（PDF）

Copyright ©2009 by James Montier
Complex Chinese translation copyright ©2018 2022 by Streamer Publishing House, an imprint of Walkers Cultural Co.,Ltd.
Authorised translation from the English language edition published by John Wiley & Sons Limited. Responsibility for the accuracy of the translation rests solely with Streamer Publishing House (a branch of Walkers Culture Co) and is not the responsibility of John Wiley & Sons Limited. No part of this book may be reproduced in any form without the written permission of original copyright holder, John Wiley & Sons Limited.
All Rights Reserved.

國家圖書館出版品預行編目資料

這才是價值投資：長期打敗大盤的贏家系統，從葛拉漢到巴菲特都推崇的選股策略 / 詹姆斯‧蒙蒂爾 著；劉道捷 譯 . -- 二版 .
-- 新北市：大牌出版，遠足文化發行 , 2022.05
　　面；　公分
譯自：Value Investing：Tools and Techniques for Intelligent Investment
ISBN 978-626-7102-57-2（平裝）

1. 投資分析　2. 投資技術

563.53　　　　　　　　　　　　　　　　　　111006501